KB054086

# 실전사례를 통한
# 소액 경매
# 투자 비법

# 실전사례를 통한 소액 경매 투자 비법

이창석 지음

매일경제신문사

| 프롤로그 |

어느 날 오후 반가운 분으로부터 오랜만에 연락이 왔다(사실 부담스럽기도 하다^^).

출판사 대표님께서 '실전사례를 통한 경매 투자'에 대한 책을 써줬으면 하고 연락해온 것이었다. 필자도 예전부터 생각을 해오던 것이었기 때문에 제안을 흔쾌히 수락하고, 집필을 시작했다. 아마 필자의 저서인 《부동산 경매·공매 특수물건 투자 비법》 책의 앞부분에 나오는 실전사례에 대한 독자들의 평가가 좋았기 때문에 이러한 요청이 온 것이라고 판단했다. 물론 개인적으로도 이러한 요청을 많이 받았으며, 이에 대해 다시 한번 독자분들과 ㈜두드림미디어 한성주 대표님께 감사의 말씀을 전한다.

연락을 받고 2주 만에 글을 완성해서 원고를 보내니, 대표님께서는 어떻게 이렇게 빨리 완성했는지에 대해 호기심과 놀라움을 나타냈다. 사실 집필 요청을 받기 전 개인적으로 '농지와 농지취득자격증명 발급 방법'이라는 내용으로 집필을 하고 있었고, 거의 완성단계에 있는 도중에 몇 가지 이유로 출간을 포기하고 있었다. 다른 방법을 고민하던 차에 연락이 온 것이라 어느 정도 책을 집필하는 데 단련이 된 상태라서 빠르게 집필할 수 있었을 것이다. 사실 가장 중요한 것은 필자가 직접 물건을 낙찰받고 처음부터 끝까지 처리한 경험이 매년 수십 건이므로, 이를 풀어내는 것이 낙찰받지 아니한 물건에 관해 풀어내는 것보다 훨씬 쉬웠던 덕분이 아닐까 싶다.

필자의 경우 강의나 교육, 컨설팅과 추천물건 리포트 서비스 등도 중요하지만, 가장 중요시하는 것은 필자 스스로 하는 투자다. 물건을 직접 낙찰받아서 처리하는 것이 바로, 살아있는 경험이기 때문이다. 직접 낙찰받고 마무리 하는 것과 컨설팅으로 처리하는 것은 완전히 다른 경험치를 쌓는다.

필자의 저서인《부동산 경매·공매 특수물건 투자 비법》에는 약 30여 건의 경매, 공매 물건이 담겨 있다. 이 모든 사례는 필자가 직접 낙찰받은 물건으로 처음부터 마지막까지 직접 처리한 케이스이며, 단 하나의 케이스만 '채권자 우선매수'를 설명하기 위해서 낙찰받지 못한 사례를 넣었다.

당연히 이번 책에도 모든 사례는 필자가 직접 낙찰받아 처음부터 끝까지 완료한 물건(1건은 △)이며, 그중에서도 소액 투자 물건을 선별해서 실었다. 따라서 모든 사례가 실제 필자의 낙찰 물건들이므로 독자분들도 책을 읽으면서 생생한 생동감을 느끼길 바란다.

투자자라고 한다면 물건선정을 위해 물건검색, 권리분석, 지역분석,

가치분석을 통해 투자 물건을 발굴해야 하고, 입찰부터 수익을 얻기까지 전 단계에서 발생하는 많은 사건·사고들을 해결할 능력을 갖춰야 한다. 또한 셀프등기, 셀프인테리어, 상대방과의 협의와 협상, 내용증명, 셀프소송, 강제집행 등을 직접 진행해야 하며, 부가세, 종합소득세 신고와 마지막 양도소득세 신고 등 처음부터 마지막까지 모든 단계에서 막힘이 없이 셀프로 진행하는 능력을 갖춰야 한다. 전문가에게 의뢰하더라도 본인이 알고 맡긴다면 더욱 좋은 결과가 도출될 것은 자명하다.

이 책에는 경매 물건과 공매 물건을 나누어서 담았고, 일반 물건과 법정지상권 물건, 지분 물건, 선순위가등기, 선순위가처분, 대지권미등록, 유치권 물건 등의 소액투자가 가능한 물건들을 엄선해서 필자가 직접 낙찰받은 실제 사례를 넣었다. 또한 실제 사용한 내용증명과 소송장을 담았고, 수익을 내기 위한 여러 팁들도 넣었다. 다만 모든 사례에 대한 이론을 넣기에는 책의 두께에 대한 부담이 됐고, 이론은 이전 저서와 거의 중복되는 내용이기에 독자분들 대부분은 필자의 저서를 소장하고 있다고 생각해 제외했다. 최대한 실제 사례를 이야기하듯이 기재하려고 노력했기 때문이니 이 점 양해 바란다.

너무나 방대한 정보의 홍수 속에서, 진짜 정보를 얻는 것이 중요한 시기에 살고 있다. 이 책이 진정으로 독자분들의 목마름을 해결하는 데에 도움이 되길 기원한다.

"Where there is a will, there is a way."

(뜻이 있는 곳에, 길이 있다.)

더불어 최근에는 낙찰 1~2건만으로 전문가라고 하는 경우도 많아졌다.

예를 들어 보자!

지분 물건의 전문가가 되기 위해서는 협상능력, 소송능력, 약 2년이 소요되는 현금분할 판결에 의한 형식적 경매 신청능력과 배당금액을 계산해서 직접 입찰할지, 아니면 배당으로 수익을 얻을지에 대한 금액을 산출하는 능력 외에도 상속순위, 상속에 의한 공유지분율 계산, 상속포기, 한정상속에 대한 공부가 되어 있어야 한다. 또한, 상속대위등기를 셀프로 신청하는 등의 다양한 능력이 있어야 하는데 이를 아무리 빨리 알려고 해도 체득하는 데 시간이 걸리는 것은 당연한 이치다.

그렇다면 지분 물건 투자 1년 만에 전문가가 되었다며 강의 광고를 한다면, 이를 어떻게 해석해야 할까?

또한 농지와 농지취득자격증명 발급, 특히 농지연금에 대한 전문가가 되기 위해서는 최소한 현재 농지대장, 농업경영체등록을 한 농업인이거나 아니면 농업인이 되는 방법에 대해 정확히 알고 있어야 하는 것이 기본일 테지만 그게 아니라면 과연 전문가라고 할 수 있을까?

판단은 독자들께 맡긴다.

**이창석**

| 차례 |

# 소송 3종 세트를 통한 법정지상권 물건의 매매와 기대수익 실현

## | 5평 토지, 토지만 매각, 법정지상권 |

**2022**타경 • 부산지방법원 본원 • 매각기일 : **2022.07.29(金) (10:00)** • 경매 2계(전화:051-590-1813)

| 소재지 | **부산광역시 부산진구** 도로명검색 지도 지도 지도 주소 복사 | | |
|---|---|---|---|
| 물건종별 | 대지 | 감정가 | 42,721,000원 |
| 토지면적 | 17㎡(5.14평) | 최저가 | (100%) 42,721,000원 |
| 건물면적 | 건물은 매각제외 | 보증금 | (10%) 4,272,100원 |
| 매각물건 | 토지만 매각 | 소유자 | 김○○ |
| 개시결정 | 2022-04-05 | 채무자 | 김○○ |
| 사건명 | 강제경매 | 채권자 | 한○○ |

오늘조회: 1 2주누적: 1 2주평균: 0 조회동향

| 구분 | 매각기일 | 최저매각가격 | 결과 |
|---|---|---|---|
| 1차 | 2022- | **42,721,000원** | |
| 매각 : 45,030,000원 (105.4%) | | | |
| (입찰2명,매수인: / 차순위금액 43,355,000원 / 차순위신고) | | | |
| 매각결정기일 : 2022. - 매각허가결정 | | | |
| 대금지급기한 : 2022.09.07 | | | |
| 대금납부 2022.08.30 / 배당기일 2022.10.05 | | | |
| 배당종결 2022.10.05 | | | |

출처 : 옥션원

제시외건물이 있는 토지 전체 면적 매각의 법정지상권 물건이다. 소형 평수지만 일반상업지역 용도지역이며 부전역 앞 토지로 향후 개발이 예정되어 있으므로 건물의 소유자와 협의가 된다면 빠른 수익 실현이 가능하다. 협의에 실패하더라도 지료를 받으면서 세월을 낚는다면 매매차익은 계속해서 늘어날 것으로 아주 좋은 물건으로 판단했다. 또한 감정가격이 61,030,000원이지만 제시외건물로 인해 저감되어 최초 매각금액은 42,721,000원으로 시작하는 것과, 인근 필지들이 지속적으로 매매되고 있다는 것도 장점이었다. 토지의 위치와 형상, 평수가 좋지는 않지만 앞의 요소들을 고려해 낙찰받는다면 충분한 수익을 얻을 수 있다는 판단이 들어 입찰에 참여했다.

현황사진

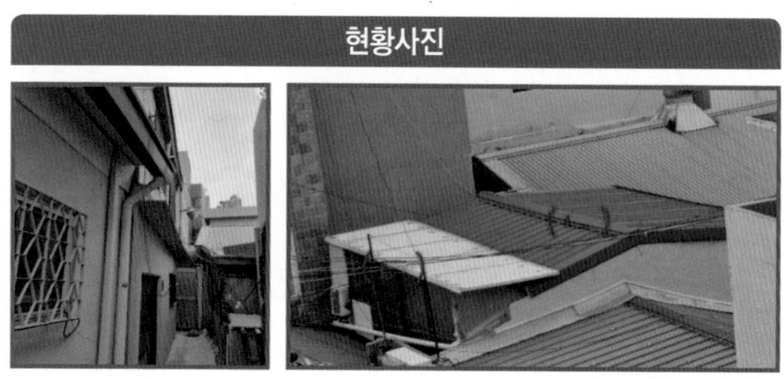

총 2명이 입찰에 참여해서 필자가 최고가매수신고인으로 낙찰받았고, 필자 외 패찰한 법인이 차순위매수신고를 했다. 만약 차순위신고자가 개인이었다면 경매취하동의서 등의 협의를 제의할 가능성이 높으므로 좋은 신호(sign)겠지만, 법인이었기 때문에 그 즉시 이해관계인이 아님을 직감했다. 아마도 낙찰자가 채무자와 경매 취하를 위한 동의를 하는 경우가 생기면 채무자는 차순위자에게도 동의를 받아야 하므로 이를 고려해서 차순위매수신고를 한 것으로 판단됐다.

참고로, 이러한 유형의 물건에 패찰하더라도 입찰보증금의 금액이 적은 경우라면 차순위매수신고를 고려하는 것도 경매 투자의 한 방법이다.

**민사집행법 제93조**(경매 신청의 취하)

① 경매 신청이 취하되면 압류의 효력은 소멸된다.

② 매수신고가 있은 뒤 경매 신청을 취하하는 경우에는 최고가매수신고인 또는 매수인과 제114조의 차순위매수신고인의 동의를 받아야 그 효력이 생긴다.

## 감정평가서의 토지 감정평가 금액과 부동산의 지도상 위치

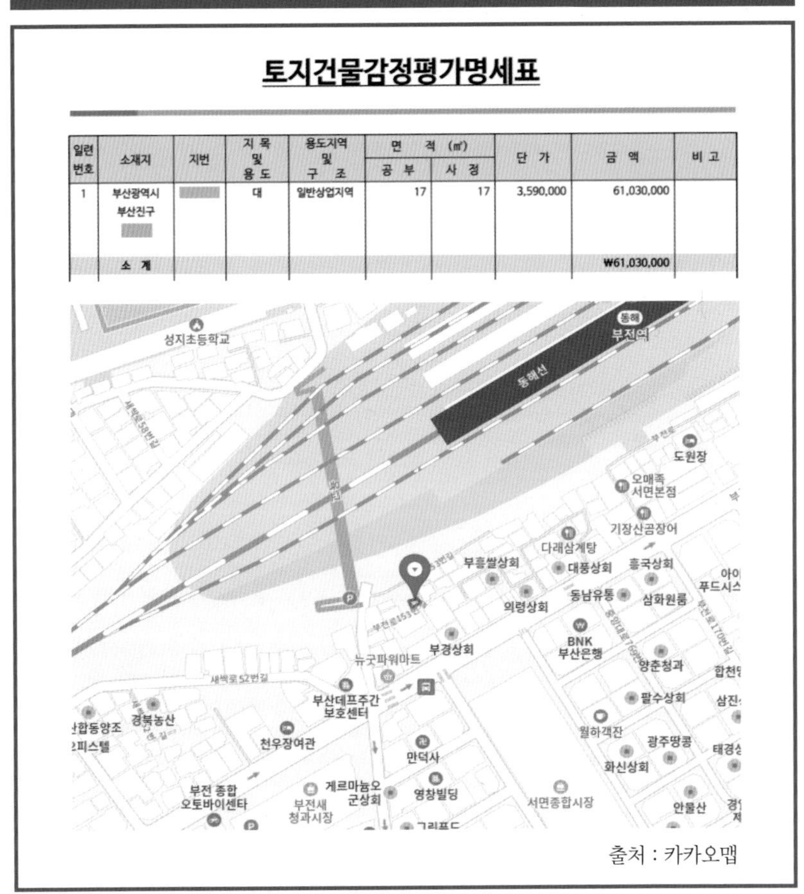

**토지건물감정평가명세표**

| 일련번호 | 소재지 | 지번 | 지목 및 용도 | 용도지역 및 구조 | 면적(㎡) 공부 | 면적(㎡) 사정 | 단가 | 금액 | 비고 |
|---|---|---|---|---|---|---|---|---|---|
| 1 | 부산광역시 부산진구 |  | 대 | 일반상업지역 | 17 | 17 | 3,590,000 | 61,030,000 |  |
|  | 소계 |  |  |  |  |  |  | ₩61,030,000 |  |



출처 : 카카오맵

다시 물건으로 돌아와 보자. 낙찰받은 후, 상대방에게 내용증명을 여러 번 보내 연락을 취했으나 무응대로 일관하기에 부득이하게 소송을 진행했다. 소송 3종세트(건물철거, 토지인도, 부당이득반환청구) + 퇴거(점유자들의 퇴거) 청구소송을 진행해서 건물의 철거 부분을 확정하기 위한 철거측량 신청과 부당이득금 금액을 정하기 위한 임료 감정평가신청을 했고, 재판 진행상 피고의 무변론으로 최종 원고 승으로 판결이 확정됐다.

판결문이 확정되고도 상대방이 계속해서 무응대로 일관하기에 부동산을 직접 방문했고, 다행히 상대방을 만날 수가 있었다. 상대방의 의견은 다음과 같았다. 자금이 없어 토지를 살 형편은 전혀 안되고, 갈 곳이 없으므로 자신들의 처지를 살펴 계속 살게 해달라는 것과 부전역 근처가 개발되면 그때 알아서 나가겠다는 요청이었다. 그리고 그동안은 토지사용료를 내겠지만 기초수급자라 많이 줄 수가 없으니 양해해달라며, 판결문에 나온 임료는 자신들이 보기에도 낮은 금액인 것으로 보인다고, 그것보다는 높은 금액으로 임료를 매달 송금하겠다는 의견이었다.

상대방이 말한 금액은 필자가 투자에 있어 고려하는 대출이 없는 경우의 임대수익 최소 기준인 6%에는 못 미쳤다. 하지만 상대방의 입장을 들어 보니 강력하게 밀어붙이기가 힘들었고, 지금 애써 수익을 좇는 것보다 세월을 기다리다 보면 훨씬 좋은 일이 생길 것 같다는 생각이 들어 상대방의 요청을 전부 수용했다. 그리고 미등기, 무허가 건물의 소유권을 넘겨받고 싶었지만 이 부분은 천천히 진행하기로 했다.

착한 일을 한 덕분인지 상대방과 협의한 때로부터 2달 후에 공인중개사에게 우편이 와서 개봉해보니 해당 토지를 매수하고 싶다는 연락이 없다. 최소 1억 5,000만 원에 매도하리라 내심 목표를 잡고 있었기 때문에 공인중개사가 제시한 약 1억 원의 매매금액을 듣고는 고민이 됐다. 기대수익에는 미치지 못하지만 매수 문의가 있을 때 팔기로 결정하고, 대신 조건을 걸었다. 1억 원에 매매하는 조건으로 최대한 빠른 시일 내에 계약하고, 계약서 작성일에 잔금까지 치르는 조건이었고, 상대방도 이에 동의해 계약은 일사천리로 진행됐다.

**공인중개사로부터 받은 매수 제안 편지**

반갑습니다. 대표님!

어느 해보다 무더운 여름은 살며시 고개 숙이며 사라져가고,
사람과 사람사이 만남과 대화을 나누고싶은,
단풍의 계절이 우리들 가슴속으로 살며시 들어와 속삭입니다.
건강은 어떠한지요? 라고 하면서...
나이가 들어 갈수록 건강함을 유지하는 것이 최고의 재산이라고 생각합니다.

가을이 오는 길목에서 대표님과 통화하고 싶습니다.
대표님 건강을 매일 매일 기도하며
사 사무소를 경영하는 대표 입니다.
다름이 아니오라 " 부동산에 대해 대화를 나누고 싶습니다.
시간 나실 때 언제든지, 저와 통화하시면 힘이 솟아날 겁니다.
그리고 대표님의 건강을 오늘도 기도하겠습니다.

2023.9.11.

공인중개사사무소

매수자는 인근 토지를 사들이고 있는 분으로 공장을 운영하고 있기에 매매를 진행하는 동안 필자가 공장 운영에 관해 몇 가지 질문도 하고, 부동산에 대한 몇 가지 조언도 했다. 대신 다음에 필자가 공장에 대한 실무적인 문의를 하면 답을 주기로 하는 등, 서로 웃으면서 거래를 완료했다. 매수자는 향후 양도소득세를 대비해서 3명의 공동명의로 토지를 매수했고, 필자도 법인으로 매수했기에 양도소득세를 절세해서 만족할 만한 차익을 얻었다.

**부동산 매매 계약서**

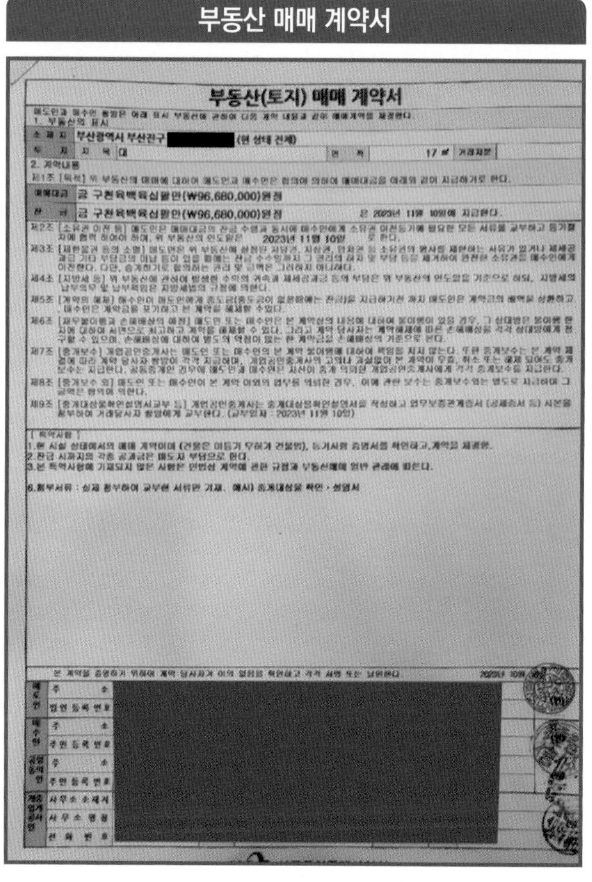

# 부동산(토지) 매매 계약서

매도인과 매수인 쌍방은 아래 표시 부동산에 관하여 다음 계약 내용과 같이 매매계약을 체결한다.

1. 부동산의 표시

| | | | | | |
|---|---|---|---|---|---|
| 소재지 | 부산광역시 부산진구 [redacted] (현 상태 전체) | | | | |
| 토지 | 지목 | 대 | 면적 | 17 ㎡ | 거래지분 |

2. 계약내용

제1조 [목적] 위 부동산의 매매에 대하여 매도인과 매수인은 합의에 의하여 매매대금을 아래와 같이 지급하기로 한다.

| | |
|---|---|
| 매매대금 | 금 구천육백육십팔만(₩96,680,000)원정 |
| 잔금 | 금 구천육백육십팔만(₩96,680,000)원정 은 2023년 11월 10일에 지급한다. |

제2조 [소유권 이전 등] 매도인은 매매대금의 잔금 수령과 동시에 매수인에게 소유권 이전등기에 필요한 모든 서류를 교부하고 등기절차에 협력 하여야 하며, 위 부동산의 인도일은 2023년 11월 10일로 한다.

제3조 [제한물권 등의 소멸]

제4조 [지방세 등]

제5조 [계약의 해제]

제6조 [채무불이행과 손해배상의 예정]

제7조 [중개보수]

제8조 [중개보수 외]

제9조 [중개대상물확인설명서교부 등] (교부일자 : 2023년 11월 10일)

[ 특약사항 ]

1.본 시설 상태에서의 매매 계약이며 (건물은 미등기 무허가 건물임), 등기사항 증명서를 확인하고,계약을 체결함.

2.잔금 시까지의 각종 공과금은 매도자 부담으로 한다.

3.본 특약사항에 기재되지 않은 사항은 민법상 계약에 관한 규정과 부동산매매 일반 관례에 따른다.

6.첨부서류 : 실제 첨부하여 교부한 서류만 기재. 예시) 중개대상물 확인·설명서

본 계약을 증명하기 위하여 계약 당사자가 이의 없음을 확인하고 각각 서명 또는 날인한다.

| | | |
|---|---|---|
| 매도인 | 주소 | [redacted] |
| | 법인등록번호 | [redacted] |
| 매수인 | 주소 | [redacted] |
| | 주민등록번호 | [redacted] |
| 공동명의인 | 주소 | [redacted] |
| | 주민등록번호 | [redacted] |
| 개업공인중개사 | 사무소소재지 | [redacted] |
| | 사무소명칭 | [redacted] |
| | 전화번호 | [redacted] |

해당 경매에서는 소송을 진행하며 상대방과의 다툼이 일체 없었으나, 이례적으로 감정평가사와의 다툼이 있었다. 무슨 말인가 하면, 앞서 말한 것처럼 원고의 청구취지에 피고는 답변서를 제출하는 등의 의견제시가 전혀 없이 무대응을 했기에 피고와는 아무런 다툼이 없었으나, 오히려 법원에서 임료감정평가를 진행하는 감정평가사와는 감정 오류로 인한 다툼이 있었던 것이다.

부당이득반환청구소송(또는 지료청구소송)을 진행하면 임료감정을 하게 되는 경우가 생기고, 이때 사건의 임료감정을 맡는 감정평가사가 평가를 어떻게 하느냐에 따라서 원고의 희비가 교차된다. 해당 건의 소를 맡은 감정평가사가 실시한 평가가 필자의 경험과 이론으로는 오류로 판단되어 이에 관해 이의제기를 했으나 감정평가사는 자신의 평가가 맞는다는 태도를 견지했고, 재판장님도 계속해서 감정평가사와의 다툼으로 재판이 연기되고 있다는 의견이었다. 필자는 감정평가에 오류를 발견했지만 빠른 재판 진행을 위해 감정평가를 받아들 수밖에 없었다.

부당이득금이 정확하게 평가되어야만 상대방과의 협의에 도움이 되는 것은 맞지만 너무 낮게 책정된 임료는 자칫 상대방이 협의가 아닌 지속적인 임료 지급으로 의사를 정할 가능성이 높을 수 있다. 낮은 임료감정 금액으로 인해 협의가 쉽지 않을 것으로 예상했지만, 상대방이 먼저 임료가 시세보다 많이 낮다며 그보다 높은 금액으로 협의하자고 했으니 이 상황을 뭐라고 해야 할까!

## 전자소송 - 임료감정평가에 대한 원고의 재감정요청과 감평인의 답변 내역

| 기준일자 | 문건명 | 진행 |
|---|---|---|
| 2023.02.09 | 변론조서 (1회) | |
| 2023.02.10 | 감정신청서 | |
| 2023.02.10 | 감정신청서_첨부 | |
| 2023.02.10 | 임료감정평가에 대한 원고 의견서 | 원본 |
| 2023.02.13 | 예상감정료 산정서 | |
| 2023.02.13 | 보정권고 | |
| 2023.02.15 | 임료감정액 감액 신청 및 변경 요청의 건 | 원본 |
| 2023.02.16 | 감정촉탁서 | |
| 2023.02.16 | 감정촉탁서 | |
| 2023.02.16 | 예상감정수수료 | |
| 2023.02.16 | 보정권고 | |
| 2023.02.16 | 감정인 지정 의견서 | 원본 |
| 2023.02.16 | 보정서 | 원본 |
| 2023.02.16 | 감정인(통역인)지정결정 | |
| 2023.03.03 | 감정서 | |
| 2023.03.03 | 감정서_첨부 | |
| 2023.03.03 | 감정평가서 | |
| 2023.03.03 | 감정평가서_첨부 | |
| 2023.03.08 | 재감정요청서(기대이율 변경의 건) | 원본 |
| 2023.03.09 | 사실조회서 | |
| 2023.03.14 | 사실조회회신 | |
| 2023.03.15 | 감정오류 사실확인서 | 원본 |
| 2023.03.28 | 사실조회서 | |
| 2023.03.30 | 변론조서 (2회) | |
| 2023.04.03 | 사실조회회신 | |
| 2023.04.26 | 청구취지 및 청구원인 변경신청서 | |
| 2023.04.26 | 청구취지 및 청구원인 변경신청서_서증 | 원본 |

## 이의제기에 대한 감정평가사의 답변

7. 금번 사실조회를 받고 재차 세밀하게 재검토한 결과 - 평가 당시에 제반 사항을 종합적으로 깊이 검토하여 적용한 기대이율(1.8%)은 적정한 것으로 사료되오니 잘 이해 바랍니다. 끝.

용도지역이 일반상업지역이며 주거용으로 사용하고 있는 임료감정의 기대이율을 1.8%로 너무 낮게 평가한 감정평가에 필자가 여러 차례 이의를 제기했지만 한번 감정된 평가를 뒤집기는 매우 어렵다. 혹시나 싶어 지인인 감정평가사에게 문의를 하니 이의신청을 해야겠다는 의견을 받았기에 계속해서 다툰다면 재감정을 할 수도 있었겠지만, 재판이 너무 길어진다는 재판장의 의견에 더 이상의 다툼 없이 진행하기로 한 결정을 지금 다시 돌이켜 보면 아쉽기도 하다. 그 당시에는 판결을 빨리 받은 후 상대방과 협의하는 것이 우선이었기에 내린 선택이었다.

토지만 매각인 법정지상권 물건을 낙찰받고 소송을 진행하는 경우에 철거할 부분 도면을 위해 측량신청을 하고, 부당이득금을 확정하기 위해 임료감정을 신청해야 하는 경우가 생긴다. 이런 경우 감정신청서를 작성해야 하는데 특히, 임료감정을 신청하는 경우에는 필히 건축물이 없는 나대지 상태로 즉, 저감이 없이 감정평가를 해달라고 요청해야 한다. 감정평가사가 당연히 이 사실을 알 것이라고 판단하고, 이 점을 기재하지 않는다면 예기치 못한 낮은 임료로 많은 어려움이 있을 수 있다. 참고로 필자는 많은 소송을 진행하면서 감정평가사의 잘못된 감정평가로 인해 이의를 제기하고, 다퉈 본 경험이 여러 번 있지만 이는 참으로 지난한 과정이다.

필자의 이의신청이 받아들여져 재감정을 한 적도 있고, 필자의 의견이 받아들여지지 않은 적도 있었다. 한번 감정평가가 되면 재감정을 하는 것은 매우 어려우므로 처음부터 원고의 의견을 확실히 제기해 정확한 감정평가가 이루어지도록 해야 한다. 따라서 최대한 정확한 임료가 평가되도록 해야 하고, 한번 평가된 임료를 변경하는 것은 상당히 어렵다는 점을 꼭 상기하도록 하자.

**3종세트 소장**(건물철거,토지인도,부당이득금반환청구) ⇨ **감정신청서**(철거도면, 임료) ⇨ **원고의견서**(나대지로 평가) ⇨ **실제 측량 사진** ⇨ **측량비용과 임료감정평가** ⇨ **판결문 순으로 소 제기 과정에서 쓰인 실제 서류와 사진**

필자가 실제 경매에서 사용한 서류를 올리니 참고해 많은 도움이 되기를 바란다.

# 소　　장

원　　고

피　　고　　1. 김
2. 김
3. 김
피고들 주소

건물철거,부당이득 등

## 청 구 취 지

1. 피고1은 원고에게 별지목록1 기재 토지의 별지목록2 부동산도면 표시 1,2,3,4,1의 각 점을 순차로 연결한 선내 (ㄱ)부분 블록조 슬래브지붕 단층 주택 23.7㎡, 같은 도면 표시 5,6,9,10,5의 각 점을 순차 연결한 선내 (ㄴ)부분 블록조 칼라강판지붕 2층 소재 주택 19.6㎡, 같은 도면 표시 6,7,8,9,6의 각 점을 순차 연결한 선내 (ㄷ)부분 샷시조 판넬지붕 2층 소재 다용도실 4.8㎡를 각 철거하고 위 토지를 인도하라.
2. 피고1은 원고에게 건물을 철거하고 토지를 인도하기 전까지 1,079,400원과 이에 대하여 2022년8월30일부터 소장 부본 송달일까지는 연5%, 그 다음날부터 다 갚는 날까지 연12%의 각 비율로 계산한 돈을 지급하고, 2022년8월30일부터 별지 목록 기재 토지를 인도할 때까지 매월 719,600원을 지급하라.
3. 임차인들인 피고2 김　과 피고3 김　은 모두 건물에서 퇴거하라.
4. 소송비용은 피고1의 부담으로 한다.
5. 위 제1,2,3항은 가집행 할 수 있다.

라는 판결을 구합니다.

## 청 구 원 인

1. 원고의 토지 소유권 취득

원고는 별지목록1 기재 토지를 부산지방법원에서 진행한 부동산 강제경매 2022타경 사건에서 2022년7월29일에 낙찰받아 2022년8월30일 잔금을 납부하고 소유권이전등기를 마친 소유자입니다.

(갑 제1호증 토지 등기사항전부증명서)

2. 건물 철거 및 토지 인도 청구

부산시 부산진구 에 위치하는 피고1의 건물이 아무런 권원없이 원고 소유인 별지기재 토지를 사용, 수익하고 있습니다. 피고의 점유에 의하여 소유권을 침해당하고 있는바, 피고는 이 사건 건물을 철거하고 이 사건 토지를 원고에게 인도할 의무가 있다 할 것입니다.

(갑 제2,3,4,5,6호증 부동산도면 표시, 감정평가서, 현황사진1,2,3)

3. 부당이득금반환 청구

피고 김유 은 아무런 권원없이 원고 소유인 별지기재 부동산을 점유하며 사용, 수익하고 있으므로 원고는 피고의 점유에 의하여 소유권을 침해당하고 있고 소유자로서의 권리행사를 전혀 하지 못하고 있는 실정입니다.

본건 토지를 제3자에게 임대하였을 경우 그 임대료로 매월 금719,600원(부동산 거래사례로 평가한 금액인 71.960,000원의 1%)의 수익을 얻을 수 있는데 이를 피고가 사용함으로써 부당이득을 취하고 있다고 할 것이므로 원고에게 반환할 의무가 있다 할 것입니다. 차후 필요하다면 감정평가를 신청하겠습니다.

부당이득금액의 산출근거는 다음과 같습니다.

본건 토지와 같은 용도지역인 일반상업지역이면서 인근에 위치하며 최근의 매매사례를 살펴보면 아래와 같으며, 평균 토지 가격이 약 평당1,400만원입니다. (5.14평 × 14,0000,000원 = 71.960,000원)

| | | | |
|---|---|---|---|
| 부전동 | 일반상업 | 19,434,010원/평당 | 2022년 05월 |
| 부전동 | 일반상업 | 14,606,958원/평당 | 2020년 12월 |
| 부전동 | 일반상업 | 14,757,970원/평당 | 2018년 05월 |

부전동 일반상업 13,022,790원/평당 2021년 10월
부전동 일반상업 13,403,247원/평당 2020년 12월

4. 임차인 피고2 김양■, 피고3 김말■에 대한 청구(퇴거 청구)

피고 김양■, 김말■은 이 사건 건물의 임차인으로서 이 사건 건물을 점유하고 있으므로, 원고는 토지 소유권에 기한 방해배제청구권의 행사로써 피고 김양■, 김말■에게 이 사건 건물에서의 퇴거를 청구합니다.

(갑 제7호증 전입세대열람내역)

대법원은 건물철거를 청구할 시 건물점유자에 대해서 퇴거 청구가 가능하지 여부에 대해 "건물이 그 존립을 위한 토지 사용권을 갖추지 못하여 토지의 소유자가 건물의 소유자에 대하여 당해 건물의 철거 및 그 대지의 인도를 청구할 수 있는 경우, 토지소유자는 자신의 소유권에 기한 방해배제로써 건물점유자에 대하여 건물로부터의 퇴출을 청구할 수 있다. 그리고 이는 건물점유자가 건물소유자로부터의 임차인으로서 그 건물임차권이 이른바 대항력을 가진다고 해서 달라지지 아니한다"는 입장을 취하고 있습니다. (대법원 2010.8.19.. 선고 2010다43801 판결)

5. 결어;

결론적으로 피고1은 원고에게 별지목록1 토지상에 있는 건물들을 철거하여 위 토지를 인도하고, 토지를 인도하기까지 매월 금7,196,000원의 부당이득금을 반환할 의무가 있다 할 것입니다.

또한 피고2 김양■, 피고3 김말■은 이 사건 건물의 점유를 통하여 토지 소유권을 침해하고 있으므로 이 사건 건물에서 퇴거할 의무가 있다 할 것입니다.

원고는 통고문을 통해 협의 및 이행을 요구하였으나 이에 응하지 않고 있습니다. (갑 제8호증 내용증명)

따라서 원고는 청구취지 기재와 같은 판결을 구하기에 이른 것입니다. 귀원께서 널리 살펴 신속하게 위 청구취지대로 인용하여 주실 것을 간곡히 요청하는 바입니다.

## 입 증 방 법

1. 갑 제1호증 등기부(부전동)
2. 갑 제2호증 별지목록2 (부동산도면 표시)
3. 갑 제3호증 감정평가서
4. 갑 제4호증 현황사진1

5. 갑 제5호증 현황사진2
6. 갑 제6호증 현황사진3
7. 갑 제7호증 전입세대열람내역
8. 갑 제8호증 내용증명(부전동)

## 첨 부 서 류

1. 별지목록1 (부동산의표시)
2. 별지목록2 (부동산도면 표시)
3. 토지대장

2022.10.16

원고 [redacted]

[redacted]법원 귀중

# 감 정 신 청 서

사 건 2022가단[redacted]건물등철거 [담당재판부:민사제1단독]

원 고 [redacted]

피 고 김유[redacted]외 2명

위 사건에 관하여 원고는 다음과 같이 임료 감정 및 철거대상인 건축물을 특정하기 위하여 다음과 같이 감정을 신청합니다.

## 감정의 목적

1. 철거대상인 건물을 특정하기 위함. (도면)

2. 정확한 지료를 산정하기 위함.(임료 감정)

## 감정의 목적물

1. 부산광역시 부산진구 [redacted]번지 지상위에 철거대상인 건물의 도면

2. 부산광역시 부산진구 [redacted]번지 토지를 사용하는 부당이득금의 임료 감정

## 감정사항

1. 건축물의 위치, 용도, 면적, 구조, 등(부산광역시 부산진구 [redacted]번지 위 지상 건물)
2. 부동산의 적정한 부당이득금(토지 임대료)

## 임료감정평가에 대한 원고 의견서

임료감정신청한 토지 지상위에 철거대상인 건물이 있습니다.

**임료감정시**

**임료감정은 저감이 없이 건축물이 없는 나대지 상태로 해서 감정을 해야 합니다. 이에 원고의 의견이 감정신청서에 빠져있어 의견서를 따로 제출합니다.**

[대법원 1975. 12. 23., 선고, 75다2066, 판결]
자기의 소유의 건물을 위하여 그 기지소유자 "갑"의 대지위에 법적지상권을 취득한 "을"은 그 사용에 있어서 어떠한 제한이나 하자도 없는 타인 소유의 토지를 직접적으로 완전하게 사용하고 있다고 할 수 있고 이 경우에 "을"이 "갑"에게 지급하여야 할 지료는 아무러한 제한없이 "갑"소유의 토지를 사용함으로써 얻는 이익에 상당하는 댓가가 되어야 하고 건물이 건립되어 있는 것을 전제로 한 임료상당 금액이 되어서는 안된다.

대법원 1989. 8. 8. 선고 88다카18504 판결
【판결요지】
법원은 법정지상권자가 지급할 지료를 정함에 있어서 법정지상권설정 당시의 제반사정을 참작하여야 하나, 법정지상권이 설정된 건물이 건립되어 있음으로 인하여 토지의 소유권이 제한을 받는 사정은 이를 참작하여 평가하여서는 안된다.

부산지방법원 부동산강제경매 사건 2022타경[REDACTED]의 감정평가서를 첨부합니다.

감사합니다.

원고 이[REDACTED]
010-[REDACTED]

279-41 대
279-38 대
346-125 대
279-37 대
279-36 대
279-3
Panasonic

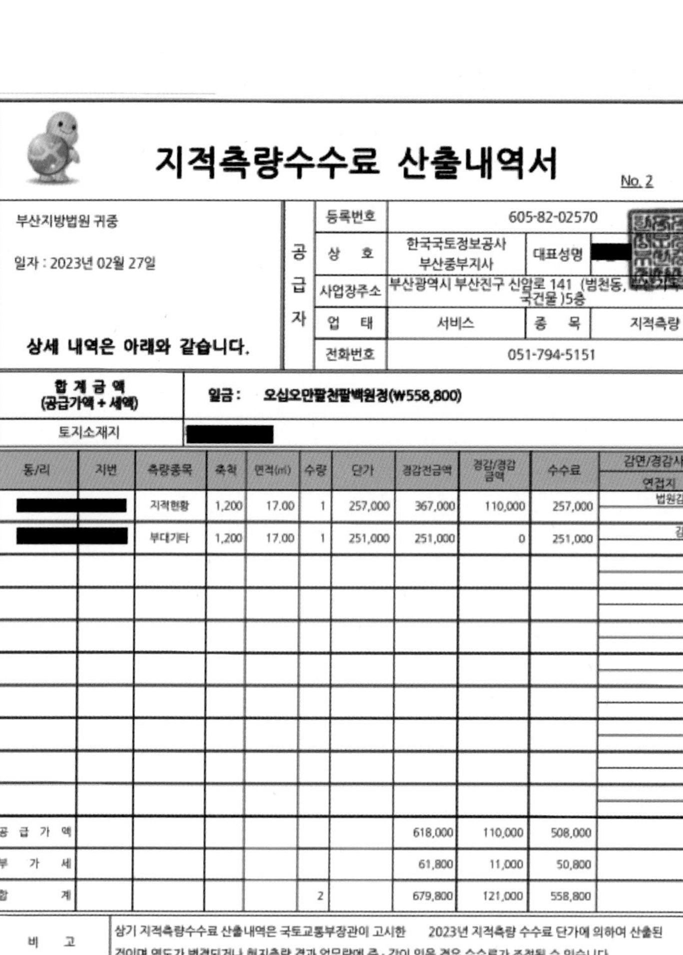

# 지적측량수수료 산출내역서

No. 2

부산지방법원 귀중

일자 : 2023년 02월 27일

**상세 내역은 아래와 같습니다.**

| 공급자 | | | | |
|---|---|---|---|---|
| 등록번호 | 605-82-02570 | | | |
| 상 호 | 한국국토정보공사 부산중부지사 | 대표성명 | | (인) |
| 사업장주소 | 부산광역시 부산진구 신암로 141 (범천동, 부산지적교방송국건물 )5층 | | | |
| 업 태 | 서비스 | 종 목 | 지적측량 | |
| 전화번호 | 051-794-5151 | | | |

| 합 계 금 액 (공급가액 + 세액) | 일금 : 오십오만팔천팔백원정(₩558,800) |
|---|---|
| 토지소재지 | |

| 동/리 | 지번 | 측량종목 | 축척 | 면적(㎡) | 수량 | 단가 | 경감전금액 | 경감/경감금액 | 수수료 | 감면/경감사유 / 연접지 |
|---|---|---|---|---|---|---|---|---|---|---|
| | | 지적현황 | 1,200 | 17.00 | 1 | 257,000 | 367,000 | 110,000 | 257,000 | 법원감정측량 |
| | | 부대기타 | 1,200 | 17.00 | 1 | 251,000 | 251,000 | 0 | 251,000 | 감연없음 |
| 공 급 가 액 | | | | | | | 618,000 | 110,000 | 508,000 | |
| 부 가 세 | | | | | | | 61,800 | 11,000 | 50,800 | |
| 합 계 | | | | | 2 | | 679,800 | 121,000 | 558,800 | |

| 비 고 | 상기 지적측량수수료 산출내역은 국토교통부장관이 고시한 2023년 지적측량 수수료 단가에 의하여 산출된 것이며 연도가 변경되거나 현지측량 결과 업무량에 증 · 감이 있을 경우 수수료가 조정될 수 있습니다. | | |
|---|---|---|---|
| 담 당 자 | | 거래처코드번호 | 6038300632 |
| 지적측량수수료입금계좌번호 | 부산은행 : 303-01-000017-5 | 예금주 | 한국국토정보공사부산중부지사 |

LX 한국국토정보공사

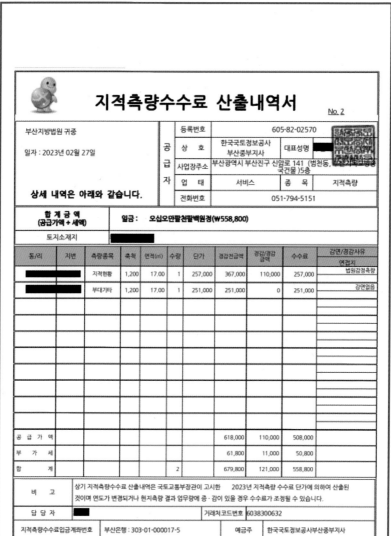

## 감정평가액의 산출근거 및 결정 의견

대한 임료를 산정하고 있어 감각상각비 등이 해당되지 않아 실제 전체금액에 대한 비중이 미미한바 필요제경비는 기대이율에 포함하고 별도 산정치 아니함.

### 4. 감정평가액(임료)의 결정

(월임료, 기간임료 : 일원이하 절사)

| 임료 산정기간 | 임료 감정평가액 | | | | |
|---|---|---|---|---|---|
| | 기초가액(원) | 기대 이율 | 년임료(원) | 월임료(원) | 기간임료(원) |
| 2022.08.30~ 2023.02.28. | 61,601,550 | 0.018 | 1,108,827 | 92,400 | 555,930 |

※ 기간임료 계산

1. 2022.08.30.~2023.02.28. 183일간 기간임료
   : 61,601,550 × 0.018 × 183/365 = 555,930원

19

# 판 결

사 건 2022가단■■■ 건물등철거

원 고 ■■■ 주식회사

■■■

대표자 사내이사 이■■

피 고 1. 김유■

2. 김양■

3. 김말■

피고들 주소 부산 부산진구 ■■■

변 론 종 결 2023. 4. 27.

판 결 선 고 2023. 5. 18.

## 주 문

1. 피고 김유■은 원고에게 부산 부산진구 ■■■ 대 17㎡ 지상 단독주택을 철거하고, 위 토지를 인도하라.

2 피고 김유■은 원고에게 555,930원과 이에 대하여 2023. 3. 1.부터 2023. 5. 18.까지는 연 5%, 그 다음날부터 갚는 날까지는 연 12%의 각 비율로 계산한 돈 및 2023. 3. 1.부터 위 철거 및 인도 완료일까지 월 92,400의 비율로 계산한 돈을 각 지급하라.

3. 피고 김양■ 김말■은 위 건물에서 퇴거하라.

4. 소송비용은 피고들이 부담한다.

5. 제1, 2, 3항은 각 가집행할 수 있다.

**청 구 취 지**

주문과 같다.

**이 유**

1. 청구의 표시

피고 김유■: 원고 소유 토지를 건물 부지로서 무단 점유하는 데 따른 건물철거 및 토지인도, 차임 상당 부당이득반환 청구

피고 김양■, 김말■: 토지소유권에 기한 방해배제로서 건물점유자에 대한 퇴거 청구

2. 자백간주에 의한 판결(민사소송법 제208조 제3항 제2호)

판사 이■

# 빠른 잔금 납부로 경매 취하신청을 막다

## | 농지, 지분 물건, 강제경매, 보상 물건 |

**2022타경███** • 창원지방법원 통영지원 • 매각기일 : 2024.01.08(月) (10:00) • 경매 7계(전화:055-640-8512)

| 소 재 지 | 경상남도 고성군 거류면 신용리███ 도로명검색 지도 지도 지도 주소 복사 | | |
|---|---|---|---|
| 물건종별 | 농지 | 감 정 가 | 35,818,880원 |
| 토지면적 | 전체: 1679㎡(507.9평)<br>지분: 559.67㎡(169.3평) | 최 저 가 | (33%) 11,737,000원 |
| 건물면적 | | 보 증 금 | (10%) 1,173,700원 |
| 매각물건 | 토지지분매각 | 소 유 자 | 정○○ |
| 개시결정 | 2022-04-21 | 채 무 자 | 정○○ |
| 사 건 명 | 강제경매 | 채 권 자 | 고성동부농협 |

오늘조회: 1 2주누적: 0 2주평균: 0 조회동향

| 구분 | 매각기일 | 최저매각가격 | 결과 |
|---|---|---|---|
| | 2023- | 35,818,880원 | 변경 |
| 1차 | 2023- | 35,818,880원 | 유찰 |
| 2차 | 2023- | 28,655,000원 | 유찰 |
| 3차 | 2023- | 22,924,000원 | 유찰 |
| 4차 | 2023- | 18,339,000원 | 유찰 |
| 5차 | 2023- | 14,671,000원 | 유찰 |
| **6차** | **2024-** | **11,737,000원** | |

매각 : 13,070,000원 (36.49%)

(입찰1명,매수인:이○○)

매각결정기일 : 2024. - 매각허가결정

대금지급기한 : 2024.02.28

대금납부 2024.01.29 / 배당기일 2024.02.28

배당종결 2024.02.28

출처 : 옥션원

토지지분(3분의 1) 매각이며 면적이 약 170평인 농업진흥구역 농지물건이다. 인근에 산업단지가 있고 최초매각금액에서 많이 유찰된 것도 입찰하기에 좋은 조건이었다. 단, 이 경우는 농지취득자격증명서류를 필히 발급받아야 한다. 농지법 개정으로 인한 많은 규제로 농지에 대한 관심이 낮아짐을 단적으로 알 수 있는 낮은 금액으로 단독낙찰 됐다.

**현황사진과 지도상 위치**

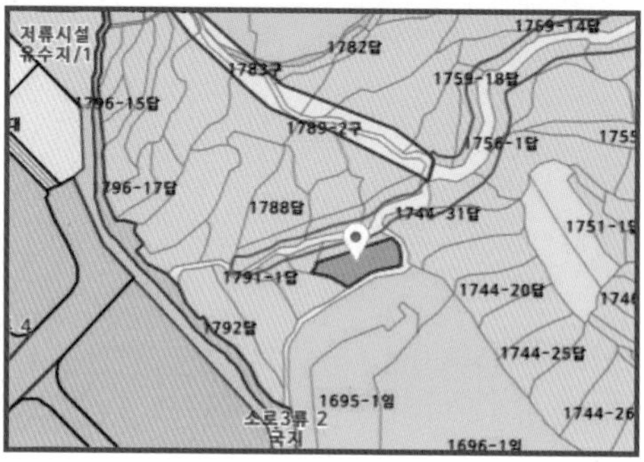

농지법 개정으로 농지 물건에 대한 관심과 입찰 수 및 농지 매매계약이 줄어들고, 가격도 많이 낮아지고 있는 시기이므로 역으로 농지에 관심을 가지는 것도 좋은 전략일 수 있다. 특히 직접 영농을 계획하거나 주말농장이나 텃밭을 원하는 경우 혹은 농지연금을 계획하고, 농업인이 되고자 하는 경우라면 더욱 전략적으로 움직이면 좋다. 참고로 필자가 《농지와 농지취득자격증명 발급 받는 방법》에 대한 책을 집필해 완성까지 얼마 남지 않았지만, 몇 가지 이유로 인해 현재 중단한 상태로 출판이 아닌 다른 방법을 모색하고 있다. 여기서 농지와 농지취득자격증명에 관해 중요한 내용을 기재하려다 보면 너무 많은 지면을 할애해야 하는 문제가 생기므로, 더 자세한 사항이 궁금한 독자는 필자의 블로

그에서 관련 글을 참조하거나, 필자에게 교육을 신청하면 된다.

다시 물건으로 돌아와서, 낙찰받고 며칠 후 법원으로부터 연락이 와서 채무자가 필자와의 통화를 원한다는 소식을 들었다. 강제경매이므로 경매취하동의서를 요청하거나 아니면 다른 협의를 하자는 의향일 것이다. 무조건 좋은 신호이므로 흔쾌히 동의했다.

채무자와 통화를 한 내용은 다음과 같다. 종중 토지로써 채무자인 자신이 사업하다 어려워져 이 토지 말고도 여러 부동산이 모두 경매로 넘어갔으며, 이 토지는 3명이 공유지분으로 소유하고 있으므로 낙찰자의 토지 사용이 어려울 것이니 잔금을 미납해달라는 요청이었다. 대신에 차비 등의 경비를 부담하겠다는 뜻을 밝혔다. 필자는 흔쾌히 잔금 미납 조건으로 적당한 금액을 요청했고, 상대방도 알겠다고 답변했다. 그러나 조금 후 다시 연락이 와서 공유자 중 1명이 사망해 협의가 어렵다며 필자로서는 이해하기 어려운 태도를 보였다. 계속해서 연락이 와 협의를 하자고는 하지만 실제 금액에 대해서는 가타부타 이야기가 없어 무언가 이상하다는 생각에 법원 문건/송달내역을 확인하니 채무자로부터 【경매절차취소신청서】가 제출된 것을 확인했다.

**법원 문건/송달내역**

| | |
|---|---|
| 2024.01.09 | 최고가매수신고인 농지취득자격증명 제출 |
| 2024.01.19 | 채무자겸소유자 최OO 경매절차 취소 신청서 제출 |
| 2024.01.31 | 최고가매수신고인 부동산소유권이전등기촉탁신청서 제출 |

아래의 자료처럼 상대방으로부터 연락이 온 날이 1월 24일이었다. 채무자는 【경매절차취소신청서】를 제출했지만 경매계로부터 낙찰자의 취소동의서를 받아야 한다는 것을 들었을 것이고, 이를 토대로 필자에게 연락했을 것이다. 직접 경매계에 연락해서 확인하니 필자의 예상과 동일했다.

**채무자와의 통화 내역**

1월 24일 수요일

오후 2:47
수신전화/휴대전화/0분 34초

오후 2:13
수신전화/휴대전화/1분 21초

오후 2:13
부재중 전화/휴대전화

오후 2:09
수신전화/휴대전화/3분 29초

오후 1:57
발신전화/휴대전화/3분 54초

채무자가 어떤 내용으로 취하신청서를 제출했는지 그 내용이 궁금해서 매수인 자격으로 전자소송을 통해 해당 경매의 서류 파일을 확인하고, 많이 놀랐다. 취하신청서의 내용은 채무자의 파산관재인이 제출한 것으로 채무자가 파산했으니 경매 매각 절차를 취소해달라는 내용이었고, 그 이유로는 파산관리인규정과 경매 매각 물건 농지의 일부분이 하천에 포함되어 보상을 받을 수 있다는 내용이 포함되어 있었다. 하천 보상에 대한 내용은 필자가 낙찰받은 면적 중 40%가 보상편입면적으로 포함되어 보상금액이 약 2,320만 원이라는 내용이었다. 정리하자면 필자가 해당 농지를 1,307만 원에 낙찰받고 2,320만 원을 보상금액으로 받은 후, 보상에서 제외된 60% 면적인 333㎡ 농지는 계속해서 소유하게 되는 것이다. 소유하고 있는 333㎡ 농지를 토대로 원래 하고자 했던 공유자들과 협의를 하면 되는 것이다.

강제경매이므로 채무자가 경매 취하를 하기 위해서는 낙찰자의 취하 동의가 있어야 한다. 하지만 낙찰자의 동의 없이도 취하가 가능한 방법이 있으므로 경매 취하에 관한 협의가 진행되는 도중에 무산되는 경우에는 혹시 모를 상황에 대비해서 재빨리 잔금납부를 하는 것이 전략적인 선택일 것이다. 따라서 필자도 서둘러서 잔금을 납부했다. 잔금을 납부한 후에는 보상금액 때문인지 타 공유자들로부터 매매 문의가 오고 있고, 필자의 입장에서는 협의도 가능하고, 가처분설정, 공유물분할소송 등 여러 가지 방안이 있기에 기쁜 마음으로 천천히 협의하려고 한다.
임의경매가 아닌 강제경매 사건에서 낙찰이 된 후에 채무자가 경매를 취소시키려면 낙찰자의 동의가 필요하기 때문에 채권금액이 낮은 강제경매 물건을 검색·선별해서 낙찰받아 경매 취하에 동의해주는 조건으로 빠른 시일 내에 수익을 얻는 투자도 하나의 방법일 수 있다. 그러나 무조건 낙찰만 받으면 된다는 식의 접근은 잘못된 투자 방식이니 유의하자. 그 이유는 다음의 실제 사례를 포함해, 필자의 책인 《부동산 경매·공매 특수물건 투자 비법》에 기재된 '강제경매, 임의경매에 있어서의 경매 취하 방법' 장을 참고하면 될 것이다.

## 【경매취하신청서】 및 토지보상조서 내용

# 부동산강제경매에 대한
# 경매중지 및 취하 허가신청서

사　　건 2022하단███ 파산선고

채 무 자 ███

채무자 ███의 소유 부동산에 대한 부동산강제경매 사건을 중지 및 취하할 것에 대한 의견을 다음과 같이 제출합니다.

다　　음

가. 채무자 ███은 2023. 4. 24. 13:30부로 창원지방법원으로부터 파산선고 결정을 받았으며, 파산관재인으로 변호사 최███가 선임되었습니다.

나. 채무자 ███의 소유 지분부동산으로 '고성군 거류면 ███ 답 1388㎡ 이중 지분 3분의 1', '고성군 거류면 ███ 답 291㎡ 이중 지분 3분의 1'이 있으며, 위 부동산은 현재 창원지방법원 통영지원 2022타경███ 부동산강제경매가 진행 중에 있습니다.

다. 채무자 회생 및 파산에 관한 법률 제348조 제1항 '파산채권이 기하여 파산재단에 속하는 재산에 대하여 행하여진 강제집행, 가압류 또는 가처분은 파산재단에 대하여는 그 효력을 잃는다. 다만, 파산관재인은 파산재단을 위하여 강제 집행절차를 속행할 수 있다'라고 규정하고 있습니다. 현재 창원지방법원 통영지원 2022타경 ████ 부동산강제경매 신청권자는 '고성동부농업협동조합'으로 파산채권자로서 파산채권에 기한 채무자 ████ 소유 지분부동산에 대한 강제집행은 파산재단에 대하여 그 효력을 잃는다고 할 것입니다.

**라. 위 부동산 강제경매 진행내역 및 고성군 정비사업으로 인한 보상금에 관해**

위 부동산 강제경매 진행 상태로는 2필지(고성군 거류면 ████ 답 1388㎡, 고성군 거류면 ████ 답 1388㎡)에 관한 감정평가액은 35,818,800원으로 7회차 매각기일 2024. 1. 8. 매각(낙찰금 13,070,000원)이 되었습니다.(잔금 미지급상태입니다.)

**한편,** 2024. 1.경 고성군 하천보상과(담당자 ████ 055-████) 담당자로부터 위 부동산 2필지에 대해 『신용천(마동2지구)정비사업』 진행으로 보상금이 지급될 예정이며 첨부자료 '토지평가조서'를 참조하시면 총 보상금 70,315,000원 중 채무자의 지분 1/3인 금 23,438,340원을 보상받을 예정에 있습니다.

위와 같은 사정으로 부동산 강제경매로 매각진행 시 매각대금 13,070,000원 중 채무자의 지분 1/3인 **금 4,356,666원**이 파산재단으로 편입이 가능하나 고성군에서 『신용천(마동2지구)정비사업』 진행으로 채무자가 받을 보상금은 70,315,000원 중 채무자의 지분 1/3인 **금 23,438,340원**을 파산재단으로 편입이 가능합니다. 이에 파산채권자들의 손해를 최소화 하고자 **위 보상금을 파산재단으로 편입하고자 합니다.**

반면, 위 보상관련으로 고성군 담당자에게 확인한 결과 채무자가 보상금을 수령하기 위한 조건으로 현재 진행 중인 위 부동산강제경매가 취하되어야만 지급이 가능하다는 답변을 받았습니다.

이에 위 부동산 강제경매로 제3자에게 매각결정완료가 되면 위 보상금을 지급받지 못하는 사유로 인해 채무자 소유 지분부동산 2필지의 경매사건 진행중인 창원지방법원 통영지원 경매7계에 첨부자료와 같이 **창원지방법원 통영지원 2022타경 ■■■ 부동산강제경매를 중단, 취하 요청서를 제출하고자 합니다.** 이를 허가하여 주시기 바랍니다.

**첨 부 자 료**

1. 토지평가조서
1. 파산선고결정사실통지 및 경매중단, 취하 요청서

2024. 1. .

채무자 ■■■의 파산관재인

변호사 최■■

**창원지방법원 제1파산단독 귀중**

## 토지평가조서

토 지 평 가 조 서

| 연번 | 소재지 (고성군) | 지번 | 공부 지목 | 면적(㎡) 공부 | 면적(㎡) 편입 | 평가금액(원) [illegible] | [illegible] | [illegible] | 지분 보상액 | 금액 | [illegible] | 소유자 주소 | 소유자 성명 | 비고 |
|---|---|---|---|---|---|---|---|---|---|---|---|---|---|---|
| 4 | 거류면 신용리 | ■■■ | 답 | 1368.0 | 395.0 | 100,000 | 102,000 | 102,500 | 13,495,840 | 40,487,500 | | 창원시 의창구 ■■■ | | 1/3 |
| 5 | 거류면 신용리 | ■■■ | 답 | 291.0 | 291.0 | 100,000 | 102,000 | 102,500 | 9,942,500 | 29,827,500 | | 창원시 의창구 ■■■ | | 1/3 |

## 필자에게 우편으로 온 토지 보상 공문

# 고 성 군

수신 신용천(마동2지구)정비사업 편입토지 등 소유자
(경유)
제목 신용천(마동2지구)정비사업 편입토지 등 손실보상 재협의 요청

1. 평소 군정발전에 협조하여 주심에 감사드리며, 귀하의 가정에 행복이 충만하시기를 기원합니다.

2. 우리 군 거류면 신용리지내 「신용천(마동2지구)정비사업」 편입토지 등의 보상에 관하여 『공익사업을 위한 토지 등의 취득 및 보상에 관한 법률』 제16조 및 같은법 시행령 제7조의 규정에 따라 보상 재협의를 요청하오니 공익사업의 원활한 추진을 위해 보상금을 조속한 시일 내 지급신청 및 수령하여 주시기 바랍니다.

붙임 1. 보상금 (변경) 사정조서 1부.
2. 구비서류 안내문 1부. 끝.

고 성 군 수

토 지 조 서

| (원) | 사정금액(원) | 변경 | | | | | | | | | | |
|---|---|---|---|---|---|---|---|---|---|---|---|---|
| | | 지번 | | 지목 | | 면적(㎡) | | 감정 | | | 지분보상액(원) | 사정금액(원) |
| | | 당초 | 분할 | 공부 | 현실 | 공부 | 편입 | 다우 | 중앙 | 사정단가 | | |
| .840 | 40,487,500 | | | 답 | 답 | 1,388 | 395 | 103,000 | 102,000 | 102,500 | 13,495,840 | 40,487,500 |
| .500 | 29,827,500 | | | 답 | 답 | 291 | 249 | 103,000 | 102,000 | 102,500 | 8,507,500 | 25,522,500 |

# 구 비 서 류 안 내 문

**해당사항을 꼼꼼히 확인 ( 문의 ) ☞**

| 구 분 | 구 비 서 류 | 발 급 기 관 |
|---|---|---|
| 토지소유자<br>(해당자) | ○ 인감증명 2통(인감도장 지참),<br>○ 주민등록초본[주소(인적)변동내역포함] 2부,<br>○ 은행통장 사본(-통장종류 : 보통, 저축예금)<br>○ 근저당권 설정 및 가압류가 있을시 문의 바람055)670-2764 | -고성군 관내 읍면사무소<br>공문지참 발급청구시<br>수수료 면제 |
| 건물 소유자<br>(해당자) | 허가 건물: ① 건물 등기부등본 1통<br>② 건축물 관리대장 1통 | - 건물소재지 등기소<br>- 해당군, 구청민원실 |
| | 무허가 건물 / 과세대장 등재: 재산세납부 증명서 1부. | ※건축물대장이 본인이 아닐시 소유사실확인서(읍면사무소) |
| | 무허가 건물 / 과세대장 미등재: 당해 군수 또는 읍·면장이 발급한 확인서 1부 및 소유자임을 증명하는 증빙서류 **(현황사진첨부)** | ※소유사실확인서<br>(읍면사무소) |
| 영업 보상<br>대 상 자 | ① 인·허가(신고)증 사본1부.(대상업종에 한함) 비대상 ☞**현황사진첨부**<br>② 사업자등록증 사본1부.초본. 인감증명서 각1부 | - 본인소지<br>- 전국시군구읍면동 |
| 수목 소유자 | ① 수목소유사실확인서 1부 | - 읍면장확인또는이장확인 |
| 분묘 연고자 | ① 개장신고증 (반드시 신고후 개장할것)<br>② 개장전·중후 및 파묘층의 유골사진 각1매 (계3장)<br>③ 제적등본, 호적등본중 1부. (연고자가 증명되지 않을때는 족보등 연고를 증명할 수 있는 서류) | - 읍·면사무소사회담당<br>- 본인이 촬영<br>- 본적지 관할군청,<br>읍·면 사무소 |
| 영농손실액,<br>이사비,<br>주거이전비,<br>이주정착비등 | (공통) ① (주민등록등본1통) 초본1통, 인감 1통<br>※영농손실액은 실제 경작자에게 지급되므로 경작사실확인원 제출 또는<br>- 농업경영체등록증명서(실경작자 해당지번 증명서 등재시) 1부. 제출 | - 읍면장확인또는이장확인 |
| 종중 소유<br>토지인 경우 | (추가) ① 종중등록대장(등록번호등록증명서) 1부.<br>② 종중규약(정관) 1부.<br>③ 종중재산처분결의서1부. (회의록에대표 선임관계, 매도행위 위임사항 포함) - 총회의사록 | - 고성군청 제1민원실 지적담당<br>- 본인소지<br>- 본인소지 |
| 토지소유자<br>사망 | 상속 및 소유권이전등기 후 보상금 신청 | - 법무사 |
| 소유자가<br>외국에<br>있을 경우 | (추가) ① 거주사실 증명서 1부.<br>② 출입국 증명서 1부.<br>③ 인감증명서 또는 서명인증서 (번역문 첨부)<br>④ 위임장<br>(토지를 국가에 양도하는 사실과 보상금 수령위임사항 포함)<br>⑤ 주민등록표 (출국사실 기재된 것)<br>⑥ 대리인의 인감증명서 및 주민등록 등본 | - 해당 외국대사(영사)관<br>- 김포출입국관리사무소<br>- 세무서 경유 필요<br>- 주민등록지동사무소 |
| 근저당권, 지상권가등기등소유권을 제한하는 권리가 설정되어 있는 경우 | (추가) ① 소멸 승낙서 1부. (○○○권 일부말소 승락서)<br>② 관계인 인감증명 2부.<br>(용도 ○○권 일부 소멸 승낙용)<br>③ 법인 등기부등본 1부. (법인인 경우) | ※ 소유권을 제한하는 권리는 계약체결 전에 그 해제를 완결(말소등기)를 하 여야 함. |

*소유자가 마을공동명의일 경우 : 마을총회의록(지장물건일체), 마을규약, 마을등록증명서

+공문 지참시 초본 및 인감증명서 발행수수료 감면 여부 문의할 것(고성군 관내)

**• 보상금지급은 서류접수 후 약 1개월 정도 소요됨 . 접수→법무사→등기소→건설과→재무과→지급**

**• 접수처 : 경남 고성군 고성읍 성내로 130,**

# 농지취득자격증명

[별지 제5호서식] <개정 2022.5.18>

제 2023-000101 호 **농 지 취 득 자 격 증 명**

| 농지 취득자 (신청인) | 성명 (명칭) | 이 | 주민등록번호 (법인등록번호) | ****** |
| --- | --- | --- | --- | --- |
| | 주 소 | | | |
| | 전화번호 | | | |

| | 소 재 지 | 지 번 | 지 목 | 면 적(㎡) | 농지 구분 |
| --- | --- | --- | --- | --- | --- |
| 취득 농지의 표시 | 경상남도 고성군 | | 답 | 462.67 | 진흥 |
| | 경상남도 고성군 | | 답 | 97.00 | 진흥 |
| | | | | | |
| | | | | | |
| | | | | | |
| | | | | | |
| | | | | | |
| 취 득 목 적 | 농업경영 | | | | |

귀하의 농지취득자격증명신청에 대하여 「농지법」 제8조, 같은 법 시행령 제7조제2항 및 같은 법 시행규칙 제7조제6항에 따라 위와 같이 농지취득자격 증명을 발급합니다.

2023 년 월 일

**경상남도 고성군**

<유의사항>

1. 귀하께서 「농지법」 제6조에 따른 농지 소유 제한이나 같은 법 제7조에 따른 농지 소유 상한을 위반하여 농지를 소유할 목적으로 거짓이나 그 밖의 부정한 방법으로 이 증명서를 발급받으면 같은 법 제57조에 따라 5년 이하의 징역이나 해당 토지의 개별공시지가에 따른 토지가액에 해당하는 금액 이하의 벌금에 처해질 수 있습니다.
2. 귀하께서 취득하여 소유한 농지는 농업경영에 이용되도록 하여야 하며(「농지법」 제6조제2항제2호 및 제3호의 경우는 제외합니다), 취득한 해당 농지를 취득목적대로 이용하지 않을 경우에는 같은 법 제10조·제11조제1항 또는 제63조에 따라 해당 농지를 처분해야 하거나 처분명령 또는 이행강제금이 부과될 수 있습니다
3. 귀하께서 취득하여 소유한 농지는 「농지법」 제23조제1항 각 호에 해당하는 경우 외에는 농지를 임대하거나 무상사용하게 할 수 없으며, 이를 위반할 경우 2천만원 이하의 벌금에 처해질 수 있습니다.
4. 농업법인의 경우 「농어업경영체 육성 및 지원에 관한 법률」 제19조의5에 따라 농지를 활용 또는 전용하여 「통계법」 제22조제1항에 따라 통계청장이 고시하는 한국표준산업분류에 의한 부동산업(「농어업경영체 육성 및 지원에 관한 법률」에 따른 농어촌 관광휴양사업은 제외합니다)을 영위할 수 없습니다.

사례 03

# 낙찰자의 동의 없이 강제경매가 취소되다

## | 근린상가, 토지·건물 일괄매각, 선순위가등기, 토지별도등기 |

**2021타경** • 부산지방법원 서부지원 • 매각기일 : 2022.05.18(水) (10:00) • 경매 2계(전화:051-812-1262)

| 소 재 지 | 부산광역시 사하구 하단동 | | |
|---|---|---|---|
| 새 주 소 | 부산광역시 사하구 | | |
| 물건종별 | 근린상가 | 감 정 가 | 185,000,000원 |
| 대 지 권 | 17.31㎡(5.24평) | 최 저 가 | (100%) 185,000,000원 |
| 건물면적 | 50.81㎡(15.37평) | 보 증 금 | (10%) 18,500,000원 |
| 매각물건 | 토지·건물 일괄매각 (별도등기 인수조건) | 소 유 자 | |
| 개시결정 | 2021-04-29 | 채 무 자 | |
| 사 건 명 | 부동산강제경매 | 채 권 자 | |

오늘조회: 1 2주누적: 0 2주평균: 0

| 구분 | 매각기일 | 최저매각가격 | 결과 |
|---|---|---|---|
| 1차 | 2022- | 185,000,000원 | |
| 매각 : 197,010,000원 (106.49%) | | | |
| (입찰1명,매수인: | | | |
| 매각결정기일 : 2022. - 매각허가결정 | | | |
| | 2022-05-31 | 0원 | 기각 |
| 본사건은 기각(으)로 경매절차가 종결되었습니다. | | | |

출처 : 옥션원

선순위가등기와 토지별도등기가 있는 근린상가 물건으로 신축 건물이며 2층이지만, 앞마당이 있으므로 서비스 면적을 잘 활용할 수 있는 업종이 들어온다면 충분한 임대수익과 매매차익을 볼 수 있는 물건으로 판단했다. 감정가격도 시세에 비해 낮게 평가됐다고 분석했다. 신건이고 별도등기 인수조건과 소유권이전청구권가등기가 있어서 권리분석상의 어려움으로 인해 입찰자는 거의 없을 것이라고 예상했고, 필자의 입장에서는 충분히 해결이 가능하다고 판단해 매각일에 단독낙찰을 받았다.

## 현황사진과 임장 시 건물에 부착되어 있는 알림내용

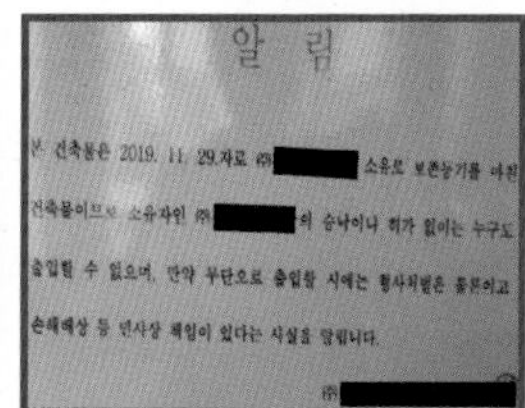


## 소유권 및 등기사항

2. **소유지분을 제외한 소유권에 관한 사항 ( 갑구 )**

| 순위번호 | 등기목적 | 접수정보 | 주요등기사항 | 대상소유자 |
|---|---|---|---|---|
| 2 | 소유권이전청구권가등기 | 2019년12월3일<br>제69295호 | 가등기권자 | |
| 2-1 | 가처분 | 2019년12월20일<br>제74032호 | 피보전권리 사해행위취소를 원인으로 한 소유권이전청구권가등기 말소등기 청구권<br>채권자 주식회사 | |
| 3 | 압류 | 2020년2월18일<br>제10884호 | 권리자 부산광역시 | |
| 4 | 강제경매개시결정 | 2021년4월29일<br>제27712호 | 채권자 주식회사 | |
| 5 | 압류 | 2021년12월24일<br>제74794호 | 권리자 사하구(부산광역시) | |

3. **(근)저당권 및 전세권 등 ( 을구 )**

| 순위번호 | 등기목적 | 접수정보 | 주요등기사항 | 대상소유자 |
|---|---|---|---|---|
| 1 | 근저당권설정 | 2019년11월29일<br>제68711호 | 채권최고액 금3,156,000,000원<br>근저당권자 북부산농업협동조합 | |

입찰 당일 해당 물건이 신건이므로 매각 순서가 마지막쯤이라 입찰자들이 법정을 빠져나가 법정은 한산했다. 필자를 최고가매수신고인으로 호명하자 주위에 있던 그룹에서 "아! 아무도 입찰 안 한다며"라는 소

리가 들렸고, 이는 낙찰자 입장에서는 매우 긍정적인 신호이므로 좋은 기분을 안고 법원을 나섰다.

낙찰을 받고 현재 임차인에게 낙찰자임을 밝히며 대화를 시작하려고 했으나 임차인은 냉담한 반응으로 대화를 거부했다. 그 이유로는 채무자 겸 소유자로부터 경매 사건이 취소되니 걱정할 필요가 없다는 이야기를 들었고, 따라서 낙찰자와는 할 이야기가 없다는 반응이었다. 간혹 임차인들이 이처럼 채무자의 경매 취하에 대한 장담만 믿고, 낙찰자와 대화 자체를 거부하는 경우가 있다. 이와 관련해 필자의 경험을 소개하자면, 경매 물건을 낙찰받아 명도하는 과정에서 임차인이 채무자의 말을 너무 믿는 나머지 낙찰자와의 협상 자체를 하지 않아, 어쩔 수 없이 강제집행을 신청해서 계고 당일 문을 강제로 열자 그제야 임차인이 채무자의 말이 헛된 약속임을 깨닫고, 한탄하는 답답한 상황도 여러 번이었다. 이런 일은 종종 있으니 알아두면 좋을 것이다.

임차인의 반응이 냉담해서 일단 채무자의 취하동의서 요청을 기다리면서도 매각허가결정일을 더욱 기다렸다. 매각허가결정이 되면 최대한 빠르게 바로 잔금을 납부할 예정이었다. 매각허가결정 유무가 관건이었고, 그동안 해당 상가를 통해 여러 가지 임대사업을 구상하고 알아보는 바쁘지만 기분 좋은 시간을 가졌다. 매각일 후 7일 차인 5월 18일 대법원경매사이트에서 매각허가결정이 난 것을 확인해 기분이 매우 좋았지만, 곧바로 법원경매계로부터 경매 취하가 된다는 연락을 받았다. 많이 아쉬울 뿐이다.

## 법원경매정보 사이트상의 '매각허가결정'

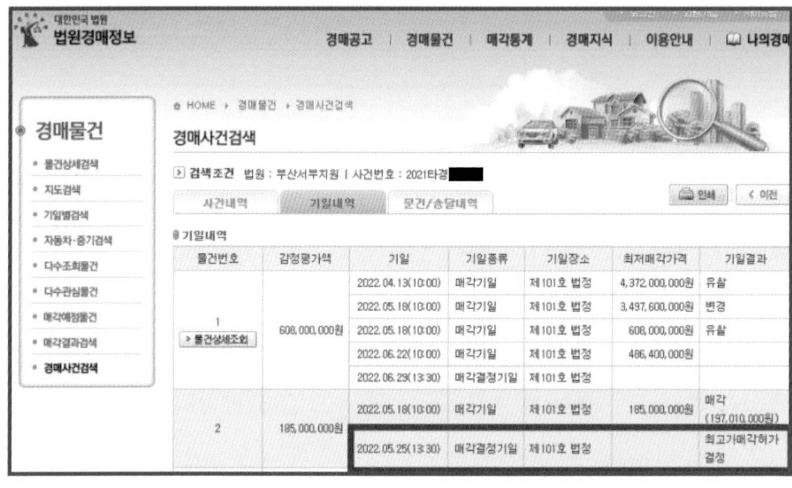



| 물건번호 | 감정평가액 | 기일 | 기일종류 | 기일장소 | 최저매각가격 | 기일결과 |
|---|---|---|---|---|---|---|
| 1 > 물건상세조회 | 608,000,000원 | 2022.04.13(10:00) | 매각기일 | 제101호 법정 | 4,372,000,000원 | 유찰 |
| | | 2022.05.18(10:00) | 매각기일 | 제101호 법정 | 3,497,600,000원 | 변경 |
| | | 2022.05.18(10:00) | 매각기일 | 제101호 법정 | 608,000,000원 | 유찰 |
| | | 2022.06.22(10:00) | 매각기일 | 제101호 법정 | 486,400,000원 | |
| | | 2022.06.29(13:30) | 매각결정기일 | 제101호 법정 | | |
| 2 | 185,000,000원 | 2022.05.18(10:00) | 매각기일 | 제101호 법정 | 185,000,000원 | 매각 (197,010,000원) |
| | | 2022.05.25(13:30) | 매각결정기일 | 제101호 법정 | | 최고가매각허가결정 |

출처 : 대한민국 법원 법원경매정보

## 법원경매정보 사이트상의 '경매 기각 결정'

| 2 | > 물건상세조회<br>> 매각기일공고<br>> 매각물건명세서 | 물건용도 | 근린시설 | 감정평가액 | 185,000,000원 | | |
|---|---|---|---|---|---|---|---|
| 부산광역시 사하구 | | | | 목록구분 | 집합건물 | 비고 | 기각 |
| 매각준비 -> 매각공고 -> 매각 -> **매각허가결정** | | | | | | | |
| | | | | 최근입찰결과 | 2022.05.18 매각(197,010,000원)<br>2022.05.25 최고가매각허가결정 | | |

출처 : 대한민국 법원 법원경매정보

임의경매의 경우에는 경매 취하가 빈번히 일어나지만 강제경매의 경우는 낙찰자의 동의 없이 취소(정확히는 '기각')되는 것은 흔치 않은 케이스다. 참고로 낙찰을 받고 경락대출을 알아보니, 필자의 입장에서는 선순위가등기와 가처분, 그리고 인수되는 토지별도등기가 권리분석상 아무런 문제가 없고 모두 해결이 가능했지만, 은행 대출계 입장에서는 많은 문제가 되기에 경락대출에 어려운 점이 많았다는 것도 알아두자.

【경매기각결정문】

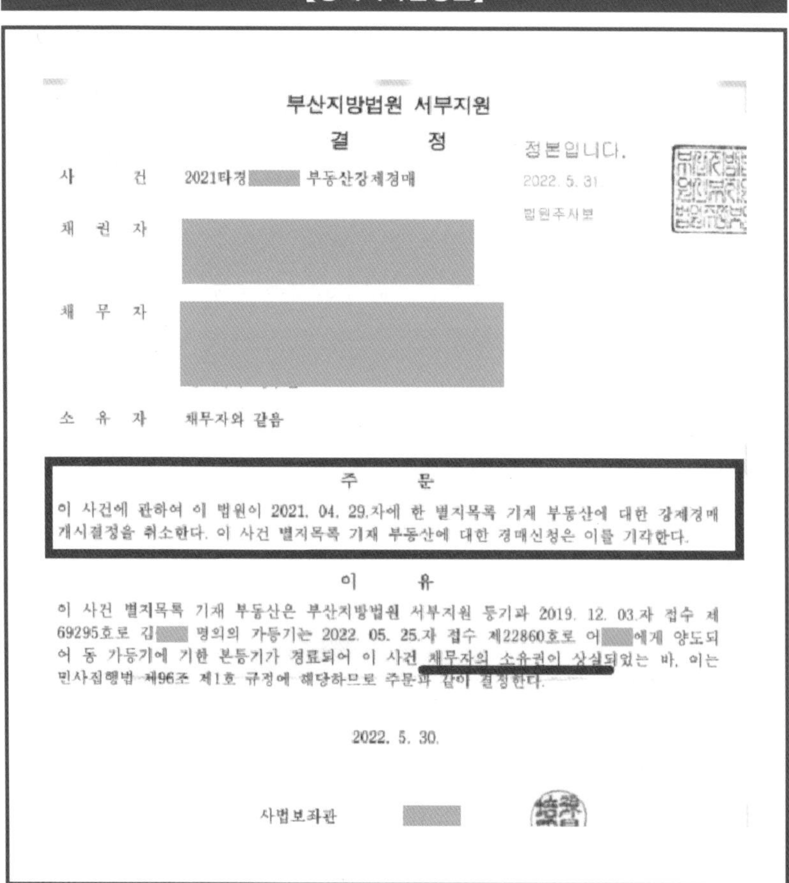

부산지방법원 서부지원

결 정

정본입니다.
2022. 5. 31.
법원주사보

사 건 2021타경[redacted] 부동산강제경매

채 권 자

채 무 자

소 유 자 채무자와 같음

주 문

이 사건에 관하여 이 법원이 2021. 04. 29.자에 한 별지목록 기재 부동산에 대한 강제경매 개시결정을 취소한다. 이 사건 별지목록 기재 부동산에 대한 경매신청은 이를 기각한다.

이 유

이 사건 별지목록 기재 부동산은 부산지방법원 서부지원 등기과 2019. 12. 03.자 접수 제69295호로 김[redacted] 명의의 가등기는 2022. 05. 25.자 접수 제22860호로 어[redacted]에게 양도되어 동 가등기에 기한 본등기가 경료되어 이 사건 채무자의 소유권이 상실되었는 바, 이는 민사집행법 제96조 제1호 규정에 해당하므로 주문과 같이 결정한다.

2022. 5. 30.

사법보좌관

경매·공매 투자를 한다면 매번 입찰자의 입장에서만 투자를 하는 것이 아니라 채권자의 입장에서도 경매 투자를 하는 경우가 생긴다. 특히, 특수 물건을 많이 하다 보면 이러한 일들이 더욱 많이 생기는데 경매 신청을 신속하고 정확하게 하는 방법 외에도 일괄매각과 개별매각을 선택해야 하는 경우가 생긴다. 법원의 매각 원칙은 어떻게 되고 매각 물건에 따라 어떤 매각 방식이 채권자에게 유리한지와 어떠한 내용으로 법원을 설득시킬 수 있는지 공부가 되어 있어야 한다. 이번 경매 물건도 이해관계들 간에 개별매각 신청과 일괄매각 신청으로 많은 다툼이 일었고, 처음에는 일괄매각으로 진행하다가 개별매각으로 변경이 되어 매각이 진행됐음을 알 수 있다.

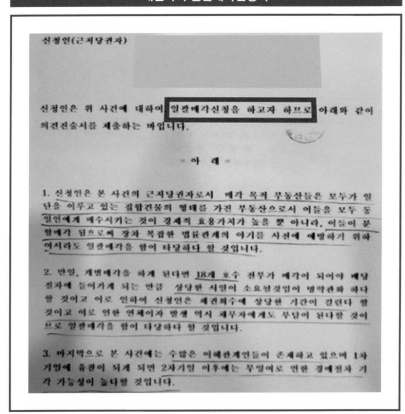

### 채권자의 일괄매각신청서

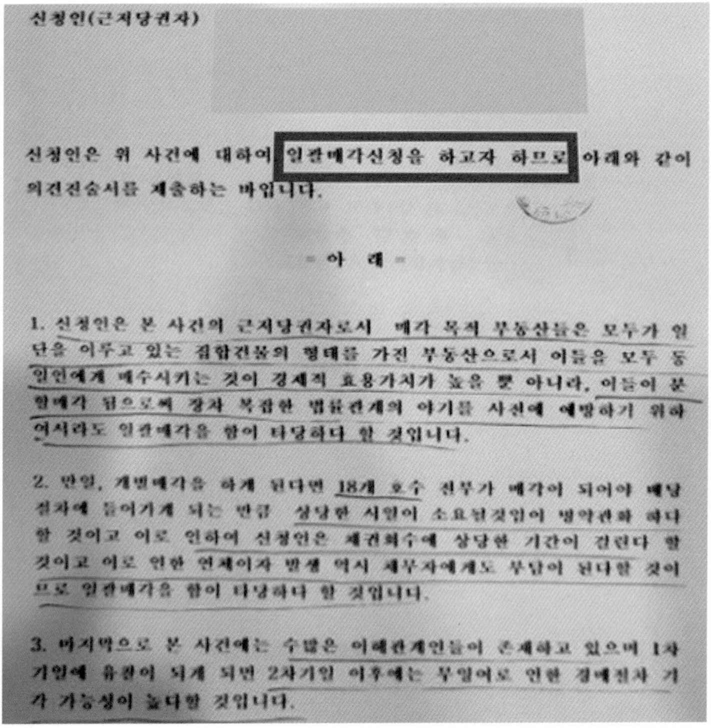

신청인(근저당권자)

신청인은 위 사건에 대하여 일괄매각신청을 하고자 하므로 아래와 같이 의견진술서를 제출하는 바입니다.

= 아 래 =

1. 신청인은 본 사건의 근저당권자로서 매각 목적 부동산들은 모두가 일단을 이루고 있는 집합건물의 형태를 가진 부동산으로서 이들을 모두 동일인에게 매수시키는 것이 경제적 효용가치가 높을 뿐 아니라, 이들이 분할매각 됨으로써 장차 복잡한 법률관계의 야기를 사전에 예방하기 위하여서라도 일괄매각을 함이 타당하다 할 것입니다.

2. 만일, 개별매각을 하게 된다면 18개 호수 전부가 매각이 되어야 배당절차에 들어가게 되는 만큼 상당한 시일이 소요될것임이 명약관화 하다 할 것이고 이로 인하여 신청인은 채권회수에 상당한 기간이 걸린다 할 것이고 이로 인한 연체이자 발생 역시 채무자에게도 부담이 된다할 것이므로 일괄매각을 함이 타당하다 할 것입니다.

3. 마지막으로 본 사건에는 수많은 이해관계인들이 존재하고 있으며 1차기일에 유찰이 되게 되면 2차기일 이후에는 부일여로 인한 경매절차 기각 가능성이 높다할 것입니다.

## 채권자의 개별매각신청서

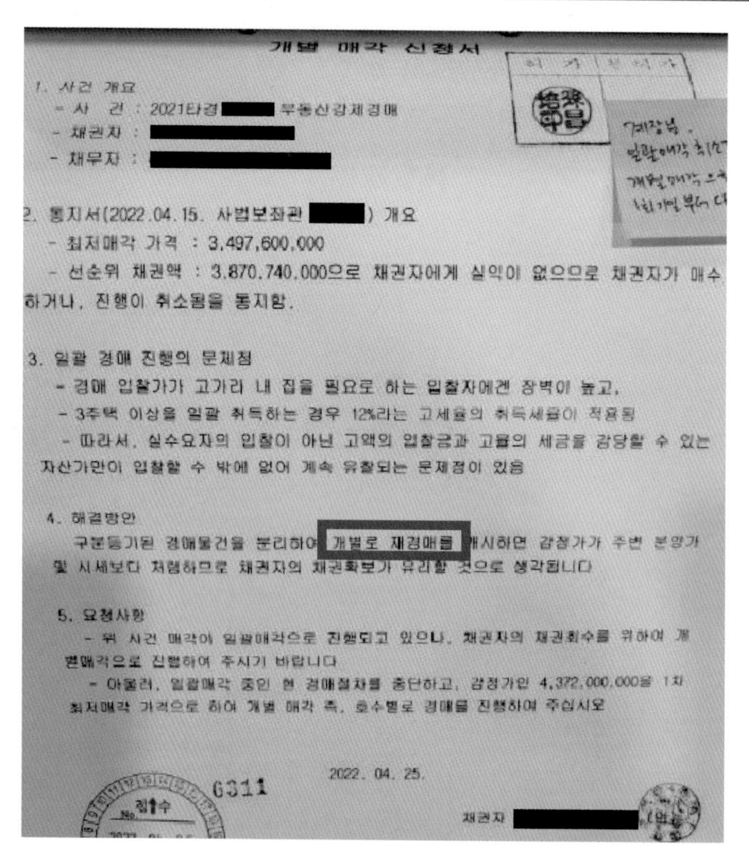

개별 매각 신청서

1. 사건 개요
   - 사 건 : 2021타경 부동산강제경매
   - 채권자 :
   - 채무자 :

2. 통지서(2022.04.15. 사법보좌관 ) 개요
   - 최저매각 가격 : 3,497,600,000
   - 선순위 채권액 : 3,870,740,000으로 채권자에게 실익이 없으므로 채권자가 매수하거나, 진행이 취소됨을 통지함.

3. 일괄 경매 진행의 문제점
   - 경매 입찰가가 고가라 내 집을 필요로 하는 입찰자에겐 장벽이 높고,
   - 3주택 이상을 일괄 취득하는 경우 12%라는 고세율의 취득세율이 적용됨
   - 따라서, 실수요자의 입찰이 아닌 고액의 입찰금과 고율의 세금을 감당할 수 있는 자산가만이 입찰할 수 밖에 없어 계속 유찰되는 문제점이 있음

4. 해결방안

구분등기된 경매물건을 분리하여 개별로 재경매를 개시하면 감정가가 주변 분양가 및 시세보다 저렴하므로 채권자의 채권확보가 유리할 것으로 생각됩니다

5. 요청사항
   - 위 사건 매각이 일괄매각으로 진행되고 있으나, 채권자의 채권회수를 위하여 개별매각으로 진행하여 주시기 바랍니다
   - 아울러, 일괄매각 중인 현 경매절차를 중단하고, 감정가인 4,372,000,000을 1차 최저매각 가격으로 하여 개별 매각 즉, 호수별로 경매를 진행하여 주십시오

2022. 04. 25.

6311

접수

채권자 (인)

# 공유물분할을 위한 형식적 경매와 상계 신청을 통한 고수익 창출

## | 농지, 공유물분할을 위한 형식적 경매, 상계 신청 |

**2020타경** • 창원지방법원 밀양지원 • 매각기일 : 2022.07.04(月) (10:00) • 경매 3계(전화:055-350-2539)

| 소재지 | 경상남도 창녕군 도로명검색 D 지도 N 지도 G 지도 주소 복사 | | |
|---|---|---|---|
| 물건종별 | 농지 | 감정가 | 57,486,000원 |
| 토지면적 | 1474㎡(445.89평) | 최저가 | (33%) 18,837,000원 |
| 건물면적 | | 보증금 | (10%) 1,883,700원 |
| 매각물건 | 토지 매각 | 소유자 | 이○○ |
| 개시결정 | 2020-10-08 | 채무자 | 이○○ |
| 사건명 | 임의경매(공유물분할을위한 경매) | 채권자 | 이○○ |
| 관련사건 | | | |

오늘조회: 1 2주누적: 0 2주평균: 0 조회동향

| 구분 | 매각기일 | 최저매각가격 | 결과 |
|---|---|---|---|
| 1차 | 2021- | 57,486,000원 | 유찰 |
| 2차 | 2021- | 45,989,000원 | 유찰 |
| 3차 | 2022- | 36,791,000원 | 유찰 |
| 4차 | 2022- | 29,433,000원 | 유찰 |
| 5차 | 2022- | 23,546,000원 | 유찰 |
| | 2022- | 18,837,000원 | 변경 |
| 6차 | 2022- | **18,837,000원** | |
| 매각 : 19,430,000원 (33.8%) | | | |
| (입찰2명,매수인: 차순위금액 19,250,000원) | | | |
| 매각결정기일 : 2022 - 매각허가결정 | | | |
| 대금지급기한 : 2022.08.22 | | | |
| 배당기일 : 2022.08.22 | | | |
| 배당종결 2022.08.22 | | | |

출처 : 옥션원

필자가 전 낙찰자이자 채권자이면서, 현 낙찰자이기도 한 물건이다. 전 공매 사건(지분 물건, 공유자 6명)에서 유찰이 많이 된 것을 확인하고, 낙찰받는다면 농지 경영과 충분한 수익이 보장된다는 판단으로 공유지분을 낙찰받았다. 타 공유자와 협의가 어려워 공유물분할 소를 제기해서 경매를 통한 현금분할 판결이 확정이 됐다. '공유물분할을 위한 형식적 경매'를 신청하고 법원에 4필지를 개별매각으로 진행해야 한다는 의견을 몇 차례 제출했고, 최종 총 4개의 물건 번호로 경매가 진행됐다. 필자는 물건 번호 2번 물건을 직접 낙찰받았다.

**현황 및 포크레인 작업**

법원의 매각 원칙은 개별매각이기에 경매 신청 채권자로서 당연히 법원에서 개별매각으로 진행할 것이라고 생각하다가 예기치 않은 일괄매각 방식으로 진행되기라도 하면, 많은 시간과 노력을 쏟아부어야 하므로 처음부터 채권자의 입장에서 자신에게 유리한 매각 방법을 요청해야 한다. 해당 물건도 채권자인 필자의 입장에서는 개별매각을 해야만 수익이 극대화되는 경우라서, 몇 번에 걸쳐 해당 법원에 개별매각을 요청했다. 매각 방법이 가장 중요한 문제이기 때문이다.

최종적으로 약 2,000만 원에 낙찰받은 후 상계 신청을 해서 잔금은 한 푼도 내지 않았고, 배당기일에 다른 물건에서 소유지분만큼을 또 배당 받아서 수익률이 높은 케이스였고 필자도 아주 만족한 물건이다. 기억나는 것은 입찰 당일에 18만 원 차이로 패찰한 입찰자가 필자를 부러운 눈빛으로 보며 "아주 좋은 금액에 낙찰받으셨네요"라고 했던 것이다.

## 채권상계신청서

**채 권 상 계 신 청 서**

사건번호 2020타경[REDACTED]호 물건번호2번
채 권 자 이창석
채 무 자 [REDACTED] 외 4명

위 사건에 관하여 낙찰인이 납부할 낙찰대금을 민사소송법 제660조 제2항에 의하여 낙찰인이 채권자로서 배당받을 금액한도로 상계하여 주시기 바랍니다.

2022년7월6일

낙찰인 겸 채권자 이창석 (인)
연락처(☎) [REDACTED]

[REDACTED]계 귀중

## 배당금 요청 - 배당금 계좌 입금 신청서

### 배당금 계좌 입금 신청

사건번호 : 2020타경[redacted] 공유물분할을위한경매
채 권 자 :
채 무 자 :
소 유 자 :

위 사건에 관하여 채권자 및 소유자 이창석은 배당금 교부신청하오니 배당금을 다음의 계좌번호로 입금하여 주시기 바랍니다.

- 다 음 -

은 행 : 농협
계좌번호 : 3
예 금 주 : 이창석

- 첨 부 서 류 -

- 통장 사본 1부
- 주민등록증 사본 1부

2022.8.12

신청인(채권자) 이창석 (인)
연락처(☎)

계 귀중

## 형식적 경매 신청서

# 공유물분할을위한경매신청서

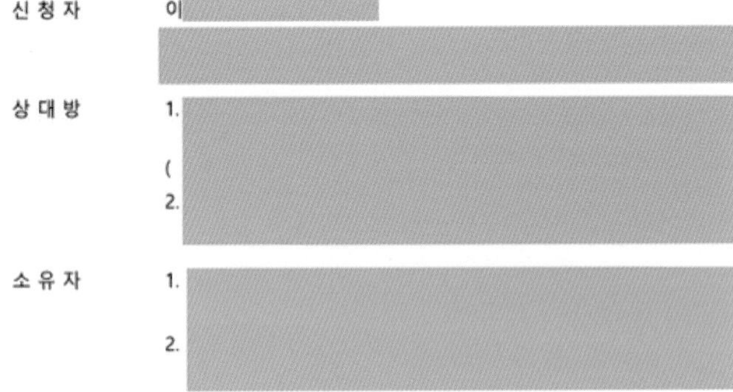

신 청 자 이

상 대 방 1.

(

2.

소 유 자 1.

2.

## 청구채권 및 집행권원의 표시

**금 0 원** 울산지방법원 2020가단 판결정본

경매로 매각 후 신청인에게 실제로 배당될 금액

## 매각할 목록 표시

별지 목록 의 표시 기재와 같음

## 신 청 취 지

신청인은 울산지방법원 2020가단 청구사건에 대한 배당을 위하여 별지목록 기재 부동산에 대한 경매개시결정을 한다.

라는 재판을 구합니다.

## 신 청 이 유

신청인은 별지목록 기재 부동산에 대하여 상대방들과 공유지분부동산이었던 바, 울산지방법원 2020가단 [redacted] 청구소송을 제기하여 판결주문과 같이

별지목록 기재 부동산을 경매에 부쳐 그 매각대금에서 경매비용을 공제한 나머지 금액을 원고 및 피고들에게 별지 목록 기재 각 공유지분의 비율로 각 분배한다. 라는 판결을 내렸습니다.

따라서 신청인은 판결에 의한 경매개시의 절차를 구하기 위하여 본 신청에 이른 것입니다.

## 첨 부 서 류

1. 판결정본
2. 부동산등기부등본(17471996379648)
3. 부동산등기부등본(17471996386392)
4. 토지대장,공유지연명부
5. 건축물대장
6. 송달증명원,확정증명원

2024.02.19

신청자 이[redacted]

[redacted] 귀중

### Tip 1. [경매] 잔금 납부를 가장 빠르게 한다면 어떤 날에 가능할까?

경매 투자를 하다 보면 최대한 빨리 잔금 납부를 해야 하는 경우가 생긴다.
이런 경우, 잔금을 가장 빨리 납부할 수 있는 날은 아래 4가지 중 언제일까?

① 낙찰자에게 【대금지급기한통지서】가 송달된 날부터 가능하다.
② 매각허가결정이 나고 3일 이후부터 가능하다.
③ 매각허가결정이 나고 경매계에서 【대금지급기한통지서】를 우편으로 보낸 후부터 가능하다.
④ 매각허가결정이 난 다음 날부터 가능하다.

실제 경매 사건의 날짜를 통해 정답을 알아보자.

- 경매 낙찰일 : 2025년 1월 1일
- 매각허가일 : 2025년 1월 8일
- 매각허가결정일 : 2025년 1월 15일
- 【대금지급기한통지서】를 우편등기로 받은 날 : 2025년 1월 21일

잔금 납부는 과연 언제부터 가능할까? 실무제요에서는 매각허가결정일 후 3~4일이 지나면 경매계에서 잔금일을 정해서 송달을 한다고 나온다.

1월 15일, 1월 16일, 1월 21일 이후 3~4일이 지나고 나서 경매계에 문의해야 하는 것인지? 아니면 송달될 때까지 기다려야 하는지?

이해관계인은 매각 허가에 대한 항소를 1월 15일 밤 12시까지 할 수 있다. 따라서 경매계에서는 1월 16일 오전에 해당 경매 사건에 대한 항소가 있었는지를 확인한 후, 16일 오후에 매각허가결정을 고시한다.

따라서 대금 잔금 납부를 가장 빨리 할 수 있는 날은?
1월 16일 오전, 확인 작업이 끝난 후가 될 것이다.
단, 이것도 경매계 담당직원의 협조가 있어야 가능할 것이니 필히 경매계로 전화 문의를 하고 방문하도록 하는 것이 하나의 팁이다.

# 지분 물건 소액 투자를 통한 빠른 수익 실현

## | 1층 소형 상가, 지분 물건, 소송 |

**2022-■■■-001** 입찰시간 : 2022-08-29 10:00~ 2022-08-31 17:00 조세정리팀(☎ 1588-5321)

| 소재지 | 경기도 부천시 중동 제에이동■■■ (도로명주소 : 경기도 부천시 부일로 | | | | |
|---|---|---|---|---|---|
| 물건용도 | 상가용및업무용건물 | 감정가 | 11,000,000 원 | 재산종류 | 압류재산(캠코) |
| 세부용도 | 근린생활시설 | 최저입찰가 | (70%) 7,700,000 원 | 처분방식 | 매각 |
| 물건상태 | 낙찰 | 집행기관 | 한국자산관리공사 | 담당부서 | 인천지역본부 |
| 토지면적 | 1.2331㎡ (0.373평) | 건물면적 | 2.4733㎡ (0.748평) | 배분요구종기 | 2022-07-25 |
| 물건상세 | 대 1.2331㎡, 건물 2.4733㎡ | | | | |
| 위임기관 | 부천세무서 | 명도책임 | 매수인 | 조사일자 | 0000-00-00 |
| 부대조건 | | | | | |

**입찰 정보(인터넷 입찰)**

| 입찰번호 | 회/차 | 대금납부(기한) | 입찰시작 일시~입찰마감 일시 | 개찰일시 / 매각결정일시 | 최저입찰가 |
|---|---|---|---|---|---|
| 0037 | 031/001 | 일시불(30일) | 22.08.08 10:00 ~ 22.08.10 17:00 | 22.08.11 11:00 / 22.■■ 10:00 | 11,000,000 |
| 0037 | 032/001 | 일시불(30일) | 22.08.16 10:00 ~ 22.08.17 17:00 | 22.08.18 11:00 / 22.■■ 10:00 | 9,900,000 |
| 0037 | 033/001 | 일시불(30일) | 22.08.22 10:00 ~ 22.08.24 17:00 | 22.08.25 11:00 / 22.■■ 10:00 | 8,800,000 |
| 0037 | 034/001 | 일시불(30일) | **22.08.29 10:00 ~ 22.08.31 17:00** | 22.09.01 11:00 / 22■■ 10:00 | **7,700,000** |
| | | | | | 낙찰 : **8,230,000원** (106.88%) |
| 0037 | 035/001 | 일시불(30일) | 22.09.13 10:00 ~ 22.09.14 17:00 | 22.09.15 11:00 / 22.■■ 10:00 | 6,600,000 |
| 0037 | 036/001 | 일시불(30일) | 22.09.19 10:00 ~ 22.09.21 17:00 | 22.09.22 11:00 / 22■■ 10:00 | 5,500,000 |

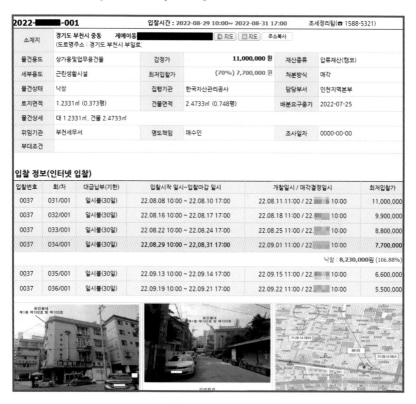

출처 : 옥션원

1층 상가 공매 물건으로 지분 물건이며 소액 투자가 가능한 것이 장점이다. 임차인이 현재 사업을 운영하고 있고 위치가 1층이므로 상가 임대에서 유리하다는 점, 그리고 등기부(부동산등기사항전부증명서)상 공유지분권자 중 1명이 계속해서 타 공유지분 소유권을 매수하는 것이 확인되기에 낙찰만 된다면 상대방과 쉽게 협의가 가능하다라는 판단으로 입찰에 참여해서 단독낙찰을 받았다.

## 현황사진과 지도상 위치 및 임대차 현황

| 점유관계 | 성명 | 계약일자 | 전입신고일자 (사업자등록신청일자) | 확정일자 | 보증금 | 차임 | 임차부분 | 비고 |
|---|---|---|---|---|---|---|---|---|
| 임차인 | | 미상 | 2015-05-15 | 미상 | 5,000,000 | 300,000 | | 상가건물임대차현황서에 의함 |

## 소유지분현황

1. **소유지분현황 ( 갑구 )**

| 등기명의인 | (주민)등록번호 | 최종지분 | 주 소 | 순위번호 |
|---|---|---|---|---|
| 손 (공유자) | -******* | 36분의 3 | 부천시 원미구 중동 | 1 |
| 윤 (공유자) | -******* | 36분의 3 | 부천시 원미구 중동 | 1 |
| 이 (공유자) | -******* | 36분의 22 | 경기도 광명시 광명동 158- | 10, 20, 29, 30, 36 |
| 이 (공유자) | -******* | 36분의 5 | 경기도 광명시 광명동 | 43, 45 |
| 이 (공유자) | -******* | 36분의 3 | 경기도 광명시 광명로 | 47 |

| | | | | |
|---|---|---|---|---|
| 29 | 1번이■ 지분전부 이전 | 2007년11월16일 제150914호 | 2007년11월12일 매매 | 공유자 지분 12분의 1<br>이■ ■-*******<br>경기도 광명시 광명동 ■<br>■<br>거래가액 금2,000,000원 |
| 30 | 1번노■ 지분전부 이전 | 2007년11월16일 제150915호 | 2007년11월14일 매매 | 공유자 지분 12분의 1<br>이■ ■-*******<br>경기도 광명시 광명동 ■<br>■<br>거래가액 금2,000,000원 |
| 20 | 1번백■ 지분전부,<br>1번김■ 지분전부,<br>1번박■ 지분전부,<br>1번임■ 지분전부<br>이전 | 2007년9월12일 제119946호 | 2007년8월22일 매매 | 공유자 지분 36분의 10<br>이■ ■-*******<br>경기도 광명시 광명동 ■<br>■<br>거래가액 금6,670,000원 |
| 10 | 2번이■ 지분전부 이전 | 2007년1월23일 제11157호 | 2007년1월20일 매매 | 공유자 지분 12분의 1<br>이■ ■-*******<br>경기도 광명시 광명동 ■<br>■<br>거래가액 금2,500,000원 |

공유자가 5명으로 보이지만, 이○○은 모두 동일인으로 실제 공유지분권자는 3명이며, 이○○이 2007년부터 지속적으로 7명의 지분을 매매한 내역을 등기부에서 확인했고, 만약 낙찰이 된다면 충분히 매매가 가능하리라 판단했다.

낙찰을 받고 즉시 이○○에게 내용증명(매도의뢰서)을 보냈지만 송달이 되지 않았다. 따라서 주민센터에서 이○○의 주민등록초본을 발급받아 새로운 주소지로 내용증명을 보내 연락을 할 수 있었다.

**내용증명(통고서)**

# 통 고 서

수신인 :

발신인 :

| 부동산 표시 : 경기도 부천시 중동 895 상가 대 1.2331㎡, 건물 2.4733㎡ - 님 지분 취득 |
|---|

1. 본인은 한국자산관리공사 2022 -001 부동산 공매 사건에서 위 부동산표시 상가의 공유지분을 2022년9월1일 낙찰을 받고 9월 중순쯤에 잔금을 내고 소유권이전 예정중인 입니다.

2. 해당 상가건물을 공유지분으로 소유하고 있으므로 소유권자로서 사용, 수익, 처분이 어려워 협의를 하고자 연락드립니다.

3. 내용이 마음이 상하셨다면 양해를 구하여 연락을 해주시면 감사드리겠습니다.

연락이나 협의를 부탁드립니다.

2022년9월4일

발신인 : 이

발송인 :

수취인 :

인터넷우체국

이때 가장 중요한 것은 협상의 상대방을 특정하고 그 상대방과 연락이 되는 것이다. 연락이 되어야 협상을 시작할 수 있고, 상대방이 원하는 것을 가늠할 수 있기 때문이다. 주민센터에서 주민등록초본을 발급받아 다시 보낸 내용증명으로 상대방과 연락이 닿았지만, 서로 원하는 매매가격이 달라서 협상에 진전이 없었고 이에 부득이하게 부당이득반환, 공유물분할소송을 진행했다. 소장이 법원에 접수되고, 피고들(2명)에게 송달되자마자 처음부터 예상했던 상대방 1명으로부터 연락이 와서 협상을 먼저 제안했다. 결국 상대방도 부동산 전부를 소유하고 싶어 부당이득금을 계속 부담하면서 공유지분으로 소유하는 것은 무리라고 판단해 필자의 지분을 매수할 수밖에는 없었을 것이고, 이왕이면 매수가격을 낮추고 싶었을 것이다. 필자도 욕심내지 않고 적당한 가격으로 계약을 체결하고 잔금을 받은 후, 소송을 취하했다.

모든 물건은 상대방과의 협의와 협상을 가장 우선시해야 한다. 최대한 소송은 진행하지 않고 협의와 협상으로 완료되는 것이 가장 좋고, 특히 상대방과 내가 모두 윈윈(win-win)하면서 마무리 짓는 것이 최상의 결과일 것이다. 하지만 모든 물건이 협의가 된다는 것은 현실적으로 불가능에 가깝다. 낙찰받는 물건의 개수가 많아질수록 협의가 안 되는 물건도 하나둘씩 늘어나고, 결국 협상이 여의치 않으니 소송을 진행할 수밖에 없다. 이번 사례에서 소송을 진행하고 바로 협의에 성공한 것처럼 상대방과의 협상 대화에 진전이 없을 때 소송을 진행해서 소장을 송달받은 상대방이 낙찰자가 요구하는 청구취지와 청구원인의 내용을 시간을 내서 확인하게끔 한다면 진행되지 않았던 협의가 다시 급물살을 탈 가능성이 높다. 이처럼 투자자에게 있어 민사소송을 셀프로 진행하는 능력은 매우 유용하다.

참고로 이 물건은 입찰에서 낙찰, 상대방과의 협상 그리고 매매계약과 법무사를 통한 소유권이전과 양도소득세 신고까지 즉, 처음부터 끝까지 현장 임장 없이 컴퓨터와 전화 통화, 문자, 우체국 방문으로만 처리가 완료된 물건이다. 이번 책에 소개된 케이스 중에 많은 물건을 동일한 방식으로 완료했다.

필자의 이전 책을 읽은 독자라면 이런 투자 방법과 마무리 방식을 알 것이고, 이 방법만 알더라도 정말 투자에 있어서 가장 중요한 방법을 배운 것이나 진배없다. 그리고 시작과 마무리까지 전 단계의 진행단계에서 한 번의 임장도 없이 컴퓨터, 전화와 우체국 방문으로만 가능하게 하는 이 방법의 장점과 단점에 대해서도 잘 알고 있을 것이다. 만약 근처를 지나가는 일이 있다면 한 번쯤은 가 보고도 싶다. 사진과 로드뷰로 파악한 사실과는 완전히 다른 현장일 수 있을 것이고 그렇다면 협의 금액도 지금과는 사뭇 달랐을 것이다. 그럼에도 이번 사례는 상대방과 필자 모두 윈윈하는 방법으로 잘 마무리한 물건이라 생각한다.

### 소장 및 소 취하서

## 소 장

원 고

피 고

부당이득,공유물분할

### 청 구 취 지

1. 피고들은 원고에게 건물을 인도하기 전까지 110,000원과 이에 대하여 2022년9월14일부터 소장 부본 송달일까지는 연5%, 그 다음날부터 다 갚는 날까지 연12%의 각 비율로 계산한 돈을 지급하라.
2. 별지목록 기재 부동산을 경매에 부쳐 그 매각대금에서 경매비용을 공제한 나머지 금액을 원고 이창석 및 피고들에게 별지목록 기재 각 공유지분의 비율로 각 분배하라.
3. 소송비용은 피고들의 부담으로 한다.
4. 위 제1,2항은 가집행 할 수 있다.

라는 판결을 구합니다.

## 청 구 원 인

1. 원고는 별지목록 기재 부동산을 한국자산관리공사에서 진행된 부동산공매 2022-[illegible]-001 사건에서 2022년9월1일 낙찰 받아 2022년9월14일 잔금을 납부하고 소유권이전등기를 마친 소유자입니다. (갑 제1호증 건물,토지등기사항증명서)

2. 피고들은 아무런 권원없이 원고 소유인 별지기재 부동산을 점유하며 사용, 수익하고 있으므로 원고는 피고들의 점유에 의하여 소유권을 침해당하고 있고 소유자로서의 권리행사를 전혀 하지 못하고 있는 실정입니다.

본건 토지를 원고의 공유지분으로 제3자에게 임대하였을 경우 그 임대료로 매월 금110,000원(부동산 감정평가사가 평가한 금액인 11,000,000원의 1%)의 수익을 얻을 수 있는데 이를 피고가 사용함으로써 부당이득을 취하고 있다고 할 것이므로 원고에게 반환할 의무가 있다 할 것입니다. 차후 필요하다면 감정평가를 신청하겠습니다.

부당이득금액의 산출근거는 다음과 같습니다.
한국자산관리공사에서 공매 감정을 의뢰한 [illegible]감정평가사사무소에서 2022년5월31일 기준시점으로 감정한 가격입니다. (갑 제2,3,4호증 감정평가서, 현황사진1,2)

3. 원고와 피고들 간에 분할하지 아니하기로 한 특약이 없는 이상 원고의 청구에 의해서 언제든지 분할을 해야 할 것이나, 이 사건 건물을 현물로 분할할 경우 건물의 면적이 매우 협소해지고 효용가치가 큰 폭으로 감소되며 실질적으로 분할이 현실상 어렵습니다. 또한 분할을 한다 하더라도 건물을 균등하고 공평하게 분할할 수 있을지의 문제가 있습니다.

이에 민법 제269조 규정(공유물분할의 방법)에 의거 재판에 의한 분할방법은 현물분할이 원칙이나 다만 현물로 분할할 수 없거나 분할로 인행서 현저히 그 가액이 감손될 염려가 있을 때 한해서 재판상 분할이 허용되므로, 원고는 피고들과의 이 사건 부동산의 공유관계를 청산하고자 청구취지와 같은 형태의 공유물분할 판결을 구하기에 이른 것이오니, 귀원께서 널리 살펴 신속하게 위 청구취지대로 인용하여 주실 것을 간곡히 요청하는 바입니다.

4. 결론적으로 피고들은 원고에게 별지 감정도면 기재 건물을 인도하고 부당이득금을 반환 할 의무가 있고 피고들은 별지목록 기재 부동산을 경매에 부쳐 현금분할 의무가 있다 할 것입니다. 원고가 통고문을 통해 협의 및 이행을 요구하였으나 이에 응하지 않고 있습니다. (갑 제5,6호증 내용증명1, 내용증명2)
따라서 원고는 청구취지 기재와 같은 판결을 구하기에 이른 것입니다. 귀원께서 널리 살펴 신속하게 위 청구취지대로 인용하여 주실 것을 간곡히 요청하는 바입니다.

## 입 증 방 법

1. 갑 제1호증 등기부_부천시
2. 갑 제2호증 감정평가서
3. 갑 제3호증 현황사진1
4. 갑 제4호증 현황사진2
5. 갑 제5호증 내용증명1(부천시)
6. 갑 제6호증 내용증명2번째(부천시)

## 첨 부 서 류

1. 별지목록(부동산의표시, 각 공유지분율)
2. 토지대장,대지권등록부,건축물대장

2022.10.16

원고

지원 귀중

# 소취하서

사 건 2022가단 공유물분할 [담당재판부:민사6단독]

원 고

피 고 이 외 1명

이 사건에 관하여 원고는 소를 전부 취하합니다.

2022.11.05

원고

지원 귀중

### Tip 2. 낙찰 후 협의·협상에 진전이 없는 다양한 유형

**낙찰 후 상대방과의 협의·협상에 진전이 없는 다양한 유형을 알아보자.**

**1. 낮은 가격을 제시하는 유형**

낙찰자가 낙찰받은 가격과 똑같은 가격에 사겠다는 경우, 또는 낙찰받은 금액에 아주 조금만 더 붙여서 사겠다는 경우

**2. 가격 협상 실패 유형**

낙찰자와 상대방이 서로 원하는 가격이 다른 경우

**3. 악담을 퍼붓는 유형**

"왜 이 물건을 낙찰받았냐! 뭘 알고는 알고 낙찰받았냐!", "협의는 없으니 당신 마음대로 해라!", "법대로 하자!", "이 복잡한 물건을 왜 받았어요! 해결할 수 있겠어요? ", "난 모르니까 연락하지 말고 다시 연락하면 가만히 있지 않겠다!", "그 작은 면적으로 뭘 하겠다고 하느냐! 당신 마음대로 해봐라!", "아는 지인이 경매 고수인데(변호사인데, 법무사인데 등) 당신이 할 수 있는 건 없다는데 연락하지 말고 당신 마음대로 해봐라!" 등등 다양한 악담을 퍼붓는 경우

**4. 시간 끌기 유형**

"협의하고 싶다. 하지만 조금 기다려 달라"라고 하면서 시간만 계속 끄는 경우

**5. 연락 두절 유형**

연락을 하면서 협의를 진행하다가도 연락이 두절되고, 이후 다시 연락이 되면서 협의를 진행하다 또 연락이 두절되는 경우

**6. 자금 없음 유형**

상대방이 본 물건을 사고는 싶지만 살 여력(자금)이 없는 경우

(이 경우도 상당히 많고 낙찰자에게는 좋지 않은 결과를 초래할 수 있다.)

**7. 이번이 기회다 유형**

상대방도 자신들끼리 이해관계가 얽혀 있어서 이번 기회에 제3자인 낙찰자가 해결해주기를 바라는 경우. 공유지분권자가 많은 경우와 큰집, 작은집의 경우에 이런 경우가 많다.

**8. 서로 떠넘기기 유형**

상대방 측에서도 협의를 통해 해결은 하고 싶지만 서로 자신이 하기는 싫고 자신 아닌 누군가가 해주기를 바라는 경우

**9. 잘못된 조언 유형**

경매, 공매 전문가라는 이의 조언을 굳게 믿고 있으나, 그 조언이 틀린 경우. 이런 경우에는 협의가 어렵다.

**10. 포기 유형**

긴 시간 동안 채무자들 독촉 등으로 인해 더 이상의 협의를 자포자기(自暴自棄)한 상태인 경우

**11. 기타**

### Tip 3. [공매] 잔금 납부를 가장 빠르게 한다면 어떤 날에 가능할까?

공매 잔금 납부를 가장 빨리하고 싶다면 언제, 어떻게 해야 할까?

① 온비드(www.onbid.co.kr) 사이트에서 낙찰받은 물건을 검색해 【매각결정통지서 및 잔대금납부영수증 발급】을 클릭하자.

**매각결정통지서 및 잔대금납부 영수증 발급**

- 매각결정통지서는 매각결정기일 이후 발급받으실 수 있으며, 잔대금 영수증 출력의 경우 입금확인 및 내부처리 절차를 진행 후 발급되므로 입금 후 즉시 출력이 불가할 수 있습니다.
- 온비드를 통한 발급 시, 발급 소요 기간을 반드시 고려해 주시기 바랍니다.

매각결정통지서 및 잔대금납부영수증 발급

아직 매각허가일 전이라 아무 파일이 없는 공란이다.

| 매각결정통지서 | 잔대금영수증 |
|---|---|
| | |

공매의 매각허가일은 낙찰일의 다다음주 월요일이다. 월~수요일에 입찰을 하고 개찰은 목요일에 하며 매각허가일은 다다음주 월요일이다. 아래의 날짜를 참조하자.

**• 입찰 정보(인터넷 입찰)**

| 입찰번호 | 회/차 | 대금납부(기한) | 입찰시작 일시~입찰마감 일시 | 개찰일시 / 매각결정일시 | 최저입찰가 |
|---|---|---|---|---|---|
| 0005 | 023/001 | 일시불(30일) | 24.05.27 14:00 ~ 24.05.29 17:00 | 24.05.30 11:00 / 24.06.11 14:00 | 338,500,000 |
| 0005 | 024/001 | 일시불(30일) | 24.06.03 14:00 ~ 24.06.05 17:00 | 24.06.07 11:00 / 24.06.18 14:00 | 304,650,000 |
| 0005 | 025/001 | 일시불(30일) | 24.06.10 14:00 ~ 24.06.12 17:00 | 24.06.13 11:00 / 24.06.24 14:00 | 270,800,000 |
| 0005 | 026/001 | 일시불(30일) | 24.06.17 14:00 ~ 24.06.19 17:00 | 24.06.20 11:00 / 24.07.01 14:00 | 236,950,000 |
| 0005 | 027/001 | 일시불(30일) | 24.06.24 14:00 ~ 24.06.26 17:00 | 24.06.27 11:00 / 24.07.08 14:00 | 203,100,000 |
| 0005 | 028/001 | 일시불(30일) | 24.07.01 14:00 ~ 24.07.03 17:00 | 24.07.04 11:00 / 24.07.15 14:00 | 169,250,000 |

② 압류재산의 경우, 월요일 2시경에 온비드 사이트에 접속하면 【매각결정통지서 발급】서류가 업데이트 되어 있다.

| 매각결정통지서 | 잔대금영수증 |
|---|---|
| 매각결정통지서 발급 | |

【매각결정통지서】를 클릭하면 아래와 같이 입금은행과 계좌번호와 잔금 납부금액이 나와 있다. 즉, 온비드 사이트에 【매각결정통지서】서류가 업데이트가 되면 그 즉시 잔금 납부를 할 수 있다.

캠코

한국자산관리공사

수신자 이창석
(경유)
제 목 매각결정통지서(남양주세무서 2023-[illegible]-001)

관리번호 : 2023-[illegible]-001
위임기관 : 남양주세무서

입금은행 : 부산은행
입금계좌번호 : 691-7301-4374-73

매 각 결 정 통 지 서

| | | | | |
|---|---|---|---|---|
| 체납자 | 성 명 (상호) | 홍[illegible] | 주민(법인)등록번호 (사업자등록번호) | [illegible] |
| | 주 소 (사업장) | [illegible] | | |
| 매수인 | 성 명 (상호) | 이창석 | 주민(법인)등록번호 (사업자등록번호) | [illegible] |
| | 주 소 (사업장) | [illegible] | | |
| 공매(매각) 재산의 표시 | | 경기도 가평군 [illegible]<br>[도로명 주소]경기도 가평군 [illegible]<br>대 50 ㎡ 지분(총면적 1,025㎡ 1025분의50 지분) | | |
| 매수대금(매각금액) | | 금16,300,000원<br>(보증금 : 금1,449,000원, 잔대금 : 금14,851,000원) | | |
| 매각결정기일 | | 2024년 03월 25일 14:00 | | |
| 매수대금 납부기한 | | 2024년 04월 01일 | 매수대금 납부촉구(최고)기한 | 2024년 04월 12일 24시 |

국세징수법 제84조제3항 및 지방세징수법 제92조제3항에 의하여 위와 같이 통지하오니 매수대금을 납부하시고 공매재산을 취득하시기 바랍니다. 다만, 매수대금 납부 전에 체납자가 매수인의 동의를 얻어 체납액을 완납하는 경우 매각결정이 취소될 수 있으니 참고하시기 바랍니다.
※ 공사는 매수대금을 직접 수납하지 않으므로 매각결정통지서 상단의 가상계좌로 납부하시기 바랍니다.

2024년 03월 25일
한국자산관리공사 서울동부지역본부장

이창석 귀하

# 공유지분권자와의 협의로 3종 특수 물건에서 지료 수익 실현

## | 농지, 토지만 매각, 지분 물건, 법정지상권 |

**2020타경**

| 소 재 지 | 부산광역시 부산진구 | | |
|---|---|---|---|
| 물건종별 | 농지 | 감 정 가 | 12,154,150원 |
| 토지면적 | 전체: 142㎡(42.96평)<br>지분: 30.77㎡(9.31평) | 최 저 가 | (100%) 12,154,150원 |
| 건물면적 | 건물은 매각제외 | 보 증 금 | (20%) 2,430,900원 |
| 매각물건 | 토지만 매각이며,<br>지분 매각임 | 소 유 자 | 박○○ |
| 개시결정 | 2020-08-18 | 채 무 자 | 박○○ |
| 사 건 명 | 강제경매 | 채 권 자 | |

오늘조회: 1 2주누적: 0 2주평균: 0 조회동향

| 구분 | 매각기일 | 최저매각가격 | 결과 |
|---|---|---|---|
| 1차 | 2021- | 12,154,150원 | |
| 매각 : 15,430,000원 (126.95%) | | | |
| (입찰1명,매수인: ) | | | |
| 매각결정기일 : 2021. - 매각허가결정 | | | |
| 대금지급기한 : 2021.05.03 - 기한후납부 | | | |
| 배당기일 : 2021.06.29 | | | |
| 배당종결 2021.06.29 | | | |

출처 : 옥션원

토지만 매각, 지분경매, 법정지상권 물건이며 지목이 농지이므로 농지취득자격증명을 발급받아 제출해야 한다. 필자의 책 《부동산 경매·공매 특수물건 투자 비법》에서 법정지상권, 지분 물건, 농지취득자격증명 문제를 가진 물건은 한 세트라고 기재했었고, 이에 '3종 특수 물건'이라는 명칭을 붙였다.

따라서 이번 물건도 3종 특수 물건이다. 위치가 좋지는 않으나 인근 지역에 개발계획이 있고 시세에 비해 토지의 감정가격이 낮아 보였다. 감정평가금액은 17,385,050원이나 저감해서 최초매각금액 12,154,150원으로 매각하는 것도 장점이다. 공유자는 총 5명이지만 공유지분권자 중 1명이 이 건물에 살고 있으므로 낙찰받는다면 협의가 가능할 것으로 판단했다. 그리고 만약 협의가 어렵다면 장기적으로 보유하더라도 충분한 수익을 얻을 수 있다고 분석했다.

**현황사진과 지도상 위치**

도시지역인 농지 지상 위에 건물이 있어 농지취득자격증명이 필요없다고 판단할 수도 있겠지만, 농지전용이 되지 않았고 용도지역도 자연녹지지역이기 때문에 법원 사실조회신청에 대한 회신의 답변은 농지취득자격증명이 필요하다는 것이었다. 따라서 필자는 무난히 농지취득자격증명을 발급받아 제출하고, 소유권이전등기를 완료했다.

## 농지 사실조회 답변과 농지취득자격증명

제목 사실조회요청에 대한 회신

1. 부산지방법원 2020타경[REDACTED] 부동산강제경매와 관련입니다.

2. 위 호와 관련하여 부산진구 부암동 [REDACTED]는 자연녹지지역(지목: 답)으로 취득 시 농지취득자격증명이 필요하나, 현재 건물(건축물대장상 확인 불가)이 있으므로 향후 원상회복명령을 통해 원상회복 후 농지법 제8조 규정에 따라 농지취득에 따른 **농지취득자격증명이 필요함을 회신합니다.** 끝.

[별지 제5호서식] <개정 2012.7.18>

제 2021-000002 호

### 농 지 취 득 자 격 증 명

| | | | | |
|---|---|---|---|---|
| 농지 취득자 (신청인) | 성명 (명칭) | 이[REDACTED] | 주민등록번호 (법인등록번호) | [REDACTED]****** |
| | 주 소 | [REDACTED] | | |
| | 연락처 | 010[REDACTED] | 전화번호 | |

| | 소 재 지 | 지 번 | 지 목 | 면 적 (㎡) |
|---|---|---|---|---|
| 취득 농지의 표시 | 부산광역시 부산진구 [REDACTED] | [REDACTED] | 답 | 30.77 |
| | | | | |
| | | | | |
| | | | | |
| | | | | |
| | | | | |
| | | | | |
| 취 득 목 적 | | | | |

귀하의 농지취득자격증명신청에 대하여 「농지법」 제8조, 같은 법 시행령 제7조제2항 및 같은 법 시행규칙 제7조제4항에 따라 위와 같이 농지취득자격증명을 발급합니다.

2021 년 03 월 30 일

부산광역시 부산진구청장 [부산진구청장인]

<유의사항>

○ 귀하께서 해당 농지의 취득과 관련하여 허위 그 밖에 부정한 방법에 따라 이 증명서를 발급받은 사실이 판명되면 「농지법」 제59조에 따라 3년 이하의 징역이나 1천만원 이하의 벌금에 처해질 수 있습니다.

○ 귀하께서 취득한 해당 농지를 취득목적대로 이용하지 아니할 경우에는 「농지법」 제11조제1항 및 제62조에 따라 해당 농지의 처분명령 및 이행강제금이 부과될 수 있습니다.

우편제출

낙찰받은 날 바로 공유지분권자들에게 협의를 위해 내용증명을 보내서 의중을 물었다. 내용증명이 도착하고 며칠 후 점유자의 조카라는 분이 연락이 와서, 필자의 지분을 매수하기에는 돈이 부족하니 지료를 내고 싶다고 했다. 해당 토지 인근에 개발이 진행되고 있으므로 지금보다는 시간이 지난 후 매도하는 것이 좋은 선택이라 생각하고, 상대방에게 약 6%의 지료를 제시하니 상대도 흔쾌히 수긍해 지료를 받기로 협의했다. 지료를 받으면서 2년 후 양도소득세가 일반세율이 된다면 그때 매도하기로 결정했다.

투자자로서 필자는 강의나 교육, 추천 물건 서비스도 중요하지만 가장 중요한 것은 필자 스스로의 투자라고 생각한다. 직접 투자(컨설팅 제외)를 통한 경험만이 살아있는 이론이자 실무능력이 되기 때문이다. 따라서 매년 필자가 낙찰받는 물건의 수가 많기 때문에 보유하고 있는 물건의 수도 점점 많아지고 있는데, 최근에는 최대한 물건을 정리하는 것을 개인적인 목표로 두고 있다.

이번 물건도 원래 계획은 2년이 지난 후에 매도하는 것이었지만 잊어버리고 있었고, 물건을 정리하면서 알게 되어 부랴부랴 매도의뢰서를 작성해서 인터넷우체국을 통해 공유자 중 지료를 내고 있는 점유자에게 보냈다. 다행히 매매의뢰서를 보내고 며칠 후 매수를 하겠다는 연락이 와서 현재 법무사를 통해 매매를 진행 중에 있다. 토지의 가격은 특별한 경우를 제외하고는 계속해서 상승하기에 상대방 측에서도 이번에 매수하는 것이 가장 낮은 가격에 토지를 매수하는 것이라는 점에 동의한 것이다.

## 낙찰 후 협의를 위한 내용증명

### 공유지분권자 통고서(매입의뢰서)

To. -*******) 60분의 7
To. -*******) 60분의 7
To. -*******) 60분의 20
To. -*******) 60분의 13

**부동산 표시 :**

1. 귀하의 가정에 행복이 가득하길 기원 드립니다.

2. 본인은 부산지방법원 2020타경 부동산강제경매 사건의 지분을 2021.3.26. 일에 낙찰 받은 이 입니다.

토지 지분 소유자였던 박 님 지분(60분의13)을 매수하였습니다.

(등기부등본상에 나오는 주소지를 확인하여 의뢰서를 보냅니다.)

| 1. 위 토지를 지분으로 가지고 있으므로 사용, 수익, 처분이 어려운 상황이며 건물이 존재하여 토지의 사용이 더욱 어렵습니다.<br>2. 토지 사용에 대해 협의를 하고자 하오니 검토 하신 후 연락 부탁드립니다. |
|---|

3. 연락부탁드립니다.

2021.3.26.

이

발송인 :
수취인 :

이 우편물은 총 1매 이며
2021년 03월 26일 등기
제 3899058649729 호에
의거하여 내용증명우편물로
발송하였음을 증명함

인터넷우체국장

인터넷우체국
2021.03.26
58323

## 취득한 후 2년이 지나 매매 여부를 묻는 내용증명

### 매매 의뢰서

**부동산 표시 : 부산진구 부암동** [redacted] 30.77㎡(9.31평)

1. 귀하의 가정에 행복이 가득하길 기원 드립니다.

2. 본인은 위 **토지 공유지분 소유자인** 이[redacted]입니다.

3. 그동안 지료(토지 사용료)를 잘 주셔서 다시한번 감사드립니다.

4. 선생님께서도 계속해서 지료를 내기보다는 이번 기회에 토지를 매수하시는 게 좋을 것 같습니다. 토지가격은 계속해서 상승할 것이기 때문에 지금 사시는 게 가장 싸게 매수하는 결과가 될 것이며, 향후 인근 지역 개발이 시작되면 더욱 토지 가격이 오를 것이므로 현재의 매수하는 판단은 좋은 결과로 귀결될 것입니다.

5. 다음과 같이 협의를 제의하오니 검토 후 연락 부탁드립니다.

> 1. 지료를 월[redacted]만원으로 한다.
> 2. 토지를 [redacted]만원에 매매한다.
> 3. 1,2번이 어려울시 부득이 소송을 진행할 수 밖에 없는점 양해 부탁드립니다.
>
> ◆ 만약 매매를 하신다면, 인근 법무사사무실에 가셔서 법무사에게 저한테 연락을 달라고 하시면 됩니다. 아니면 제가 아는 법무사사무실을 소개해 드리겠습니다.

6. 감사합니다. 연락 부탁드립니다.

2024.3.27.

이[redacted]

### Tip 4. 잔금 납부 기한이 지난 후 납부하는 경우

경매 투자를 지속적으로 하다 보면 여러 가지 이유로 잔금 납부를 기한 내에 하지 못하고 기한 후 납부하는 경우가 생기기도 한다. 이런 경우에 언제까지 납부가 가능한지와 지연이자가 얼마인지 계산할 줄 알아야 한다. 자세한 계산 방법과 계산식은 필자의 이전 책을 참고하면 될 것이다.

필자의 경우, 기한 후 납부를 전략적으로 하는 경우가 종종 있는데 그 이유는 다음과 같다. 낙찰받은 물건은 잔금 납부 기한 내에 법원에 가야 하므로, 가는 김에 또 다른 물건 입찰을 하기 위해서다.
만약 잔금 납부 기한 내에 입찰할 물건이 없고, 그 후에 있다면 지연이자(12%)를 내더라도 잔금과 입찰을 동시에 하고자 하기 때문이다. 이것 또한 투자자로서 중요한 팁일 것이다. 이렇게 잔금 납부일에 낙찰을 반복하다 보면 여러 가지로 배우는 것도 많을 것이다.

전주지법

대금지급기한통지서

| | |
|---|---|
| 사 건 | 2023타경[masked] 부동산강제경매 |
| 채 권 자 | 신한카드 주식회사 |
| 채 무 자 | [masked] |
| 소 유 자 | 채무자와 같음 |
| 매 수 인 | [masked] |
| 매 각 대 금 | 13,430,000원 |
| 대 금 지 급 기 한 | 2024. 1. 26.(금) 16:00 민사신청과 경매1계 |

위와 같이 대금지급기한이 정하여졌으니 매수인께서는 위 지급기한까지 이 법원에 출석하시어 매각대금을 납부하시기 바랍니다.

해당물건번호 : 1(13,430,000원)

2023. 12. 27.

법원주사보 [masked]

잔금을 미납하면 법원에서 재매각명령이 되어 재경매가 시작된다. 경매의 경우에는 재매각기일 3일 전까지 잔금 납부를 할 수 있다.

**부 산 지 방 법 원**

**재매각명령**

사　　건　2020타경　　　부동산강제경매

채 권 자　주식회사

채 무 자

소 유 자　채무자와 같음

매수인 이　은 이 법원이 정한 2021. 5. 3.의 대금지급기한까지 그 의무를 이행하지 아니하였으므로 별지기재 부동산에 대한 재매각을 명한다

2021. 5. 7.

사법보좌관

**법원보관금납부명령서**

| 법원코드 | 과코드 | 재판부번호 |
|---|---|---|
| 000410 | | 1002 |

| 사 건 번 호 | 2020타경 | 물 건 번 호 | 1 |
|---|---|---|---|
| 납 부 금 액 | 금 14,261,317 원 ( 지연이자 및 절차비용 : 46,732 ) | | |
| 보관금 종류 | 매각대금 | | |
| 납 부 기 한 | 2021.05.13 까지 | | |

# 4번의 입찰 끝에 72,000원 겉다리 물건 낙찰

## | 농지(현황 도로), 지분 물건, 미지급 보상 물건, 겉다리 물건 |

2019타경 • 창원지방법원 마산지원 • 매각기일 : 2021.10.21(木) (10:00) • 경매 3계(전화:055-240-9415)

| 소재지 | 경상남도 함안군 군북면 모로리 도로명검색 지도 지도 주소 복사 | | |
|---|---|---|---|
| 물건종별 | 농지 | 감정가 | 216,450원 |
| 토지면적 | 전체: 10㎡(3.025평)<br>지분: 3.33㎡(1.007평) | 최저가 | (26%) 56,000원 |
| 건물면적 | | 보증금 | (10%) 5,600원 |
| 매각물건 | 토지지분매각 | 소유자 | |
| 개시결정 | 2019-11-07 | 채무자 | |
| 사건명 | 강제경매 | 채권자 | |

오늘조회: 24 2주누적: 138 2주평균: 10 조회동향

| 구분 | 매각기일 | 최저매각가격 | 결과 |
|---|---|---|---|
| 1차 | 2020- | 216,450원 | 유찰 |
| | 2020- | 173,000원 | 변경 |
| 2차 | 2020- | 173,000원 | 유찰 |
| 3차 | 2020- | 138,000원 | 유찰 |
| 4차 | 2020- | 110,000원 | 유찰 |
| | 2021- | 88,000원 | 변경 |
| 5차 | 2021- | 88,000원 | |
| 매각 124,000원(57.29%) / 3명 / 불허가<br>(차순위금액:110,000원) | | | |
| 6차 | 2021- | 88,000원 | 유찰 |
| 7차 | 2021- | 70,000원 | |
| 매각 160,000원(73.92%) / 2명 / 불허가<br>(차순위금액:78,000원) | | | |
| 8차 | 2021- | 70,000원 | 유찰 |
| **9차** | 2021- | **56,000원** | |
| 매각 : 72,000원 (33.26%) | | | |
| (입찰2명,매수인:<br>차순위금액 60,000원) | | | |
| 매각결정기일 : 2021. | | | |

출처 : 옥션원

지목이 농지이지만 현황은 도로인 지분경매 물건으로 아주 소액인 물건이다. 필자에게는 아주 재미난 물건이기에 소개한다. 원 계획은 이 물건이 아닌 다른 법정지상권 물건에 입찰 참여를 하는 것이었으나 같은 입찰일에 혹시나 다른 좋은 물건이 있나 하고 검색을 하다 해당 물건을 발견했다. 즉 곁다리 입찰 물건이다.

**물건의 위성사진과 지도상 위치**

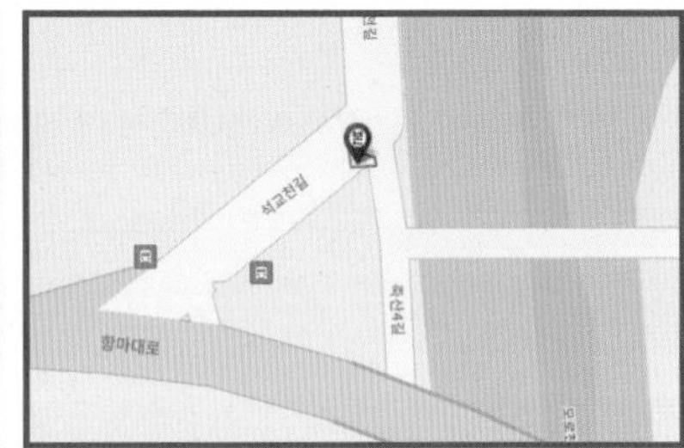


보상 물건을 많이 처리했던 필자로서는 이번 물건도 보상 물건임을 직감하고, 바로 지자체에 문의하니 예상대로 미불용지(미지급용지)였다. 낙찰을 받더라도 예상되는 수익은 20만 원 정도의 차액뿐이지만, 입찰 참여하는 물건에 곁다리로 참여하는 것이므로 부담은 없고, 입찰 금액도 매우 낮고, 낙찰이 된다면 차비가 생긴다는 편한 마음과 이 경우 또한 재미난 사례라는 생각에 입찰에 참여했다. 결론을 말하자면, 원래 투자하고자 했던 물건은 다행히 낙찰이 됐지만 곁다리 물건은 패찰했다. 입찰 순위는 3명 중 3등이었다.

이제부터 해당 물건에 관한 이야기를 풀어보겠다. 해당 물건은 패찰했지만 처음 입찰을 계획했던 물건(지분, 법정지상권)은 낙찰을 받았기 때문에 서류열람을 신청했다. 그런데 웬걸. 경매계장이 최고가매수신고인은 이해관계인이 아니므로 서류열람이 안 된다는 설명을 하는 것이 아닌가? 필자는 이전 책의 '경매 사건의 열람·복사 신청' 파트에서 이런 경우를 소개하면서 '한 번도 서류열람을 못한 적이 없었다'라고 기재를 했고, 현재까지도 이 책이 시중에 팔리고 있는데 경매계 담당자의 이와 같은 설명에 처음에는 필자도 조용히 설명을 했지만 완고한 경매계 담당자의 자세에 결국 큰소리를 칠 수밖에 없었다. 결론적으로 당연히 서류열람은 했지만 감정이 편치 않았다.

그리고 시간이 흘러 물건 검색을 하는 도중에 해당 물건이 매각불허가가 되어 다시 재경매가 된 것을 발견했다. 이유가 궁금해서 경매 사건 서류들을 자세히 확인해보니 낙찰자가 제출한 농지취득자격증명(이하 농취증)을 법원에서는 반려된 농취증이란 이유로 매각불허가결정을 했음을 알게 됐다. 하지만 제출한 농취증은 소유권이전이 가능한 반려증이라 문제가 없었고, 이를 법원에서 잘못 판단한 것이다. 즉, 매각허가가 되어야만 하는 것인데 해당 법원의 판단이 틀렸음을 알게 됐다.

따라서 필자는 해당 법원에 매운맛(?)을 보여주기 위해서(돌이켜 생각해보면 여러모로 후회되는 결정이었지만 그 당시에는) 이 물건을 꼭 낙찰을 받아야겠다고 결심했었다. 필자가 고려한 진행방식은 다음과 같았다. 낙찰을 받은 후, 농취증을 제출하면 당연히 앞선 낙찰자와 마찬가지로 매각불허가결정이 될 것이다. 이에 필자는 법원에 이의신청을 하면서 밝히기는 어려운 다른 강력한 것도 고려했다. 이런 필자의 계획대로 진행이 되려면 꼭 낙찰이 되어야 했다.

5차 매각일에 첫 번째 입찰을 했지만 3등으로 패찰했고, 농취증의 문제로 매각불허가결정으로 다시 재경매가 진행됐다. 6차 매각일에 단독 입찰임을 예상하고 입찰에 참여했지만 입찰 마감시간(오전11시)까지 5분이 늦어서 입찰을 하지 못했다. 지금 생각해도 이때 낙찰을 받았어야 하는 아쉬움이 크다. 그리고 다음 차인 7차에 입찰을 했지만 또다시 패찰을 했고, 아쉬워할 틈도 없이 다시 농취증 문제로 인해 매각불허가결정으로 재경매가 진행됐다. 하지만 필자 입장에서는 시간도 많이 흘렀고, 수익이 아닌 물건에 너무 많은 노력을 하기 힘들었기에 8차 때에는 입찰 포기를 했다. 그런데 또 유찰이 되는 것이 아닌가! 이를 보고 결국 이 물건은 필자가 낙찰받아서 해결할 수밖에 없는 운명이구나 하는 생각이 들어, 9차에 입찰을 해서 최종 낙찰을 받았다. 결국 이 작은 금액의 물건을 4번의 입찰 만에 낙찰된 것이다.

오로지 투자 수익이 아닌 잘못된 행정 처리에 대해 경종을 울리고자 했던 것인데…. 만약 0이 여러 개 더 붙었던 물건이었다면 어땠을까? 이제 낙찰됐으므로 농취증을 제출해 법원의 매각불허가가 결정되면 이의신청 및 다른 강력한 행동을 하기 위해서 만반의 준비를 마쳤다.

## 1번째 낙찰자가 제출한 농취증과 【매각불허가 결정문】

군 북 면

수신 임*훈( )귀하
(경유)
제목 농지취득자격증명 반려(임*훈)

1. 귀하의 가정에 무궁한 발전을 기원합니다.
2. 귀하께서 신청하신 대상농지는 농지취득자격증명발급심사요령 제9조제3항제1호와 관련「신청대상 농지는 농지법 제2조 제1호에 따른 농지에 해당되지 않으며, 농업경영 실현이 어려울 것으로 판단」되므로 농지취득자격증명 발급 신청서를 반려 통지합니다.

---

창원지방법원 마산지원

매각불허가결정

사 건 2019타경 부동산강제경매

최고가매수신고인 임 ( )

주 문

별지 기재 부동산에 대한 매각을 허가하지 아니한다.

이 유

별지 기재 부동산에 대하여 2021.02.18. 매각기일에 최고가매수신고인 임 (으)로부터 금 124,000원의 매수신고가 있었으나 기록에 의하면 농지취득자격증명원을 미제출하였으므로 이에 주문과 같이 결정한다.

2021. 2. 25.

사법보좌관 김 원

## 2번째 낙찰자가 제출한 농취증과【매각불허가 결정문】

군 북 면

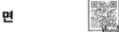

수신 김*언 귀하 (우51007

(경유)

제목 농지취득자격증명 신청 반려(김*언)

1. 귀하의 가정에 무궁한 발전을 기원합니다.
2. 귀하께서 신청하신 대상농지는 농지취득자격증명발급심사요령 제9조제3항제1호와 관련,「신청대상 농지는 농지법 제2조제1호에 따른 농지에 해당되지 않으며, 농업경영 실현이 어려울 것으로 판단」되므로 농지취득자격증명 발급 신청서를 반려 통지합니다.

창원지방법원 마산지원

매각불허가결정

사 건 2019타경 부동산강제경매

최고가매수신고인 김 ( )

주 문

별지 기재 부동산에 대한 매각을 허가하지 아니한다.

이 유

별지 기재 부동산에 대하여 2021.06.03 매각기일에 최고가매수신고인 김 (으)로부터 금 160,000원의 매수신고가 있었으나 농지취득자격증명원을 미제출 하였으므로 이에 주문과 같이 결정한다. 이에 주문과 같이 결정한다.

2021. 7. 15.

사법보좌관 정 진

## 3번째 낙찰자인 필자가 제출한 농취증과 【매각허가 결정문】

군 북 면

수신 이*석 귀하 (

(경유)

제목 농지취득자격증명 반려(이*석)

1. 귀하의 가정에 무궁한 발전을 기원합니다.
2. 귀하께서 신청하신 대상농지는 농지취득자격증명발급심사요령 제9조제3항제1호와 관련 「신청대상 농지는 농지법 제2조 제1호에 따른 농지에 해당되지 않으며, 농업경영 실현이 어려울 것으로 판단」되므로 농지취득자격증명 발급 신청서를 반려 통지합니다.

창원지방법원 마산지원

매각허가결정

사 건 2019타경 부동산강제경매

최고가매수신고인 이창석 ( )

매각가격 72,000 원

별지 기재 부동산에 대하여 최고가로 매수신고한 위 사람에게 매각을 허가한다.

2021. 10. 28.

사법보좌관 정

첫 번째, 두 번째, 세 번째 각 낙찰자들이 법원에 제출한 농취증의 내용에 다른 점을 찾은 사람이 있을까? 없을 것이다. 앞의 서류에는 단 한 자의 글자도 다름이 없이 똑같기 때문이다. 그런데 왜 첫 번째, 두 번째 낙찰자는 매각불허가결정이 되고, 필자만 매각허가결정이 됐을까? 이는 필자의 실수인데 다음과 같다. 임장을 하는 바쁜 도중 법원에서 전화 연락이 와서, 필자가 제출한 농취증이 반려증이므로 매각불허가결정을 하겠다는 설명을 했다. 이 시기에는 이런 종류의 물건을 많이 입찰했기에 비슷한 종류의 통화를 많이 했었고, 때문에 당연하다는 듯이 매각허가결정이 나야 하는 이유를 설명하고 전화를 끊었다. 필자 입장에서는 너무나도 당연한 내용이었기 때문이다.

전화를 끊고 나서 갑자기 '설마 해당 법원인가' 하는 긴장된 기분이 들었지만, 벌써 2번의 매각불허가결정을 했고, 그 낙찰자들도 얼마나 많은 설명을 했겠나 싶어서 당연히 매각불허가결정이 될 것으로 생각해 크게 개의치 않았다. 하지만 결과는 매각허가결정이었고 오랫동안 필자가 생각한 진행 방식이 모두 어긋나버려, 지금 생각해도 너무 아쉽다는 생각뿐이다. 아래와 같이 매각불허가결정에 따른 이의신청(즉시항고) 파일 외에도 여러 가지 서류 작성을 완료했는데 장기간 준비해놓은 것들이 아쉽게도 잠들어 있을 뿐이다.

**필자가 미리 준비한 서류들**

| | |
|---|---|
| 국민신문고 민원(1... | 2021-10-25 ! |
| 매각불허가결정에 ... | 2021-10-21 ! |
| 사진(로드뷰) | 2021-10-25 ! |
| 사진(위성지도) | 2021-10-25 ! |

결국 원래의 계획은 무산되었지만 처음 경매 물건을 분석한 내용인 미불용지 보상 물건으로 약 20만 원의 수익을 얻겠다는 판단은 정확히 맞았다.

**보상신청**(손실보상협의요청서)

# 손 실 보 상 협 의 요 청 서

2022년 국도 미지급용지 [01차] 에 편입되는 귀하 소유 토지 및 지장물에 대하여 공익사업을 위한 토지 등의 취득 및 보상에 관한 법률 제16조에 의거 손실보상협의코져 아래와 같이 협의 요청하오니 계약체결 기간내에 협의에 응하여 주시기 바랍니다.

2022년2월16일

함안군수

함안군수인

\- 아　　래 -

1\. 협의 대상　　₩ 271,660

| 일련번호 | 구분 | 소재지 | 지번 | | 지목 | | 면적(㎡) | | 지분 | 물건의 종류 | 구조 및 규격 | 수량 | 단가 | 금액(원) |
|---|---|---|---|---|---|---|---|---|---|---|---|---|---|---|
| | | | 당초 | 편입 | 공부 | 현실 | 당초 | 편입 | | | | | | |
| 1 | 토지 | 경상남도 함안군 군북면 모로리 | | | 답 | | 10 | 10 | 1/3 | - | - | - | 81,500 | 271,660 |
| | | | | | | | | | | | | | | |
| | | | | | | | | | | | | | | |
| | | | | | | | | | | | | | | |
| | | | | | | | | | | | | | | |

| 2. 보상금지급방법 | 소유권 이전등기 후 통장송금 | 3. 손실보상금 신청 | 건설교통과() |
|---|---|---|---|

4\. 보상대상자

성　명 : 이창석

주　소 :

5\. 구비서류

토지
1.인감증명서 1통
2.인감도장
3.본인 예금통장
4.주민등록초본 1통(주소변경이력 포함)
※압류, 근저당 등이 설정된 경우 해제 후 보상
※토지 상속 시 편입지번 상속 받아야함

지장물
1.토지소유자 경우
①인감증명서 1통
②인감도장
③본인 예금통장
2.토지소유자 아닌 경우
①지장물소유사실확인서(토지소유자 인감날인)
②토지소유자 인감증명서 1통
③지장물소유자 인감증명서 1통
④지장물소유자 인감
⑤본인 예금통장

분묘
1.인감증명서 1통
2.인감도장
3.본인 예금통장
4.분묘이장(전, 중, 후) 사진 각 1부
-지번확인 가능한 푯말이 사진에 보이도록 찍을 것
5.분묘개장신고필증(유연분묘)-읍면동사무소에서 발급
분묘개장허가증(무연분묘)-관련기관 발급

종중 토지
1.대표자 인감증명서 1통
2.대표자 인감도장
3.대표자 예금통장
4.대표자 주민등록초본 1통(주소변경이력 포함)
5.종중등록증명서 1통
6.종중규약, 임시회의록, 참석회원목록(간인), 회의록확인서 각 1부
7.회의록확인자 2명 인감증명서 각 1통
※압류, 근저당 등이 설정된 경우 해제 후 보상

영농
1.인감증명서 1통
2.인감도장
3.본인 예금통장
4.경작증명서류(아래 서류 중 1부)
-농지원부(관외자:농지원부 첨부, 관내자:전산 확인)
-쌀직불금대상등록증(해당읍면동사무소에서 민원인이 발급받아 첨부)
-경작사실확인서
※영농보상은 경작자 확인 후 실제경작자 지급
단, 토지소유자가 관내에 거주하는 농민인 경우 토지소유자와 실제경작자간 협의 후 보상금 지급

주거
1.인감증명서 1통
2.인감도장
3.본인 예금통장
4.주민등록초본 1통(주소변경이력 포함)
5.주민등록등본 1통
-사업인정고시일 이전 3개월이상 주거해야함.
※주민등록등본 미확인시 첨부서류
-거주사실확인서(읍면동장 확인)
-제세공과금 영수증

출력일 : 2022.02.16　　출력자 :　　출력부서 : 건설교통과

## Tip 5. 농지취득자격증명의 제출기한은 언제일까?

경매에서 농지 물건을 낙찰받았을 경우 농지취득자격증명(이하 농취증)의 제출기한은 정확히 언제, 몇시까지일까? 정오인 12시까지인가? 아니면 18시까지인가?

경매 물건 중 농지를 낙찰받는다면 매각일로부터 7일 내에 농취증을 제출하라는 안내를 받게 된다. 예를 들어 10월 21일에 낙찰을 받았다면 10월 28일까지는 서류를 제출해야 한다. 해당 법원 경매계로 직접 방문해서 제출하거나, 우편등기로 보낼 수도 있다. 농취증을 발급하는 지자체 담당공무원에게 직접 해당 법원 경매계로 우편을 보내달라고 요청해도 된다. 시간적인 여유가 없을 때에는 이런 요청도 많이 한다.

최근 농지 취득에 대한 제한 및 규제가 강화되면서 예전과는 사뭇 다른 일들도 일어나는 듯하다. 다음 자료를 보면 10월 17일에 농취증을 신청한 내역을 알 수 있다. 신청 후, 해당 면사무소에서 연락이 와서 경락으로 농취증을 신청했기 때문에 농지를 낙찰받았다는 사실확인서를 첨부해야 하나, 이를 첨부하지 않았기 때문에 농취증 신청을 취소해달라는 내용이었다.

| 민원접수번호 [신청일] | 민원사무명 | 부수 | 처리상태 | 교부기관 | 연락처 | 추가신청 |
|---|---|---|---|---|---|---|
| 20211020-70919103 [2021년10월21일] | 농지취득자격증명 신청 (농업경영계획서 미첨부) | 1 | 처리불가 수수료 취소/환불 | 경상남도 함안군 군북면 | 055-580-3293 | |
| 20211017-69202426 [2021년10월17일] | 농지취득자격증명 신청 (농업경영계획서 미첨부) | 1 | 취소 환급요청 | 경상남도 함안군 군북면 | 055-580-3293 | |

농취증 신청은 경매 낙찰 전(입찰 전)에도 신청이 가능하므로 꼭 낙찰받은 후 신청할 필요가 없다. 하지만 농지 담당자에 따라 해석이 달라질 수 있다. 그리고 이러한 경우는 고수들에게는 아주 좋은 기회다. 해당 업무 담당자마다 다르겠지만 농지낙찰사실확인서(농지최고가매수신고인증명서)를 첨부하지 않았다고 신청이 취소된 적은 처음이었다. 그리고 사실 해당 물건은 몇 달 전에 농취증을 신청해서 발급받았던 적이 있었고, 시간이 너무 지났기 때문에 다시 신청한 케이스였다.

법원에서 발급하는 【최고가매수신고인증명신청】과 【부동산의 표시】를 다시 스캔해, 정부24에서 재신청하면서 2개의 스캔파일을 첨부했다.

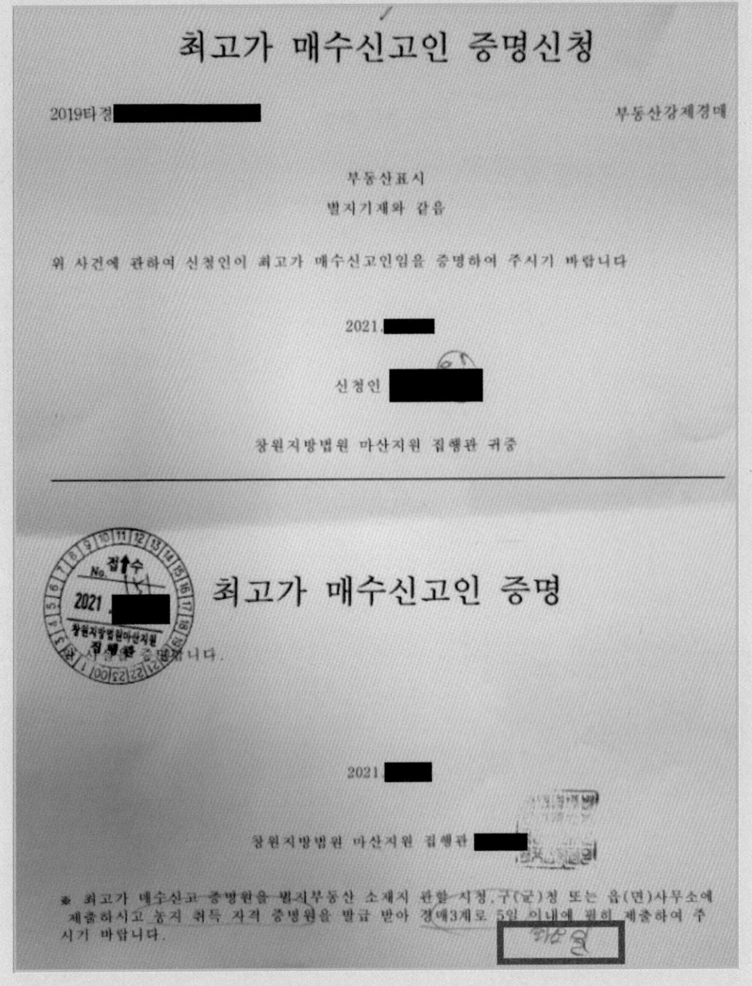

# 최고가 매수신고인 증명신청

2019타경 부동산강제경매

부동산표시

별지기재와 같음

위 사건에 관하여 신청인이 최고가 매수신고인임을 증명하여 주시기 바랍니다

2021.

신청인

창원지방법원 마산지원 집행관 귀중

---

# 최고가 매수신고인 증명

위 사실을 증명합니다.

2021.

창원지방법원 마산지원 집행관

※ 최고가 매수신고 증명원을 별지부동산 소재지 관할 시청,구(군)청 또는 읍(면)사무소에 제출하시고 농지 취득 자격 증명원을 발급 받아 경매3계로 5일 이내에 필히 제출하여 주시기 바랍니다.

스캔본 하단을 보면 친절하게도 법원집행관이 21일이 낙찰일인데 7일 후인 다음 주 목요일까지가 아니라 화요일까지 제출을 해달라고 한 요청이 기재되어 있다. 그리고 문구로 5일 이내에 필히 제출하라고 되어 있다.

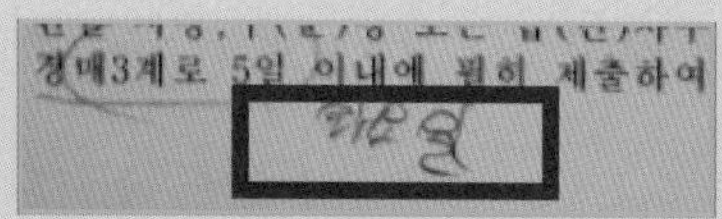


그렇다면 농취증 제출기한은 과연 매각일로부터 5일인가? 아니면 7일인가? 헷갈릴 수 있다. 아래의 사건 진행을 살펴보자. 10월 21일 낙찰되고 7일 후, 10월 28일 오후 2시에 매각결정을 제122호 법정에서 결정함을 알 수 있다. 그러니 최소한 이 시간 전에 경매계에 농취증이 제출되어야 한다. 즉, 경매법정에서 화요일까지 제출하라고 했지만 실제로는 목요일 오후 2시까지 제출해야 한다. 이를 토대로 경매법정에서 매각허가 혹은 매각불허가 결정을 하기 때문이다.

| 2021.10.28(14:00) | 매각결정기일 | 마산지원 제122호 법정 | | |
|---|---|---|---|---|

84페이지의 민원접수사례 이미지 속 신청일을 보면, 미리 신청한 10월 17일 내역은 취소가 됐고, 낙찰일인 10월 21일에 다시 농취증을 신청한 내역이 보인다. 처리상태가 '처리불가'로 뜬다. 이는 해당 농지가 농지로 사용되지 아니한 물건이기 때문에 농지가 아니라는 반려를 했다는 의미다. 간혹 담당자 중에서 정부24로 농취증 발급이 익숙하지 않아서 우편으로 주는 경우가 있다. 정부24로 발급하는 경우에는 인쇄해서 해당 경매계로 우편으로 보내면 된다. 이번 건은 처리불가를 확인하고 즉시, 면사무소로 연락하니 반려통지서를 우편등기로 보내기 위해 준비중이라고 전해왔다.

여기서 중요한 점은 보통 이런 경우에는 두 가지가 필요하다는 것이다. 첫 번째는 우편을 낙찰자가 아닌 해당 법원경매계로 보내달라는 요청, 두 번째는 농취증을 팩스로 보내달라는 요청이다. 그래서 민원인의 주소지가 아닌 해당 경매계의 주소지로 우편등기를 부탁했고 농취증 사진을 찍거나 스캔해서 보내달라고 하니 담당자분이 우편봉투에 이미 넣었다고 해서 그러면 괜찮다고 했는데 이것이 문제였던 것 같다.

꼭 우편봉투를 열어서 다시 농취증을 팩스나 메일로 받아야 한다. 그래야 우편등기가 경매계로 늦게 도착하더라도 경매계에 팩스로 가안으로라도 농취증을 제출할 수 있기 때문이다. 농취증이 경매계로 도달했는지, 직접 경매계로 문의해도 되지만 다음의 송달내역을 확인하니 아직 도착 전임을 알 수 있다.

| | |
|---|---|
| 2021.08.20 | 기타 함OO OOO 사실조회회신 제출 |
| 2021.09.16 | 집행관 김OO 기일입찰조서 제출 |
| 2021.10.21 | 집행관 김OO 기일입찰조서 제출 |

아니나 다를까, 10월 27일에 해당 경매계에서 아직 농취증이 제출되지 않았다는 연락이 왔다. 이에 필자는 면사무소에서 우편등기로 농취증을 보냈으니 아마 27일 오후쯤에 도달할 것이라고 답변했다. 최종적으로 28일 오전까지 농취증이 도달해야 하나 아직인 것 같았다. 그리고 28일 오전에 다시 경매계에서 아직 농취증 도착이 안 했다는 급한 연락이 왔다. 분명 어제 경매계로 도착해야 하는데 '왜 도착하지 않았지?'라는 의문을 가지고 면사무소 산업계 팀장에게 다시 연락해 상황을 설명하고 농취증 사진을 찍어서 문자로 달라고 말했다. 이를 받아서 재빨리 경매계로 팩스를 보냈다.

많은 일들이 있었지만 정리하자면 다음과 같다. 농취증 우편등기는 수요일에 도착했는데, 농취증에 사건번호가 기재되어 있지 않아서 법원경매계에서 찾지 못한 해프닝이었다. 물론 여태 이런 적은 처음이었다. 대부분 법원경매계에서는 우편으로 온 농취증을 잘 받았다.

| | |
|---|---|
| 2021.10.28 | 기타 함OO OOO 농지취득자격증명 반려(이창석) 제출 |

그리고 다음과 같이 반려증으로도 매각허가 결정이 됐다.

사람과 함께 뛰는 위대한 함안

# 군 북 면

수신 이•석 귀하

(경유)

제목 농지취득자격증명 반려(이•석)

1. 귀하의 가정에 무궁한 발전을 기원합니다.
2. 귀하께서 신청하신 대상농지는 농지취득자격증명발급심사요령 제9조제3항제1호와 관련 「신청대상 농지는 농지법 제2조 제1호에 따른 농지에 해당되지 않으며, 농업경영 실현이 어려울 것으로 판단」 되므로 농지취득자격증명 발급 신청서를 반려 통지합니다.

◆ 농지취득자격증명 반려 내역 ◆

| 신청자 | | 농지 지번 | 공부 지목 | 실제 지목 | 면적 (㎡) | 신청 면적 (㎡) | 결과 |
|---|---|---|---|---|---|---|---|
| 성 명 | 주 소 | | | | | | |
| 이 석 | | | 답 | 도로 | 10 | 10 | 반려 |

3. 신청반려 처분에 이의가 있을 시는 행정심판법 제27조 제1항 및 행정소송법 제20의 규정에 의거 동 처분을 안 날로부터 90일 이내에 행정심판청구 또는 창원지방법원에 행정소송을 제기할 수 있음을 알려드립니다. 끝.

군 북 면 

산업담당 2021. 10. 26

협조자

시행 군북면-13109 (2021. 10. 25.) 접수

우 52065 경상남도 함안군 군북면 지두2길 15, (군북면사무소) / http://www.haman.go.kr

전화번호 055-)580-3282 팩스번호 055-)580-3299 / alcor2009@korea.kr / 비공개(6)

안남 모임 행사 등의 대면 모임 참시 멈춰주세요

- 1 -

마지막으로 한 번 더 결론을 정리하면, 농취증 제출기한은 매각일로부터 7일이며 시간은 매각허가 결정 시간 전이다. 참고로 경매법정에서 앞과 같이 7일이 아닌 5일 이내에 제출하라고 하는 것은 기한을 놓쳐 농취증을 제출하지 않아 매각불허가와 입찰보증금 몰수의 피해를 미연에 방지하고자 하는 것이고, 모든 법원마다 다르다는 점을 알아두자.

# 유치권 신고 해결을 통한 임대수익 실현

## | 근린상가, 토지·건물 일괄매각, 유치권 2건 신고 |

**2020타경**

| 소 재 지 | 경상남도 김해시 101호 도로명검색 지도 지도 지도 주소 복사 | | |
|---|---|---|---|
| 새 주 소 | 경상남도 김해시 1층 101호 | | |
| 물건종별 | 근린상가 | 감 정 가 | 153,000,000원 |
| 대 지 권 | 15.189㎡(4.59평) | 최 저 가 | (64%) 97,920,000원 |
| 건물면적 | 40.29㎡(12.19평) | 보 증 금 | (10%) 9,792,000원 |
| 매각물건 | 토지·건물 일괄매각 | 소 유 자 | 김○○ |
| 개시결정 | 2020-10-28 | 채 무 자 | 김○○ |
| 사 건 명 | 임의경매 | 채 권 자 | |
| 관련사건 | 2006타경19883(이전) | | |

오늘조회: 1 2주누적: 0 2주평균: 0 조회동향

| 구분 | 매각기일 | 최저매각가격 | 결과 |
|---|---|---|---|
| 1차 | 2021- | 153,000,000원 | 유찰 |
| 2차 | 2021- | 122,400,000원 | 유찰 |
| 3차 | 2022- | **97,920,000원** | |
| 매각 : 112,430,000원 (73.48%) | | | |
| (입찰5명,매수인: / 차순위금액 111,212,000원) | | | |
| 매각결정기일 : 2022. - 매각허가결정 | | | |
| 대금지급기한 : 2022.02.18 | | | |
| 대금납부 2022.02.11 / 배당기일 2022.03.30 | | | |
| 배당종결 2022.03.30 | | | |

출처 : 옥션원

유치권 신고가 2건 접수된 상가 경매 물건이다. 1건의 신고만 접수되어 있을 때에는 유치권 물건이었지만 실제로는 유치권이 불성립하는 일반 물건이나 마찬가지이므로 필자의 입장에서는 별로 매력적인 물건이 아니어서 관심이 낮았다. 그러나 2번이나 유찰이 된 것을 보고 다시 살펴보니 경매가 진행되는 동안 또 1건의 유치권이 신고되어 총 2건의 유치권 신고가 된 상태였고, 이때부터 관심을 가지면서 분석을 시작했다.

### 현황사진과 지도상 위치

채권자인 은행에 연락해서 정보 파악을 해보니, 유치권 신고로 경매가 유찰되는 와중에 또 1건의 유치권 신고로 인해 은행 입장에서는 경매 진행 절차의 연기 또는 취소를 고려하고 있다는 설명이었다. 이에 채권자의 채권최고액을 전부 배당받을 수 있는 금액으로 입찰을 하겠다는 필자의 의견을 전했다. 그랬더니 직접 대면을 해서 이야기를 진행하고 싶다는 요청이 있어 직접 채권자에게 방문했다. 필자는 채권자와 여러 가지 사항을 논의하면서 특히 다음의 내용을 중점적으로 문의했다. ① 경매 취소 없이 그대로 진행한다. ② 유치권 물건이지만 대출을 진행한다. ③ 그 외 몇 가지 부가적인 요청. 이렇게 3가지를 요청했고, 은행에서도 필자에게 유치권 신고가 2건이나 있는데 입찰을 하는 이유와 유치권 해결 방법에 대해 문의했다. 은행은 간단하고 명쾌한 필자의 답변에 처음 제시안대로 협의를 진행하기로 약속했다.

### 매각물건명세서의 유의사항

**매각물건명세서**

| 사 건 | 2020타경██ 부동산임의경매 | 매각 물건번호 | 1 | 작성 일자 | 2021.11.26 | 담임법관 (사법보좌관) | ██ |
|---|---|---|---|---|---|---|---|
| 부동산 및 감정평가액 최저매각가격의 표시 | 별지기재와 같음 | 최선순위 설정 | 2015.04.17. 근저당 | | | 배당요구종기 | 2021.01.27 |

부동산의 점유자와 점유의 권원, 점유할 수 있는 기간, 차임 또는 보증금에 관한 관계인의 진술 및 임차인이 있는 경우 배당요구 여부와 그 일자, 전입신고일자 또는 사업자등록신청일자와 확정일자의 유무와 그 일자

| 점유자 성 명 | 점유 부분 | 정보출처 구 분 | 점유의 권 원 | 임대차기간 (점유기간) | 보 증 금 | 차 임 | 전입신고 일자, 사업자등록 신청일자 | 확정일자 | 배당 요구여부 (배당요구일자) |
|---|---|---|---|---|---|---|---|---|---|
| 박██ | 본건전부 | 현황조사 | 점포 임차인 | 2012년4월6일 ~현재 | 2000만원 | 월 40만원 | 2012.04.06 | 2012.04.06 | |
| | 101호 전부 | 권리신고 | 점포 임차인 | 2012.03.30.~ | 2천만원 | 40만원 | 2004.12.23. | 2012.03.30. | 2021.01.21 |

<비고>

박██:김해세무서 발행 상가건물임대차현황서 상 사업자등록일자 및 확정일자는 2012.04.06.임

※ 최선순위 설정일자보다 대항요건을 먼저 갖춘 주택·상가건물 임차인의 임차보증금은 매수인에게 인수되는 경우가 발생 할 수 있고, 대항력과 우선변제권이 있는 주택·상가건물 임차인이 배당요구를 하였으나 보증금 전액에 관하여 배당을 받지 아니한 경우에는 배당받지 못한 잔액이 매수인에게 인수되게 됨을 주의하시기 바랍니다.

등기된 부동산에 관한 권리 또는 가처분으로 매각으로 그 효력이 소멸되지 아니하는 것

매각에 따라 설정된 것으로 보는 지상권의 개요

비고란

대항력있는 임차인 있을 수 있음(배당에서 보증금이 전액 변제되지 아니하면 잔액을 매수인이 인수할 수 있음). 집합건축물대장상 위반건축물 표시(조경훼손하여 건축법 제42조 위반)있음. 임차인 박██로부터 금 1천만원의 유치권신고가 있으나, 그 성립여부는 불분명함. 2021. 11. 26.자 ██ 주식회사로부터 공사대금 22,000,000원의 유치권신고서가 제출되었으나, 그 성립 여부는 불분명함

협의를 완료한 후 채권자로부터 여러 번 약속대로 이행할 것인지를 묻는 연락이 왔고, 당연히 약속을 지키겠다는 확답을 주고는 했는데 입찰일이 다가오자 어느 순간 채권자로부터 연락이 오지 않는 것을 확인했다. 입찰자가 몇 명 더 생기겠다고 판단되어 원래 입찰하고자 했던 금액보다 높여서 입찰에 참여했고, 필자가 최종 낙찰을 받았다. 필자의 판

단대로 거의 아슬아슬하게 낙찰이 됐고, 낙찰을 받고 채권은행에 연락하니 필자의 낙찰 사실에 매우 놀라워하기에 이에 대해 짐짓 모른 체한 것도 하나의 에피소드다.

낙찰을 받고 해당 임차인에게 낙찰자임을 밝히고 재임대를 문의하니, 재계약을 원하면서도 유치권에 대한 금액을 요구했다. 이에 필자는 단호한 태도로 "안 되는 것을 알면서 왜 그런 요구를 하느냐?"라고 질문했고, 필자의 질문에 대한 임차인의 답변은 다음과 같았다.

경매가 진행되는 동안 여러 명이 찾아와서 유치권 금액이 얼마인지와 본인들이 낙찰을 받으면 유치권에 대해 얼마를 드려야 하는지 등의 질문을 하길래 낙찰자에게 돈을 받을 수 있다는 생각을 가졌다는 것이었고, 필자의 설명을 듣고는 임차인은 다시 유치권에 대한 언급을 하지 않았다. 투자자들의 유치권 물건에 대한 잘못된 접근이 '나비효과'를 낼 수 있다는 것을 보여주는 실제 케이스고, 임차인의 잘못된 생각을 필자의 단호한 태도와 설명(경매방해죄, 사문서위조죄 등)으로 접게 한 것이다. 그리고 나머지 1건의 유치권은 임차인에게 하나의 질문을 던지는 것만으로 해결했다. "전체면적을 임대하고 있는 거죠?" 임차인의 "네"라는 답변 하나만으로 2번째 유치권은 점유를 하지 않았기에 성립하지 않는다.

그리고 잔금을 납부하면서 원래대로 은행과 약속한 대출을 실행했고, 그다음 날 바로 원래 계약했던 금액보다 높여서 임차인과 재계약을 완료했다. 유치권을 해결하고 대출을 더 실행하기로 약속했지만 고금리라서 더 이상의 대출은 실행하지 않았다.

**배당표**(채권자가 원금과 이자를 모두 배당받은 것을 알 수 있다.)

# 배 당 표

사 건 2020타경[redacted] 부동산임의경매 (경매1계)

| 배당할금액 | | 금 112,442,951 | | |
|---|---|---|---|---|
| 명세 | 매각대금 | 금 112,430,000 | | |
| | 지연이자 및 절차비용 | 금 0 | | |
| | 전경매보증금 | 금 0 | | |
| | 매각대금이자 | 금 12,951 | | |
| | 항고보증금 | 금 0 | | |
| 집행비용 | | 금 2,811,537 | | |
| 실제배당할 금액 | | 금 109,631,414 | | |
| 매각부동산 | | 1. 경상남도 김해시 | | |
| 채권자 | | 박[redacted] | 김해[redacted] | 신한카드 주식회사 (파산관재인에게 교부) |
| 채권금액 | 원금 | 20,000,000 | 80,000,000 | 17,741,287 |
| | 이자 | 0 | 9,003,777 | 1,525,026 |
| | 비용 | 0 | 0 | 0 |
| | 계 | 20,000,000 | 89,003,777 | 19,266,313 |
| 배당순위 | | 1 | 2 | 3 |
| 이유 | | 임차인(확정일자) | 신청채권자(근저당) | 배당요구권자(일반채권) |
| 채권최고액 | | 0 | 96,000,000 | 0 |
| 배당액 | | **20,000,000** | **89,003,777** | **155,490** |
| 잔여액 | | 89,631,414 | 627,637 | 472,147 |
| 배당비율 | | 100 % | 100 % | 0.81 % |
| 공탁번호 (공탁일) | | 금제 호 ( . . . ) | 금제 호 ( . . . ) | 금제 호 ( . . . ) |

## 채권자가 제기한 '유치권 부존재 확인 청구' 소장

# 소　　　장

원 고

피 고 1.

2.

유치권 부존재확인 청구의 소

### 청 구 취 지

1. 별지목록 기재 부동산에 관하여 피고 의 소외 에 대한 금25,000,000원의 채권을 피담보채권으로 하는 피고 의 유치권이 존재하지 아니함을 확인한다.

2. 별지목록 기재 부동산에 관하여 피고 의 소외 에 대한 금10,000,000원의 채권을 피담보채권으로 하는 피고 의 유치권이 존재하지 아니함을 확인한다.

3. 소송비용은 피고의 부담으로 한다.

라는 판결을 구합니다.

청 구 원 인

1. 당사자들의 관계

피고들은 별지목록 기재 부동산에 유치권이 있다고 주장하는 자이고, 원고는 소외 [illegible]와 2015.4.17. 채권최고액 금96,000,000원에 근저당권설정계약을 체결하고 [illegible]가 원고에 대하여 현재 및 장래에 부담하는 채무를 담보하기 위하여 별지목록기재 부동산에 대하여 동년동일에 창원지방법원 김해등기소 접수 제44005호로 근저당권설정등기를 필한 근저당권자입니다.

그리고 현재 원고는 위 근저당권으로 별지목록 부동산에 대하여 창원지방법원 2020타경 [illegible] 부동산임의경매를 신청하였고 현재 진행중에 있습니다.

2. 피고 [illegible]의 유치권주장과 원고의 유치권부존재 주장

1) 피고 [illegible]는 별지목록 부동산에 대한 경매법원 2021.11.26. 유치권권리행사 신고를 하였고, 신고금액은 금25,000,000원이나 신고사유 및 첨부한 사실확인서는 금22,000,000원이 채권이 있음을 주장하고 있습니다.

피고 [illegible]의 주장에 의하면 2019.2.10. 별지목록 부동산의 배관설비내장수리 공사를 하였고 공사대금 잔액이 있어 유치권을 신고하였고 하고 있습니다.

2) 유치권이 성립하기 위하여는 ① 타인의 물건 또는 유가증권의 점유 ② 변제기간 된 채권의 존재 ③ 채권과 목적물 사이의 견련관계 ④ 유치권을 배제하는 특약이 없어야 할 것입니다.

피고 [illegible]가 소외 [illegible]에 대한 채권에 대하여는 원고는 의심은 별도로 하더라도, 피고 [illegible]는 현재 별지목록 부동산을 점유하고 있지 않습니다.

최소한 유치권이 성립하기 위하여는 목적물에 대한 점유가 필요합니다. 피고 [illegible]는 목적물에 대한 점유를 하지 않고 있음으로 피고 [illegible]의 유치권은 성립될 수가 없습니다.

3. 피고 [illegible]와 유치권주장과 원고의 유치권부존재 주장

1) 피고 [redacted]는 별지목록 부동산에 대하여 임차보증금 금20,000,000원(월업대로 금400,000원)임대차계약을 체결한 임차인입니다.

피고 [redacted]는 임차인의 지위에 있음에도 경매법원 2021.1.21. 유치권권리행사 신고를 하였고, 신고금액은 금10,000,000원이나 신고사유 및 첨부한 자료는 없이 단순히 유치권신고만 한 상태입니다.

2) 피고 [redacted]의 유치권의 원인을 알 수는 없으나 만일 임차인으로서 필요비나 유익비를 근거로 유치권주장을 한다면 이는 배척되어야 할 것입니다.

피고 [redacted]는 경매목적 부동산의 임차인이고 임차인 주장할 수 있는 유치권이란 필요비와 유익비일 것이고 필요비란 물건의 보존상 필수 불가결하게 지출이 요구되는 비용이고, 유익비란 물건의 개량을 위하여 당해 물건에 관하여 지출되는 비용으로써 그 물건의 객관적인 가치를 증가 시키는데 사용한 비용을 밀하고, 민법상 임차인이 지출한 필요비와 유익비는 임대인이 상환할 의무가 있습니다. (민법제 626조)

그러나 판례는 "필요비, 유익비의 상환청구권을 미리 포기하는 약정은 유효하다고 하고 있습니다. (대법원 1993.10.8. 선고 93다 25738, 25745 판결) 즉 건물 임차인 임대차관계 종료시에는 건물을 원상으로 복구하여 임대인에게 명도하기로 약정한 것은 건물에 지출한 각종 유익비 또는 필요비 상환청구권을 포기하기로 한 특약이라고 볼 수 있어 임차인은 유치권을 주장할 수 없을 것입니다.

피고와 김[redacted]가 작성한 임대차계약서 제5조에 의하면 임대차계약이 종료되는 경우 임차인은 위 부동산을 원상으로 회복하여 임대인에게 반환한다라고 기재되어 있습니다. 위 조항에는 의하면 피고는 필요비와 유익비를 근거로 하는 유치권 주장은 성립되지 않을 것입니다.

피고 [redacted]와 유치권신고의 원인은 알 수 가 없으나 임차인으로서 지출한 필요비와 유익비로 인한 청구이면 그 유치권 주장은 배척되어야 할 것입니다.

3. 결어

1) 원고는 별지목록 부동산에 대한 경매접수일이 202.10.28.이고 피고 [redacted] 유치권신고는 2021.11.26.입니다. 그리고 피고 [redacted] 는 현재 별지목록 부동산을 점유하지 않고 있습니다.

피고 [redacted]의 유치권신고는 채권의 원인등이 기재되어 있지 않습니다. [redacted]는 임차인이나 임대차계약서 제5조에 의하면 유치권의 성립될 수가 없습니다.

즉 피고들은 입찰을 방해할 목적으로 유치군을 신고한 것으로 밖에 볼 수가 없습니다.

2) 피고들의 유치권신고로 인하여 이 사건 경매절차에서 목적물의 낙찰가의 하락을 피할 수 없으며, 낙찰가의 하락으로 인한 원고를 비롯한 이해관계인의 법률상 지위를 불안정하게 하는 현실에서 위 불안을 제거하기 위하여 본소의 확인의 이익은 인정된다 할 것이고 이에 원고는 피고들을 상대로 이건 소를 제기한 것입니다.

입 증 방 법 및 첨 부 서 류

1. [redacted]유치권신고서 1통
1. [redacted]의 유치권신고서 1통
1. 임대차계약서 1통
1. 부동산등기사항전부증명서 1통
1. 법인등기사항전부증명서 1통

2021.12.

위 원고 [redacted]

[redacted]

창 원 지 방 법 원 귀중

# 대지권미등기 및 토지별도등기 물건의 낙찰과 임대수익 실현

## | 근린상가, 대지권미등기, 토지별도등기 |

**2022-[가림]-001** 입찰시간 : 2022-10-24 10:00~ 2022-10-26 17:00 조세정리1팀(☎ 1588-5321)

| 소재지 | 경상남도 양산시 중부동 696-1 대동황토방아파트 [가림]<br>(도로명주소 : 경상남도 양산시 양주로 132 [가림] | | | | |
|---|---|---|---|---|---|
| 물건용도 | 상가용및업무용건물 | 감정가 | 71,500,000 원 | 재산종류 | 압류재산(캠코) |
| 세부용도 | 근린생활시설 | 최저입찰가 | (60%) 42,900,000 원 | 처분방식 | 매각 |
| 물건상태 | 낙찰 | 집행기관 | 한국자산관리공사 | 담당부서 | 부산지역본부 |
| 토지면적 | | 건물면적 | 27.72㎡ (8.385평) | 배분요구종기 | 2022-09-13 |
| 물건상세 | 건물 27.72㎡ | | | | |
| 위임기관 | 양산시청 | 명도책임 | 매수인 | 조사일자 | 0000-00-00 |
| 부대조건 | 1. 대지권 미등기이며, 대지권유무는 알수 없음. 감정평가액은 대지권이 배분될 것을 전제로 대지권을 포함한 가격임.<br>2. 임차인에 관하여 신고된 사항이 없으므로 사전조사 후 입찰바람.<br>2022/09/13 | | | | |

**입찰 정보(인터넷 입찰)**

| 입찰번호 | 회/차 | 대금납부(기한) | 입찰시작 일시~입찰마감 일시 | 개찰일시 / 매각결정일시 | 최저입찰가 |
|---|---|---|---|---|---|
| 0009 | 037/001 | 일시불(30일) | 22.09.26 10:00 ~ 22.09.28 17:00 | 22.09.29 11:00 / 22. [가림] 10:00 | 71,500,000 |
| 0009 | 038/001 | 일시불(30일) | 22.10.04 10:00 ~ 22.10.05 17:00 | 22.10.06 11:00 / 22. [가림] 10:00 | 64,350,000 |
| 0009 | 039/001 | 일시불(30일) | 22.10.11 10:00 ~ 22.10.12 17:00 | 22.10.13 11:00 / 22. [가림] 10:00 | 57,200,000 |
| 0009 | 040/001 | 일시불(30일) | 22.10.17 10:00 ~ 22.10.19 17:00 | 22.10.20 11:00 / 22. [가림] 10:00 | 50,050,000 |
| 0009 | 041/001 | 일시불(30일) | 22.10.24 10:00 ~ 22.10.26 17:00 | 22.10.27 11:00 / 22. [가림] 10:00 | 42,900,000 |
| | | | | 낙찰 : 44,030,000원 (102.63%) | |
| 0009 | 042/001 | 일시불(30일) | 22.10.31 10:00 ~ 22.11.02 17:00 | 22.11.03 11:00 / 22. [가림] 10:00 | 35,750,000 |

출처 : 옥션원

대지권미등기이며 토지별도등기가 있는 물건으로 상가 공매 물건이다. 대지권과 토지별도등기 모두 해결할 수 있다는 판단과 재건축 또는 리모델링 대상 아파트라는 판단, 임장 시 건물 내의 상가에 공실이 거의 없다는 점, 인근 부동산을 통해 알아보니 쉽게 임대가 나간다는 정보 등이 있기에 입찰을 결정했다.

## 현황사진과 지도상 위치

## 매각물건명세서상의 유의사항

■ 기타 유의 사항

1. 대지권 미등기이며, 대지권유무는 알수 없음. 감정평가액은 대지권이 배분될 것을 전제로 대지권을 포함한 가격임.
2. 임차인에 관하여 신고된 사항이 없으므로 사전조사 후 입찰바람.

낙찰이 됐으니 대지권 문제를 해결해야 한다. 지자체 부동산 취득세 담당자에게 건물만 매수(낙찰)한 것이 아니라 대지권도 같이 매수했다는 것을 여러 번의 통화와 설득, 그리고 감정평가서의 내용과 매각내용을 브리핑해서 처음 '건물'을 취득한 것으로 부과됐던 취득세고지서를 '토지+건물'을 취득한 것으로 변경했다.

## 건물 취득세 납부확인서

# 취득세(등록면허세) 납부확인서

| 납세번호 | 기관 | 검 | 회계 | 과목 | 세목 | 과세연도 | 월 | 구분 | 읍·면·동 | 과세번호 | 검 |
|---|---|---|---|---|---|---|---|---|---|---|---|
| | 330 | 0 | 30 | 101 | 501 | 2022 | 12 | | 515 | 062780 | 0 |

| 전자납부번호 | 48330-1-30-22-0-0958381-1 |
|---|---|

성명(법인명): 주민( 법인 · 외국인 )등록번호: -*******

주소(영업소):

등기(등록) 원인: 경락(기타)

등기(등록) 물건: 건물 건물 27.72㎡ 경락공매

## 토지+건물 취득세 납부확인서

# 취득세(등록면허세) 납부확인서

| 납세번호 | 기관 | 검 | 회계 | 과목 | 세목 | 과세연도 | 월 | 구분 | 읍·면·동 | 과세번호 | 검 |
|---|---|---|---|---|---|---|---|---|---|---|---|
| | 330 | 0 | 30 | 101 | 501 | 2022 | 12 | - | 515 | 062780 | 0 |

| 전자납부번호 | 48330-1-30-22-0-0958381-1 |
|---|---|

성명(법인명): 주민( 법인 · 외국인 )등록번호: -*******

주소(영업소):

등기(등록) 원인: 경락(기타)

등기(등록) 물건: 토지+건물 건물 27.72㎡ 경락공매

과세표준: 44,030,000원 시가표준액: 31,995,309원

| 세목 | 지방세 | 가산금 | 납 부 일 |
|---|---|---|---|
| 취득세 | 1,761,200 원 | 0 원 | 2022년 12월 01일 |
| 지방 교육세 | 176,120 원 | 0 원 | |
| 농어촌특별세 | 88,060 원 | 0 원 | |
| 계 | 2,025,380 원 | 0 원 | |

대지권이 없는 등기부 내용이다. 등기부상 【표제부】에 '전유부분의 건물의 표시'와 면적만 기재되어 있고, '대지권 면적 표시'는 아예 없이 【갑구】의 내용이 바로 나온다.

## 대지권이 없는 등기부 내용

| 【 표 제 부 】 ( 전유부분의 건물의 표시 ) | | | | |
|---|---|---|---|---|
| 표시번호 | 접 수 | 건 물 번 호 | 건 물 내 역 | 등기원인 및 기타사항 |
| 1<br>(전 1) | 2000년1월18일 | 제2층 제216호 | 철근콘크리트조<br>27.72㎡ | 도면편철장 제57책제289장<br><br>부동산등기법 제177조의 6 제1항의 규정에 의하여 2002년 01월 16일 전산이기 |

| 【 갑 구 】 ( 소유권에 관한 사항 ) | | | | |
|---|---|---|---|---|
| 순위번호 | 등 기 목 적 | 접 수 | 등 기 원 인 | 권리자 및 기타사항 |
| 1<br>(전 1) | 소유권보존 | 2000년1월18일<br>제1507호 | | 소유자 주식회사 ■■■ 194211-0002684 |

소유권을 이전한 후, 미등기된 대지권은 무난히 가져왔지만 약 24억 원의 별도등기 가압류가 등기부에 기재됐다. 부동산을 4,400만 원에 낙찰받았는데 채권 약 24억 원이 딸려온다면 황당하지 않겠는가! 이런 때에는 별도등기 가압류를 빠르게 말소시켜야 한다.

## 대지권 생성 및 가압류 채권 등재

| 【 표 제 부 】 ( 전유부분의 건물의 표시 ) | | | | |
|---|---|---|---|---|
| 표시번호 | 접 수 | 건 물 번 호 | 건 물 내 역 | 등기원인 및 기타사항 |
| 1<br>(전 1) | 2000년1월18일 | 제2층 제216호 | 철근콘크리트조<br>27.72㎡ | 도면편철장 제57책제289장 |
| ( 대지권의 표시 ) | | | | |
| 표시번호 | 대지권종류 | | 대지권비율 | 등기원인 및 기타사항 |
| 1 | 1 소유권대지권 | | 74179.9분의<br>35.1558 | 2022년12월8일 대지권<br>2023년2월6일 등기 |
| 2 | | | | 별도등기 있음 |

**2. 소유지분을 제외한 소유권에 관한 사항 ( 갑구 )**

| 순위번호 | 등기목적 | 접수정보 | 주요등기사항 | 대상소유자 |
|---|---|---|---|---|
| 3<br>(전 53) | 가압류 | 2013년12월31일<br>제71674호 | 청구금액 금2,359,145,150원<br>채권자 ■■■ 주식회사 | 주식회사■■ 등 |

최종적으로 가압류 말소 소송을 통해 별도등기도 말소했고, 대지권미등기 문제를 깔끔하게 해결했다. 【표제부】에 '전유부분의 건물의 표시'와 '대지권의 표시'가 되어 있음을 알 수 있고, 토지별도등기의 가압류 24억 원도 삭제됐다.

### 깔끔하게 해결된 등기부 내용

【 표 제 부 】 ( 전유부분의 건물의 표시 )

| 표시번호 | 접 수 | 건 물 번 호 | 건 물 내 역 | 등기원인 및 기타사항 |
|---|---|---|---|---|
| 1<br>(전 1) | 2000년1월18일 | 제2층 제216호 | 철근콘크리트조<br>27.72㎡ | 도면편철장 제57책제289장 |

( 대지권의 표시 )

| 표시번호 | 대지권종류 | 대지권비율 | 등기원인 및 기타사항 |
|---|---|---|---|
| 1 | 1 소유권대지권 | 74179.9분의<br>35.1558 | 2022년12월8일 대지권<br>2023년2월6일 등기 |
| ~~2~~ | | | ~~별도등기 있음~~ |

대지권미등기 문제를 깔끔히 해결하고 만족할 만한 임대수익을 얻는 금액으로 임대차계약을 완료했다.

낙찰을 받은 후, 임대를 놓기 위해 쓴 방법은 다음과 같다. 인근 부동산 중개사무소에 물건을 내놓고, 해당 호실에도 임대 안내 용지를 붙여놨는데 그 내용은 다음과 같다.

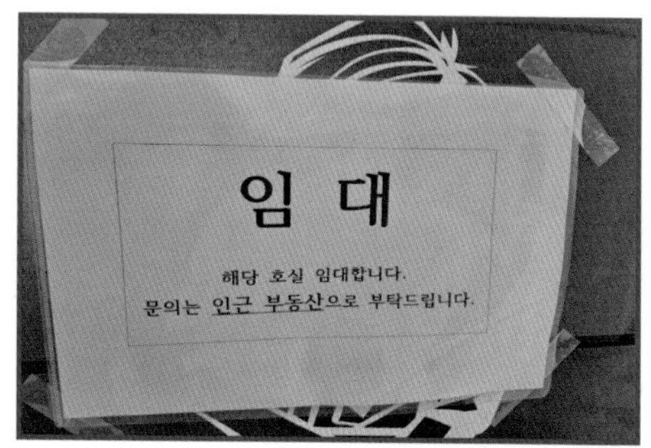

'임대 문의는 인근 부동산 중개사무소로 부탁한다'라는 글을 기재해서 붙였다. 그 이유로는 상가 부동산을 임대하기 위해서 필자가 제작한 임대 플래카드를 붙여놓고 인근 부동산 중개사무소에도 물건을 내놓는데, 보통 이렇게 되면 간혹 임대를 원하는 임차인은 플래카드에 기재되어 있는 소유자의 전화번호로 직접 연락해서 최종 직거래로 임대계약을 하게 되는 경우가 있다. 이는 중개수수료를 아끼기 위해서고, 이렇게 되면 지금껏 상가 건물을 중개하기 위해 노력한 인근 부동산 중개사무소는 중개수수료를 얻지 못하는 결과를 초래한다. 어떤 방식이 좋다고 단정할 수는 없지만, 이번 경우에는 2년 후에 매매를 염두에 뒀고, 상가의 연식이 있고 인근 부동산 중개사무소도 경험치가 높으므로 괜한 분란을 없애고 향후 매매를 고려해서 한 선택이었다.

그래서인지 예상보다 빨리 좋은 임대수익이 되는 임대차계약을 체결할 수 있었다. 당연히 다음의 사진 속 물건처럼 인근 부동산 중개사무소에도 임대 문의를 하고, 낙찰자의 전화번호만 기재한 플래카드를 붙여놓는 것도 가능하다. 방법은 다양할 것이고 물건에 따라 선택하기 나름이다.

다음의 상가 물건(편의점 입점 방법 등)도 소개해드리고 싶지만 이 책의 취지와는 어울리지 않기도 하고, 향후 상가 경매 책 집필을 위해 아껴두고 있다.

**임대 플래카드를 설치한 사진**

**대지권등기가 경료되어 있지 아니한 집합건물 낙찰자의 대지권등기 방법**
**[등기선례 제8-314호, 시행]**

대지권에 대한 지분이전등기를 해주기로 하는 약정하에 수분양자에게 전유부분에 대한 소유권이전등기를 경료하였으나, 대지에 대한 소유권이전등기가 되지 않은 상태에서 제3자가 경매절차를 통하여 전유부분을 낙찰 받아 낙찰인이 대지사용권을 취득하게 된 경우, 낙찰인은 「부동산등기법」 제60조에 의하여 분양자와 공동으로 대지사용권에 관한 이전등기와 대지권에 관한 등기를 동시에 신청하여야 한다.

# 지도만 보고 입찰한 교차로 인근 토지로 수익 실현

## | 대지, 토지 전체 매각, 교차로 인근, 공매 물건 |

**2018-[illegible]-001** 입찰시간 : 2019-06-03 10:00~ 2019-06-05 17:00 조세정리팀(☎ 062-231-3046)

| 소재지 | 전라남도 장흥군 [illegible] (도로명주소 : ) 지도 지도 주소복사 | | | | |
|---|---|---|---|---|---|
| 물건용도 | 토지 | 감정가 | 3,600,000 원 | 재산종류 | 압류재산(캠코) |
| 세부용도 | 대지 | 최저입찰가 | (100%) 3,600,000 원 | 처분방식 | 매각 |
| 물건상태 | 낙찰 | 집행기관 | 한국자산관리공사 | 담당부서 | 광주전남지역본부 |
| 토지면적 | 180㎡ (54.45평) | 건물면적 | | 배분요구종기 | 2019-05-20 |
| 물건상세 | 대 180㎡ | | | | |
| 위임기관 | 중부세무서 | 명도책임 | 매수인 | 조사일자 | 0000-00-00 |
| 부대조건 | | | | | |

**• 입찰 정보(인터넷 입찰)**

| 입찰번호 | 회/차 | 대금납부(기한) | 입찰시작 일시~입찰마감 일시 | 개찰일시 / 매각결정일시 | 최저입찰가 |
|---|---|---|---|---|---|
| 0007 | 021/001 | 일시불(30일) | 19.06.03 10:00 ~ 19.06.05 17:00 | 19.06.07 11:00 / 19.[illegible] 10:00 | 3,600,000 |
| | | | | 낙찰 : 6,430,000원 (178.61%) | |
| 0007 | 022/001 | 일시불(30일) | 19.06.10 10:00 ~ 19.06.12 17:00 | 19.06.13 11:00 / 19.[illegible] 10:00 | 3,240,000 |
| 0007 | 023/001 | 일시불(30일) | 19.06.17 10:00 ~ 19.06.19 17:00 | 19.06.20 11:00 / 19.[illegible] 10:00 | 2,880,000 |
| 0007 | 024/001 | 일시불(30일) | 19.06.24 10:00 ~ 19.06.26 17:00 | 19.06.27 11:00 / 19.[illegible] 10:00 | 2,520,000 |
| 0007 | 025/001 | 일시불(30일) | 19.07.01 10:00 ~ 19.07.03 17:00 | 19.07.04 11:00 / 19.[illegible] 10:00 | 2,160,000 |
| 0007 | 026/001 | 일시불(30일) | 19.07.08 10:00 ~ 19.07.10 17:00 | 19.07.11 11:00 / 19.[illegible] 10:00 | 1,800,000 |

출처 : 옥션원

지목이 대지인 약 55평 면적의 토지이며 전체면적 매각으로 공매 물건이다. 지분 물건도 법정지상권 물건이 아닌 일반 물건이지만 검색을 하면서 지도상으로 토지의 위치만 확인하고, 입찰을 결심한 물건이다. 재미있는 점은 총 7명이나 입찰에 참여했다는 것이다. 아마 다들 필자처럼 지도상에 새로 생긴 교차로를 확인하고 입찰에 참여했으리라 예상한다.

**현황사진과 지도상 위치**

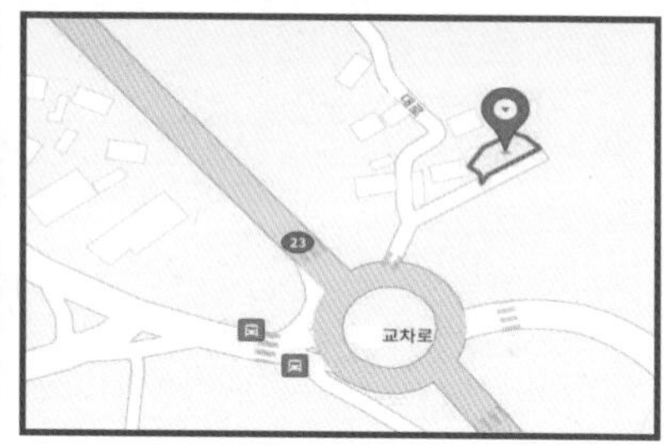


출처 : 카카오맵

기존에 없던 교차로가 생겼으므로 근처 토지가격에 영향을 줄 것이라 예상했고, 낙찰을 받는다면 충분한 수익을 볼 수 있을 거라고 판단했다. 낙찰을 받고 바로 해결하기보다는 2년 후에 매매를 하기로 하고 시간을 보내고 있었고, 2년 정도 시간이 흘러 인근 공인중개사무소에 연락을 해 매매를 의뢰했으나 물건의 면적이 작고, 금액도 낮으니 공인중개사들의 관심이 없었다. 또한 교차로가 생겼으니 이를 반영한 인근 토지의 매매가격이 있어야 하는데, 아직 거래사례가 없어서 필자가 낙찰받은 금액 이상으로 매도하기가 어렵다는 판단이 들었다. 따라서 시간을 가지면서 인근 토지 매매 거래사례를 기다리기로 결정하고서는 이 물건을 잊어버렸다.

최근에 보유하고 있는 물건의 개수가 많아져서 최대한 매매를 통해서 정리를 하는 것을 개인적인 목표로 하고 있었으므로 해당 물건도 정리하는 와중에 알게 되어 처리(매매)를 시작했다. 인근 토지 거래사례를 검색해보니 사례는 있지만 부동산 경기가 좋지 않아 매매가 쉽지 않았다. 따라서 매매가격을 낮추더라도 약간의 이득만 있으면 매도를 해야겠다고 결심하고, 인근 토지주들을 검색했다. 대충 인근 20여 개의 필지를 검색해보니 소유자들은 약 10여 명이었고, 이 중 가장 최근에 매매를 한 소유자에게 토지매매의뢰서를 인터넷 우체국을 통해 보냈다.

#### 인근 필지 소유자들을 정리한 내용(성함, 거래일, 주소, 나이, 성별 등)

| | | | | |
|---|---|---|---|---|
| 305<br>320 | | 2007.7.11 | 전남 | 49 남 |
| 306<br>307<br>314<br>315<br>316 | | 1995.3.27 | 인천<br>new | 66 남 |
| 308 | | 1985.6.29 | | 45 남 |
| 312 | | 2016.4.21 | 전남 | 53 여 |
| 313,314<br>-1 | | | 전남 | 71 여 |
| 317 | | 1995.8.17 | 서울<br>101- 트 | 64 남 |
| 321 | | 2008.6.16 | 인천 | 80 남 |
| 322 | | 2008.2.18 | 전남 | 58 남 |
| 323 | | 2018.6.18 | 전남 | 55 남 |
| 324 | | 2001.7.19 | 인천 | 74 남 |
| 325<br>326-1<br>327-1 | 국 | | | |
| | | | | |

보통은 파악된 10여 명에게 매매의뢰서를 동시에 보내는데, 이번 물건은 매매확률이 가장 높아 보이는 최근에 매매를 한 소유자 1명에게만 먼저 보냈다. 만약 연락이 없다면 그다음 매매확률이 높은 순서대로 진행하기로 했다. 다행히 첫 번째로 연락을 한 상대방으로부터 연락이

와서 매수하겠다는 의향을 보였는데, 최종 거래완료까지는 여러 가지 우여곡절이 있었다.

처음 연락 온 매수자가 매수 의견을 밝힌 이후 연락이 두절됐고, 다음 매수자에게 우편을 보내려고 준비하고 있는 와중에 매수자의 아들(2002년생)로부터 연락이 왔다. 해당 토지를 매수하고 싶다면서 토지의 위치, 현 상황, 가격 등을 문의했다. 그런데 친절히 문의에 답을 하다 거래일자와 금액을 말하니 갑자기 연락이 두절되는 것이 아닌가! 며칠 후에 거래를 안 하겠냐는 필자의 질문에 또 한참 뒤 매매하겠다고 답을 하고서는 또 연락두절이 되는 등 정말 답답하고 황당한 상황이 이어졌다. 이는 소유권이전등기를 담당한 법무사도 마찬가지였다. 나이가 젊어서 그런가 싶었지만, 그래도 이렇게까지 답답한 거래는 처음이었다.

필자는 상대방의 태도에 너무 화가 나서, 처음 매매계약금을 안 받은 것을 후회하며 상대방에게 매매를 취소하겠다고 연락했다. 그리고 나머지 9명에게 매매의뢰서를 동시에 우편으로 보냈는데, 그다음 날 법무사로부터 연락이 와서 자신의 법무사 사무실 통장으로 매매금액이 입금됐으니 필자의 계좌번호를 알려달라는 게 아닌가! 이 얼마나 황당한 일인가? 계약을 취소하겠다는 연락을 했는데도 이렇게 일을 진행하기에 매매 취소를 하고 싶은 마음이 굴뚝같았으나, 법무사의 입장도 있으니 그냥 진행하기로 했다. 매매를 하면 기뻐야 하는데 이번처럼 기쁘지만은 않은 거래는 처음이었다. 하지만 처음부터 마무리까지 모두 인터넷과 전화, 문자로만 마무리했고 소액의 수익을 얻으면서 1개 물건을 처리한 것이 나름 좋은 결과라고 의의를 가졌다. 또한 아무리 적은 금액

거래라도 계약금으로 매매가격의 10% 이상은 받고 진행하는 것이 정신건강에 좋다는 것을 다시 한번 느낀 거래였다.

**매매의뢰서**

**매매 의뢰서**

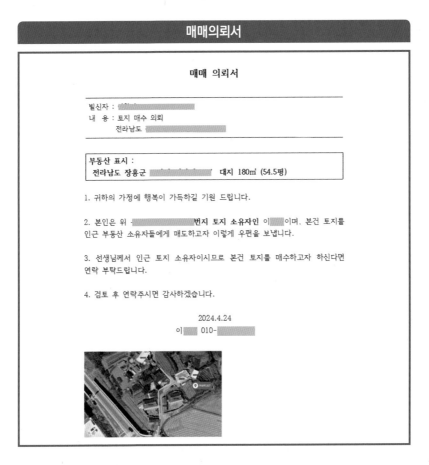

빌신자 :
내 용 : 토지 매수 의뢰
전라남도

**부동산 표시 :**
**전라남도 장흥군 　 대지 180㎡ (54.5평)**

1. 귀하의 가정에 행복이 가득하길 기원 드립니다.

2. 본인은 위 **번지 토지 소유자인** 이 이며, 본건 토지를 인근 부동산 소유자들에게 매도하고자 이렇게 우편을 보냅니다.

3. 선생님께서 인근 토지 소유자이시므로 본건 토지를 매수하고자 하신다면 연락 부탁드립니다.

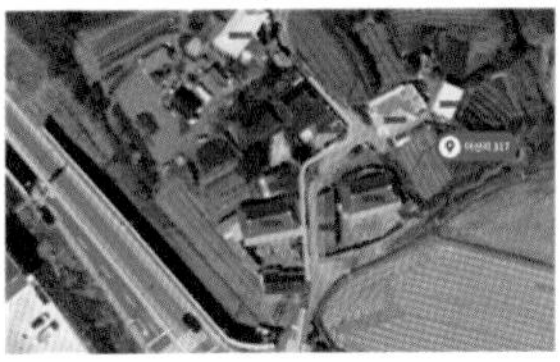

4. 검토 후 연락주시면 감사하겠습니다.

2024.4.24
이 010-

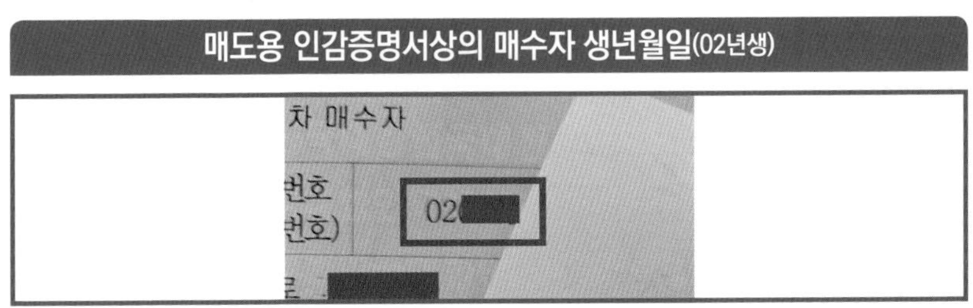

# 철길 옆 0.9평 과소토지 입찰과 소 제기를 통한 토지매매 수익 실현

## | 대지, 과소토지, 법정지상권 물건 |

**2021타경**

| 소 재 지 | 부산광역시 부산진구 | | |
|---|---|---|---|
| 물건종별 | 대지 | 감 정 가 | 7,950,000원 |
| 토지면적 | 3㎡(0.91평) | 최 저 가 | (80%) 6,360,000원 |
| 건물면적 | 건물은 매각제외 | 보 증 금 | (10%) 636,000원 |
| 매각물건 | 토지만 매각 | 소 유 자 | 송○○ |
| 개시결정 | 2021-05-21 | 채 무 자 | 송○○ |
| 사 건 명 | 강제경매 | 채 권 자 | (주) |

오늘조회: 1 2주누적: 0 2주평균: 0 조회동향

| 구분 | 매각기일 | 최저매각가격 | 결과 |
|---|---|---|---|
| 1차 | 2021- | 7,950,000원 | 유찰 |
| 2차 | 2021- | **6,360,000원** | |

매각 : 8,780,000원 (110.44%)

(입찰3명,매수인: / 차순위금액 8,199,900원)

매각결정기일 : 2021. - 매각허가결정

대금지급기한 : 2021.11.30

대금납부 2021.10.28 / 배당기일 2021.12.22

배당종결 2021.12.22

출처 : 옥션원

철길 옆 1평도 안 되는 0.9평의 아주 작은 면적의 1필지 토지 매각이며 제시외건물이 있는 법정지상권 물건이다. 감정평가금액은 11,370,000원이나 제시외건물을 이유로 금액이 저감되어 최초매각금액이 7,950,000원으로 시작하는 것도 장점이다. 해당 토지와 옆 토지까지, 2필지 지상 위에 미등기건물이 있고 현 건물의 점유자가 옆 필지 토지의 2003년도 경매 사건의 낙찰자이며 그때 당시 감정가격 대비 2배 이상 가격으로 입찰해서 낙찰됐음을 확인했다. 따라서 만약 낙찰을 받는다면 쉽게 상대방과 협의가 될 것이라고 생각했고, 상대방이 해당 경매 사건을 알게 된다면 높은 확률로 입찰에 참여할 것이므로 낙찰이 어려울 것이라 예상했다. 위치가 좋지만은 않지만 예전에 해당 물건 근처에서 유사한 물건을 낙찰받아 처리한 경험이 있기 때문에 입찰에 참여하기로 했다.

**현황사진과 지도상 위치**

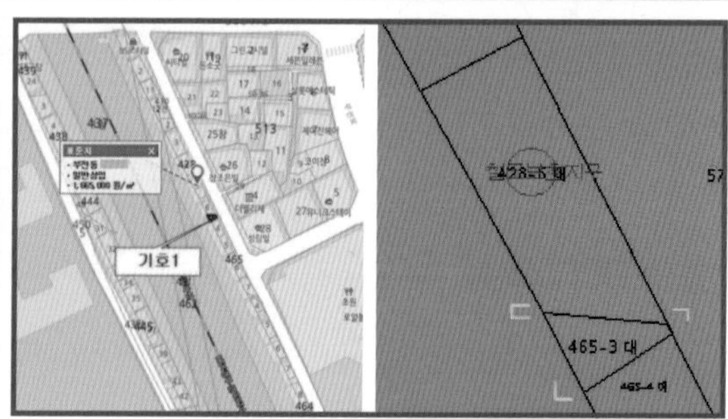


**옆 필지의 예전 경매 사건 낙찰 결과**

**2014타경**

| 소재지 | 부산광역시 부산진구 | | | |
|---|---|---|---|---|
| 물건종별 | 대지 | 감정가 | 7,020,000원 | 오늘조회: 1 2주누적: 0 2주평균: 0 |
| 토지면적 | 13㎡(3.93평) | 최저가 | (100%) 7,020,000원 | 구분: 1차 / 최저매각가격: 7,020,000원 / 매각 : 15,650,000원 (222.93%) |
| 건물면적 | 건물은 매각제외 | 보증금 | (10%) 702,000원 | (입찰3명,매수인: / 차순위금액 8,800,000원) |
| 매각물건 | 토지만 매각 | 소유자 | 송○○ | 매각결정기일 : - 매각허가결정 |

출처 : 옥션원

필자가 낙찰받았지만 독자분들 중에서는 왜 첫 매각기일에 입찰을 하지 않고 한 번 유찰되고 난 후에 전 회차 매각금액 이상으로 입찰을 했나 궁금한 분들이 계실 것이다. 이러한 이유로는 여러 가지가 있겠지만 주된 이유는 다음과 같다.

첫 번째는 가장 큰 이유로 입찰에 참여할 여건이 안 되는 경우다. 본인과 대리인 모두 입찰에 참여할 시간이 없는 경우가 많다. 간혹 4시간가량 운전해서 입찰을 해야 하는 물건인 경우, 최소 왕복 8시간 이상이 걸려 거의 하루를 사용해야 하는 부담에 입찰을 포기하는 경우가 있다. 참고로 한번은 제주법원에서 입찰자들이 너무 많이 몰려 저녁 8~9시에 입찰 결과를 확인한 적도 있는데, 이럴 때는 정말 너무 힘든 하루가 된다. 이러한 이유로 필자가 입찰을 하는 경우에 곁다리로 입찰할 물건을 매번 찾는 것이기도 하다. 필자는 가족, 지인들에게 대리입찰을 많이 부탁하는 편이며 최근에는 대리입찰을 도와주는 인터넷 사이트도 있으니 참고하도록 하자.

두 번째는 경매 취하나 공유자우선매수 신고가 될 것 같은 물건으로 판단이 되는 경우다. 경매·공매 투자를 많이 하다 보면 감이 생기는데, 이해관계인이나 상대방 측에서 입찰에 들어오거나 지분 물건의 경우 공유자우선매수 또는 입찰 당일 개시 직전에 경매 취하가 될 것 같은 물건으로 판단이 되는 경우가 있다. 이럴 때는 좋은 물건이더라도 입찰에 참여하기가 꺼려진다. 하지만 이는 예상과 다른 결과로 인해 후회한 경우도 많으니, 독자들은 필히 입찰에 참여하기를 권유한다. 이해관계인이 입찰장에 오다가 길을 잘못 들거나, 불의의 접촉사고 등으로 입찰시간에 늦을 수도 있고, 입찰보증금을 잘못 넣어 낙찰이 취소될 수도, 입찰표 기재 오류나 대리인 입증서류 미비로 취소가 되는 경우도 상당히 많다.

세 번째는 해당 물건을 늦게 발견한 경우다. 즉, 물건을 늦게 발견하고 입찰을 결심하게 되면 꼭 낙찰을 받고 싶기 때문에 그만한 가격으로 입찰을 한다. 투자로 돈을 벌기 위해서는 낙찰을 받아야지만 돈을 벌 가능성이 생기므로 낙찰가격을 높게 산정하게 되는 것이다.

네 번째는 지분 물건인 경우다. 이때는 입찰가격을 높여 공유지분권자의 공유자우선매수를 막는 방법으로도 이용한다.

다시 해당 경매 물건으로 돌아오자. 내용증명(통고서)을 보내고 며칠 후 연락이 온 상대방과 협의를 시작하니, 다음과 같은 반응이었다. "입찰에 참여하고자 했지만 일이 있어 입찰을 못했다. 그리고 1평도 안되는 작은 토지로 무엇을 할 수 있겠냐?"라는 말과 함께 마음대로 하라는 의견을 끝으로 연락이 닿지 않았다. 따라서 상대방과의 협상 단절로 인해 부득이하게 소송 3종세트(건물철거, 토지인도, 부당이득반환청구)와 퇴거(점유자들의 퇴거) 청구소송을 진행했다.

참고로 건물철거를 청구하는 경우에 과연 건물 점유자에 대해 퇴거 청구가 가능한지에 대한 여부를 따지자면, 토지 소유자는 자신의 소유권에 기한 방해배제로써 건물 점유자에게 퇴거를 청구할 수 있다. 이는 점유자가 대항력을 가지고 있더라도 가능하니 알아두도록 하자.

소장을 접수하고 며칠 후, 그렇게나 연락이 되지 않던 상대방으로부터 협의를 하고 싶다는 연락이 와서 다시 협의를 시작했다. 상대방의 경우, 예전에 경매로 낙찰받은 경험이 있었기에 또다시 경매가 진행되니 많이 속상했다는 점과 필자와의 첫 협상에서 매매가격을 낮추기 위해 강하게 이야기한 것임을 밝혔다. 결국 소장을 받고서는 가족들로부터 빨리 협의를 진행하라는 권유를 받았으며, 상대방도 지금 토지를 매수하는 것이 여러모로 좋은 선택이라고 생각했다는 것이다. 지금 이 토지를 매수하는 것이 가장 저렴할 것이고, 분명 시간이 지나면 필자에게 고마워할 것이라는 의견을 제시했고, 상대방도 이를 수긍하며 서로 윈윈하는 결과로 매매를 완료하고, 소송은 취하했다.

법적으로는 필자가 무조건 이기는 게임이지만, 그렇다고 해서 상대방을 코너로 밀어붙여서 나의 수익을 극대화시키고 상대방에게 금전적, 정신적으로 많은 피해를 입게 하는 방식을 사용하는 것은 추천하지 않는다. 서로 윈윈하는 방식으로 최대한 마음을 다치지 않는 선에서 마무리 하는 것이 좋은 투자 방식일 것이고, 필자가 가장 선호하는 방식이다. 이번 물건의 상대방도 협의 때 이야기한 대로 지금쯤 필자에게 고마워할 것이라고 생각한다.

## 내용증명(통고서)

# 통 고 서

수신인 :
발신인 :

부동산의 표시 : 부산 부산진구 부전동

1. 귀하의 가정에 행복이 가득하길 기원 드립니다.

2. 본인은 부산지방법원 2021타경 부동산 강제경매 사건에서 부전동 번지 토지를 2021년10월13일 낙찰 받고 10월28일 소유권이전을 한 이 입니다.

3. 부전동 번지 토지 지상위에 강 씨 소유 건물이 침범하고 있으므로 토지 소유권자로서 사용, 수익이 어려워 다음과 같이 협의를 하고자 합니다.

가. 침범한 건물의 철거 및 토지의 인도와 2021년10월28일부터의 부당이득금을 반환하시길 바랍니다.

나. (가)항이 어려우시면 매월 일정금액의 토지사용료(지료)를 주시기 바랍니다.

다. (가,(나)항이 어려우시면 표시된 토지를 매수해 가시기를 바랍니다.

4. 만약 협의가 어렵다면 안타깝지만 법에 따라 처리할 것이며 이로 인해 발생하는 모든 비용의 청구도 법에 따라 청구할 것이니 유념하시기 바랍니다.

5. 인근 토지 시세

| No. | 주소 | 평당 가격 | 거래일시 |
|---|---|---|---|
| 1 | 부전동 | 20,705,782원 | 2020년 10월 |
| 2 | 부전동 | 37,031,199원 | 2020년 04월 |
| 3 | 부전동 | 20,304,046원 | 2021년 07월 |
| 4 | 부전동 | 19,728,073원 | 2021년 09월 |

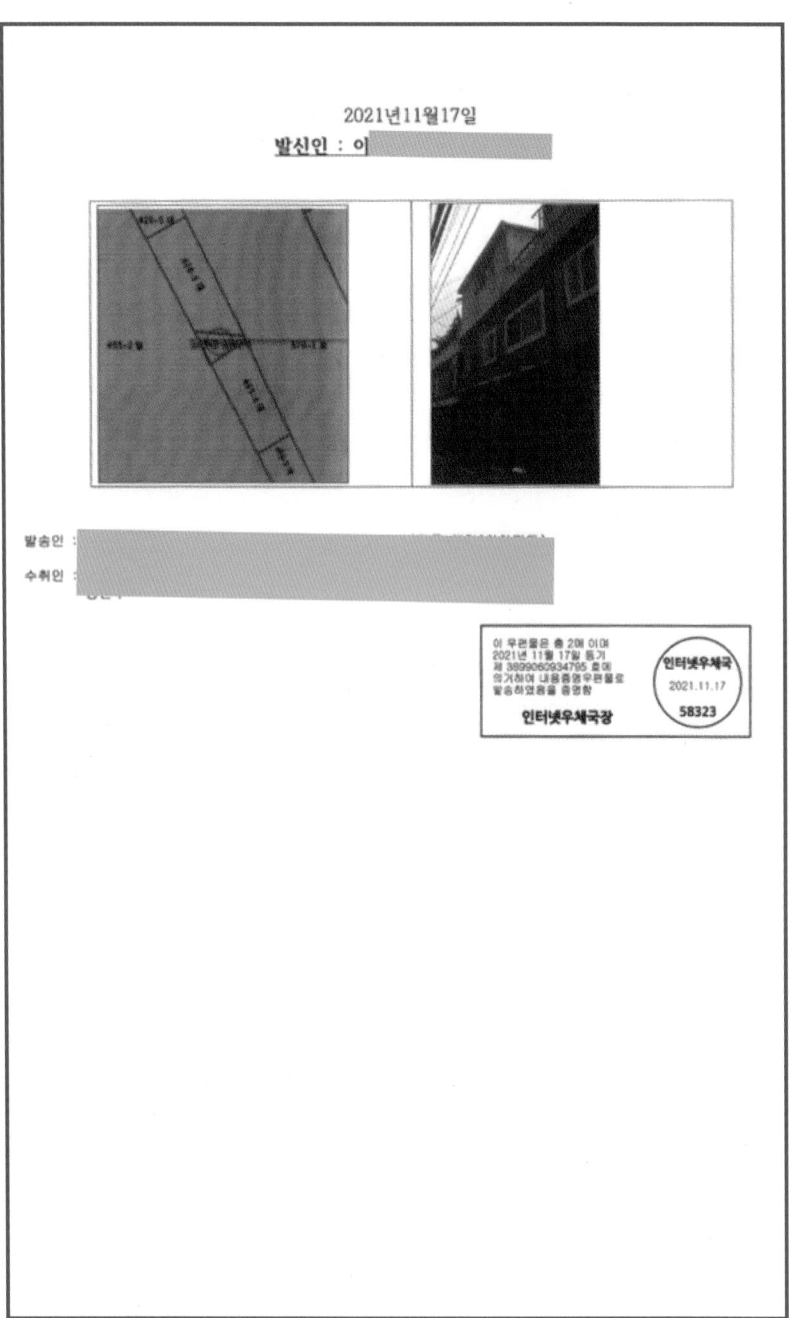

2021년11월17일

**발신인 : 이**

발송인 :

수취인 :

이 우편물은 총 2매 이며
2021년 11월 17일 등기
제 3899060934795 호에
의거하여 내용증명우편물로
발송하였음을 증명함

**인터넷우체국장**

인터넷우체국
2021.11.17
58323

## 3종 세트 소장과 소 취하서

# 소　　장

원　　고　　이

피　　고

건물등철거 청구의 소

## 청 구 취 지

1. 피고는 원고에게 별지목록 기재 토지의 별지목록 부동산도면 표시 ㄱ, ㄴ, ㄷ의 각 점을 순차로 연결한 선내 부분 주택 3㎡를 철거하고 위 토지를 인도하라.
2. 피고는 원고에게 454,800원과 이에 대하여 2021년10월28일부터 이 사건 소장부본 송달일까지는 연1%, 그 다음날부터 다 갚는날까지 연12%의 각 비율로 계산한 돈을 지급하라.
3. 피고와 그 가족은 별지목록 지상의 건물에서 퇴거하라.
4. 소송비용은 피고의 부담으로 한다.
5. 위 제1,2,3항은 가집행 할 수 있다.

라는 판결을 구합니다.

## 청 구 원 인

1. 원고의 토지 소유권 취득

원고는 별지목록 기재 토지를 법원에서 진행된 부동산 강제경매 2021타경 사건에서 2021년10월13일 낙찰받아 2021년10월28일 잔금을 납부하고 소유권이전등기를 마친 소유자입

2. 건물 철거 및 토지 인도 청구

부산진구 부전동 ▒▒▒번지에 위치하는 피고 소유의 건물이 아무런 권원없이 원고 소유인 별지기재 토지를 침범하여 주택으로 사용, 수익하고 있습니다. 피고의 건물이 토지를 침범하고 있으므로 원고는 소유권을 침해당하고 있는바, 피고는 이 사건 건물을 철거하고 이 사건 토지를 원고에게 인도할 의무가 있다 할 것입니다.

(갑제2,3,4,5호증 현황사진, 지적도(위치), 감정평가서, 집행관 현황조사서)

3. 부당이득 반환 청구

피고의 건물이 권원없이 원고 소유의 토지를 침범하여 불법 사용함으로써 별지기재 토지를 사용하지 못하고 있는 바 원고가 위 토지를 제3자에게 임대하였을 경우 그 임대료로 매월 금113,700원 (부동산 감정가격 금액인 11,370,000원의 1%) 의 수익을 얻을 수 있는데 이를 피고가 사용함으로써 피고들은 부당이득을 취하고 있으므로 이를 반환해야 할 것입니다. 필요하다면 향후 임료감정을 신청하겠습니다. (갑제4호증 감정평가서)

5. 피고 ▒▒▒ 및 그 가족에 대한 청구(퇴거 청구)

대법원은 건물철거를 청구할 시 건물점유자에 대해서 퇴거 청구가 가능하지 여부에 대해 "건물이 그 존립을 위한 토지 사용권을 갖추지 못하여 토지의 소유자가 건물의 소유자에 대하여 당해 건물의 철거 및 그 대지의 인도를 청구할 수 있는 경우, 토지소유자는 자신의 소유권에 기한 방해배제로써 건물점유자에 대하여 건물로부터의 퇴출을 청구할 수 있다. 그리고 이는 건물점유자가 건물소유자로부터의 임차인으로서 그 건물임차권이 이른바 대항력을 가진다고 해서 달라지지 아니한다"는 입장을 취하고 있습니다. (대법원 2010.8.19.. 선고 2010다43801 판결)

피고 ▒▒▒ 및 그 가족은 이 사건 건물을 점유하고 있으므로, 원고는 토지 소유권에 기한 방해배제청구권의 행사로써 피고 ▒▒▒ 및 그 가족에게 이 사건 건물에서의 퇴거를 청구합니다.

3. 결어

결론적으로 피고는 원고에게 별지 도면 기재 토지상에 있는 건물을 철거하여 위 토지를 인도하고 부당이득금을 반환 할 의무가 있습니다. 또한 피고 ▒▒▒ 및 그 가족은 이 사건 건물의 점유를 통하여 토지 소유권을 침해하고 있으므로 이 사건 건물에서 퇴거할 의무가 있다 할 것입니다.

원고들이 통고문을 통해 협의 및 이행을 요구하였으나 이에 응하지 않고 있습니다. (갑 제6호증 내용증명)

따라서 원고들은 청구취지 기재와 같은 판결을 구하기에 이른 것입니다. 귀원께서 널리 살펴 신속하게 위 청구취지대로 인용하여 주실 것을 간곡히 요청하는 바입니다.

## 입 증 방 법

1. 갑 제1호증 등기사항전부증명서
2. 갑 제2호증 현장사진
3. 갑 제3호증 지적도(위치)
4. 갑 제4호증 감정평가서
5. 갑 제5호증 집행관 현황조사서
6. 갑 제6호증 내용증명

## 첨 부 서 류

1. 별지목록(부동산 도면 표시ㄱ,ㄴ,ㄷ)
2. 별지목록(부동산의 표시)
3. 토지대장

2022.02.09

원고 이

법원 귀중

# 소취하서

사 건 2022가단[redacted] 건물등철거 [담당재판부:민사제6단독]

원 고 이[redacted]

피 고 강[redacted]

이 사건에 관하여 원고는 소를 전부 취하합니다.

2022.02.24

원고 이[redacted]

[redacted]법원 귀중

◇ 유의사항 ◇

1. 소취하 효과가 발생하면 민사소송 등 인지법 제14조에 따라 소장에 붙인 인지액의 1/2에 해당하는 금액(인지액의 2분의 1에 해당하는 금액이 10만원 미만이면 인지액에서 10만원을 빼고 남은 금액)의 환급을 청구할 수 있습니다. 다만, 이미 제출한 소송 등 인지의 납부서에 환급계좌를 기재한 경우에는 환급청구가 있는 것으로 봅니다.

2. 연락처란에는 언제든지 연락 가능한 전화번호나 휴대전화번호를 기재하고, 그 밖에 팩스번호, 이메일 주소 등이 있으면 함께 기재하기 바랍니다.

# 임장이 힘든 임야의 다양한 정보 분석 방법

## | 임야, 토지 지분공매 물건, 묘지 |

**2021-■■■-001** 입찰시간 : 2021-11-01 10:00~ 2021-11-03 17:00 조세정리팀(☎ 1588-5321)

| 소재지 | 경상북도 예천군 은풍면 율곡리 ■■ 지도 지도 주소복사<br>(도로명주소 : ) | | | | |
|---|---|---|---|---|---|
| 물건용도 | 토지 | 감정가 | 15,866,400 원 | 재산종류 | 압류재산(캠코) |
| 세부용도 | 임야 | 최저입찰가 | (50%) 7,934,000 원 | 처분방식 | 매각 |
| 물건상태 | 낙찰 | 집행기관 | 한국자산관리공사 | 담당부서 | 대구경북지역본부 |
| 토지면적 | 6,611㎡ (1999.827평) | 건물면적 | | 배분요구종기 | 2021-09-13 |
| 물건상세 | 임야 6,611㎡ | | | | |
| 위임기관 | 동청주세무서 | 명도책임 | 매수인 | 조사일자 | 0000-00-00 |
| 부대조건 | | | | | |

**입찰 정보(인터넷 입찰)**

| 입찰번호 | 회/차 | 대금납부(기한) | 입찰시작 일시~입찰마감 일시 | 개찰일시 / 매각결정일시 | 최저입찰가 |
|---|---|---|---|---|---|
| 0020 | 037/001 | 일시불(30일) | 21.09.27 10:00 ~ 21.09.29 17:00 | 21.09.30 11:00 / 21.■■ 10:00 | 15,867,000 |
| 0020 | 038/001 | 일시불(30일) | 21.10.04 10:00 ~ 21.10.06 17:00 | 21.10.07 11:00 / 21.■■ 10:00 | 14,281,000 |
| 0020 | 039/001 | 일시불(30일) | 21.10.11 10:00 ~ 21.10.13 17:00 | 21.10.14 11:00 / 21.■■ 10:00 | 12,694,000 |
| | | | | | 낙찰 : 9,230,000원 (116.33%) |
| 0020 | 040/001 | 일시불(30일) | 21.10.18 10:00 ~ 21.10.20 17:00 | 21.10.21 11:00 / 21.■■ 10:00 | 11,107,000 |
| 0020 | 041/001 | 일시불(30일) | 21.10.25 10:00 ~ 21.10.27 17:00 | 21.10.28 11:00 / 21.■■ 10:00 | 9,521,000 |
| 0020 | 042/001 | 일시불(30일) | **21.11.01 10:00 ~ 21.11.03 17:00** | 21.11.04 11:00 / 21.■■ 10:00 | **7,934,000** |
| | | | | | 낙찰 : 9,230,000원 (116.33%) |

출처 : 옥션원

임야 지분공매 물건으로 공유지분권자가 총 2명뿐이고 전체면적이 50,380㎡으로 30,000㎡ 이상인 점과 산지에 묘지가 여러 개 있으므로 낙찰받는다면 상대방과 충분히 협의가 가능할 것이라고 판단했다. 이 물건을 입찰한 가장 큰 이유는 협의가 가능하다는 판단도 있지만 사실은 지도상 위도가 대전, 세종보다 높고, 토지 주소지 명칭인 '율곡리'가 마음에 들어서였다면 독자들이 웃음을 지을지 궁금하다.

**지도상 토지 위치**

출처 : 카카오맵

실제 공매 물건 주소지는 거리가 너무 멀어 임장을 가기 힘들었다. 따라서 실제 현황을 통한 가치 분석을 하지 못하기 때문에 최대한 다른 방식으로 특히, 인터넷으로 물건에 대해 다방면으로 분석을 해야 한다. 다음과 같이 여러 인터넷 사이트를 이용해서 임야를 분석하며 알아낸 많은 정보를 토대로, 필요한 정보를 스크리닝하고 더 깊이 분석해서 입찰 여부를 결정해야 한다. 낙찰이 된다는 가정하에 어떠한 정보를 토대로 어떤 방식으로 상대방과 협의를 하고 만약 협의가 안 된다면 다음 진행은 어떻게 할지도 미리 고려해서 최종적으로 입찰 여부를 결정해야 할 것이다.

## 소유 지분 현황과 등기부상 채권

1. **소유지분현황 ( 갑구 )**

| 등기명의인 | (주민)등록번호 | 최종지분 | 주 소 | 순위번호 |
|---|---|---|---|---|
| 박 (공유자) | -******* | 4580분의 601 | 서울 강남구 | 2 |
| 우 (공유자) | -******* | 4580분의 3979 | 대전광역시 | 3 |

2. **소유지분을 제외한 소유권에 관한 사항 ( 갑구 )**

| 순위번호 | 등기목적 | 접수정보 | 주요등기사항 | 대상소유자 |
|---|---|---|---|---|
| 4 | 가압류 | 2019년11월6일 제17449호 | 청구금액 금8,974,732 원<br>채권자 서울보증보험주식회사 | 박 |
| 5 | 압류 | 2020년5월18일 제6593호 | 권리자 국 | 박 |
| 5-1 | 공매공고 | 2021년8월13일 제11924호 | | 박 |

3. **(근)저당권 및 전세권 등 ( 을구 )**
 - 기록사항 없음

## 임야에 대한 다양한 정보 분석

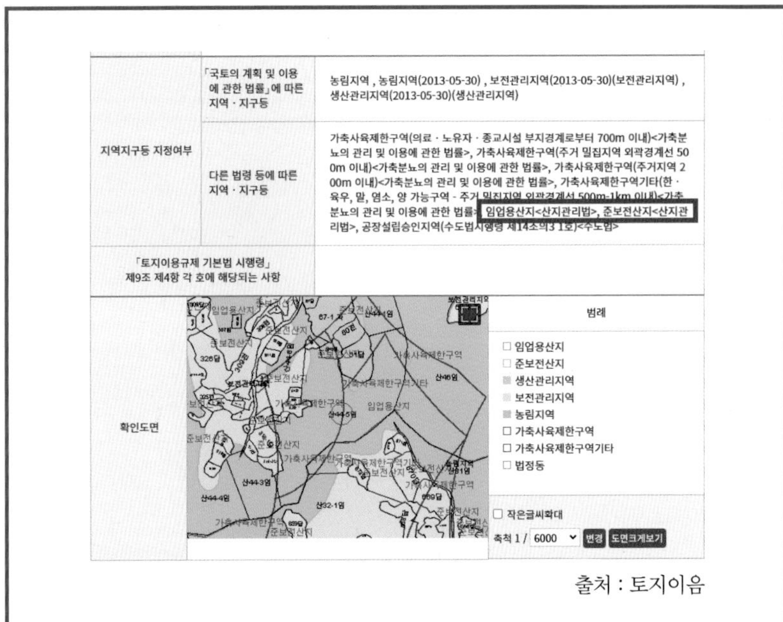

| 지역지구등 지정여부 | 「국토의 계획 및 이용에 관한 법률」에 따른 지역 · 지구등 | 농림지역 , 농림지역(2013-05-30) , 보전관리지역(2013-05-30)(보전관리지역) , 생산관리지역(2013-05-30)(생산관리지역) |
|---|---|---|
| | 다른 법령 등에 따른 지역 · 지구등 | 가축사육제한구역(의료 · 노유자 · 종교시설 부지경계로부터 700m 이내)<가축분뇨의 관리 및 이용에 관한 법률>, 가축사육제한구역(주거 밀집지역 외곽경계선 500m 이내)<가축분뇨의 관리 및 이용에 관한 법률>, 가축사육제한구역(주거지역 200m 이내)<가축분뇨의 관리 및 이용에 관한 법률>, 가축사육제한구역기타(한 · 육우, 말, 염소, 양 가능구역 - 주거 밀집지역 외곽경계선 500m-1km 이내)<가축분뇨의 관리 및 이용에 관한 법률>, 임업용산지<산지관리법>, 준보전산지<산지관리법>, 공장설립승인지역(수도법시행령 제14조의3 1호)<수도법> |
| 「토지이용규제 기본법 시행령」 제9조 제4항 각 호에 해당되는 사항 | | |
| 확인도면 | | 범례<br>임업용산지<br>준보전산지<br>생산관리지역<br>보전관리지역<br>농림지역<br>가축사육제한구역<br>가축사육제한구역기타<br>법정동<br>작은글씨확대<br>축척 1 / 6000 변경 도면크게보기 |



출처 : 토지이음

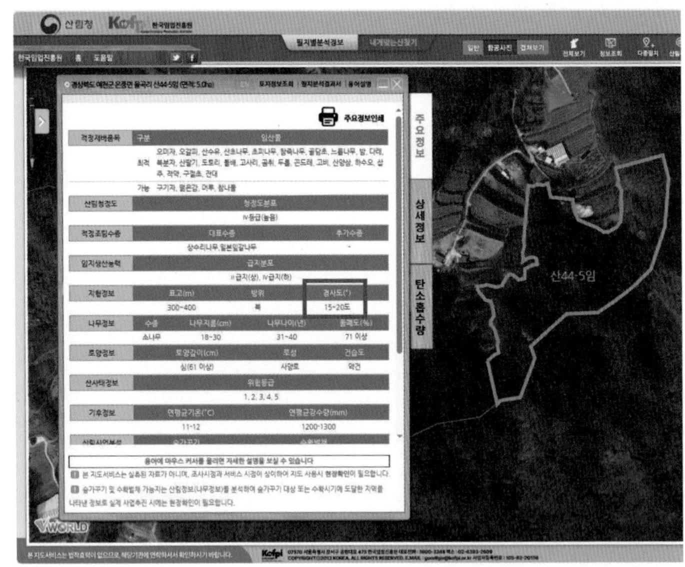


출처 : 임업정보 다드림

**3. 형태 및 이용상태**

북하향·북동하향·북서하향경사지대내의 부정형 토지로서 '대부분 자연림 및 하단일부 농경지'로 이용 중임.

**4. 인접 도로상태**

임야도상 맹지이나 본건지상으로 폭 약2.5미터의 콘크리트 포장 및 비포장임도가 개설되어 있음.

출처 : 감정평가서

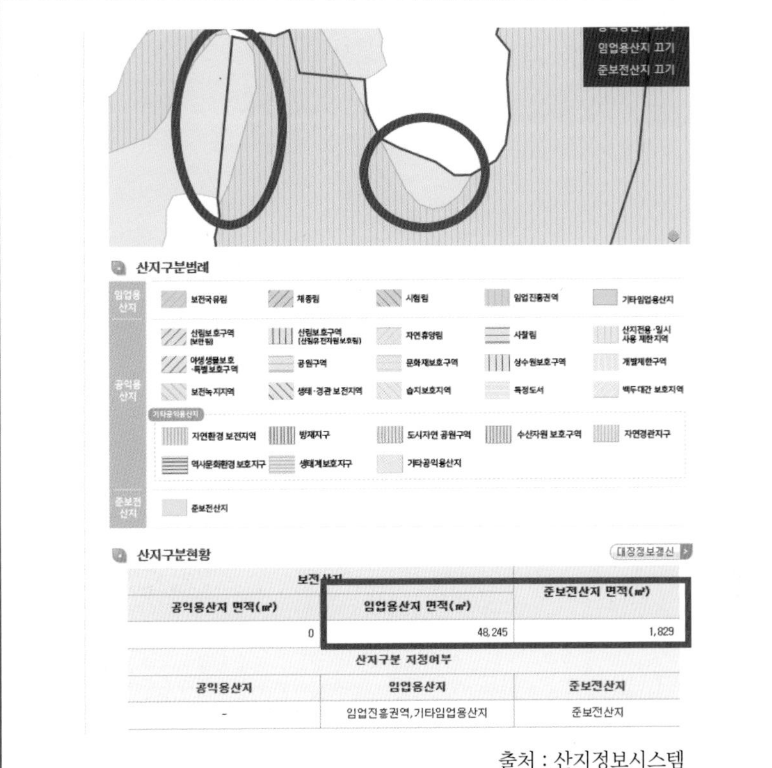


| 보전산지 | | 준보전산지 면적(㎡) |
|---|---|---|
| 공익용산지 면적(㎡) | 임업용산지 면적(㎡) | |
| 0 | 48,245 | 1,829 |

| 산지구분 지정여부 | | |
|---|---|---|
| 공익용산지 | 임업용산지 | 준보전산지 |
| - | 임업진흥권역,기타임업용산지 | 준보전산지 |

출처 : 산지정보시스템

**제18조(개발행위허가의 기준)** 영 제56조제1항의 별표1의2 제1호에 따라 군수는 다음 각 호의 요건을 모두 갖춘 토지에 한하여 개발행위를 허가할 수 있다. <개정 2010.12.31., 2019. 11. 11.>

1. 역사적・문화적・향토적 가치가 없고, 원형보전의 필요성이 없는 경우
2. 도시생태계 보전가치 1등급(비오톱 현황조사에 의하여 대상지 전체에 대하여 절대보전이 필요한 지역을 말한다) 및 2등급(비오톱 현황조사에 의하여 대상지 전체에 생태계보전을 우선하여야 하는 지역을 말한다)이 아닌 토지
3. 「야생생물 보호 및 관리에 관한 법률」 제2조제2호에 따른 멸종위기 야생생물 및 국제적 멸종위기종이 자생하지 않거나, 생물종(生物種) 다양성이 풍부한 습지 등과 연결되어 생태보전이 필요한 경우 외의 지역
4. 녹지지역, 생산관리지역, 보전관리지역, 농림지역, 자연환경보전지역으로서 우량농지 등으로 보전가치가 없는 경우
5. 지정된 보호수의 보전에 필요한 주변지역에 해당되지 않는 경우
6. 녹지지역, 생산관리지역, 보전관리지역, 농림지역, 자연환경보전지역으로서 조수류 등이 집단적으로 서식하지 않거나 수목이 집단적으로 생육하지 않는 경우
7. 공원・개발제한구역 등에 인접한 지역으로서 토지의 형질변경 등의 행위로 인하여 주변의 경관・환경의 훼손이 적은 지역
8. 평균경사도가 25도 미만인 토지(경사도 산정 세부기준은 「산지관리법 시행규칙」 별표 1의3에 따른다). 다만, 평균경사도가 25도 이상인 토지에 대해서는 군계획위원회의 자문을 거쳐 허가할 수 있다.<개정 2012.10.12, 2015.3.5., 2019. 11. 11.>
9. 임상은 「산지관리법 시행령」 제20조제4항에 위배되지 않는 범위에서의 지역
10. 토석채취량이 3천세제곱미터 미만일 경우 진입도로 폭은 개발행위허가운영지침에도 불구하고 3미터 이상으로 할 수 있다. <신설 2015.11.26.>

출처 : 자치법규정보시스템

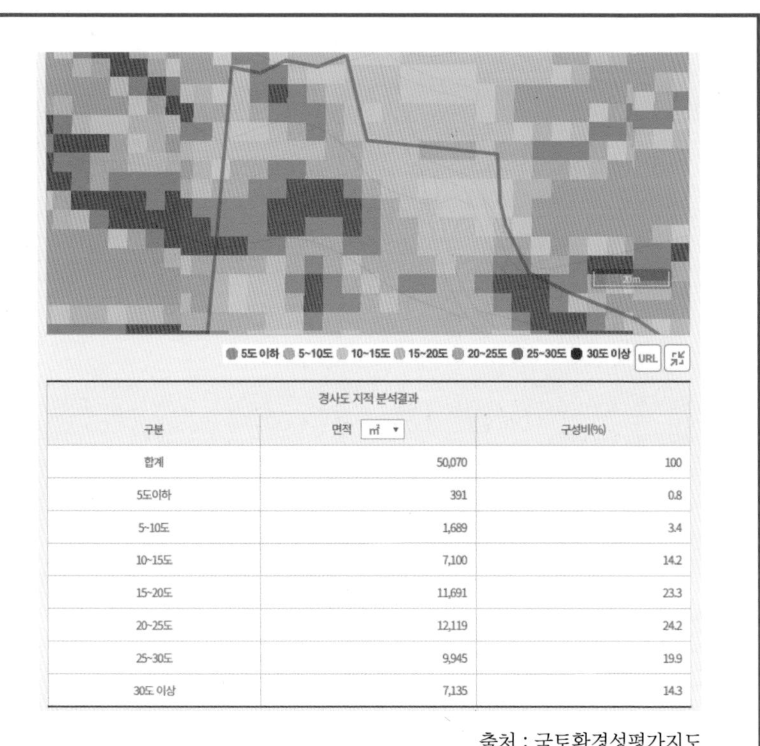


| 경사도 지적 분석결과 | | |
|---|---|---|
| 구분 | 면적 ㎡ | 구성비(%) |
| 합계 | 50,070 | 100 |
| 5도이하 | 391 | 0.8 |
| 5~10도 | 1,689 | 3.4 |
| 10~15도 | 7,100 | 14.2 |
| 15~20도 | 11,691 | 23.3 |
| 20~25도 | 12,119 | 24.2 |
| 25~30도 | 9,945 | 19.9 |
| 30도 이상 | 7,135 | 14.3 |

출처 : 국토환경성평가지도

낙찰을 받은 후 내용증명을 보내니 다행히 상대방으로부터 연락이 왔다. 다음의 왼쪽 사진에서 상대방은 파란색 부분을 현물분할로 요구했으나 노란색 부분이 임야의 입구이기 때문에 당연히 필자는 노란색 동그라미 부분을 현물분할로 원한다고 요구했다. 필자의 입장에서는 당연히 현물분할보다는 경매를 통한 현금분할이 좋고, 현금분할보다는 상대방이 내 지분을 매수하는 것이 가장 좋은 시나리오기 때문에 당연히 상대방의 현물분할 요구를 수용할 수는 없었다. 오른쪽 사진은 필자가 지도상에서 최대한 찾아낸 묘지의 위치이고, 실제로는 묘지가 더 있다는 상대방의 설명이 있었다.

지도상 현물분할의 위치와 묘지의 위치

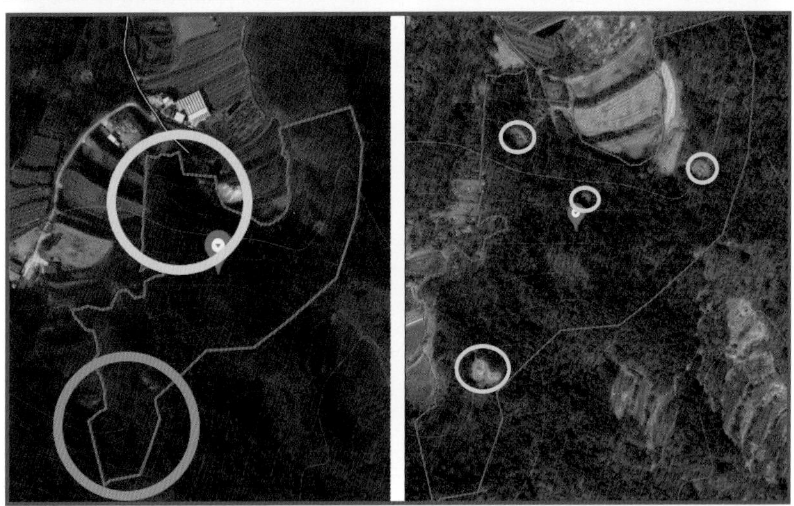

출처 : 카카오맵

협의를 진행하는 동안 상대방은 필자가 채무자의 토지를 낙찰받았고, 채무자가 소유했던 토지 위치가 파란색 부분이므로 계속해서 그 부분을 현물분할 해가라는 요청을 해왔다.

상대방의 현물분할 위치 요청 문자 내용

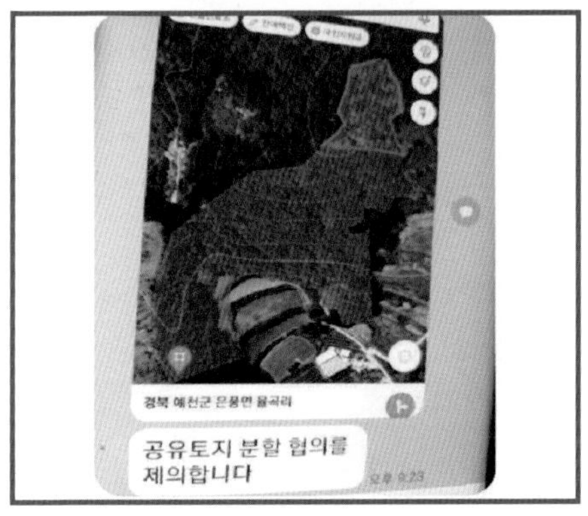

이에 필자는 법원에서 그러한 내용이 없었고, 만약 경매 전에 지분의 위치를 확정했다면 분할을 했을 것이라는 의견을 전달했다. 상대방의 의견은 아전인수 격이라는 말은 속으로 삼키며, 지속적으로 노란색 부분을 가져가고 싶다는 의견을 제시했다. 또한 노란색 부분의 입구는 같이 사용해도 된다는 약정서를 써줄 수 있고, 아니면 입구 부분은 반씩 소유하도록 도면을 작성해서 현물분할을 하자는 제안, 그리고 만약 묘지가 있다면 지료를 내야 한다는 말도 덧붙였다. 여러 가지 제안을 하면서 결국 협의가 안 되면 경매를 통해서 자기지분만큼 배당을 받아가는 현금분할을 해달라는 소송을 진행할 수밖에는 없다고 몇 번 이야기를 했고, 결국 상대방으로부터 먼저 협의를 하자는 제안이 왔다. 그렇게 깔끔하게 협의를 승낙하며 빠른 시일 내에 수익을 얻고 처리(매매)를 완료한 물건이다.

## Tip 6 . 지분 투자를 통한 수익 창출 방법

지분 투자를 통해 수익을 얻는 방법은 다음과 같다.

1. 내 지분을 상대방이 사는 방법(투자자들이 가장 선호)

2. 상대방의 지분을 내가 사는 방법
   - 지분 전체를 소유해 전체 매매나 건축 등을 통해서 수익을 얻는 방법
   - 공유자가 많은 경우, 계속해서 공유자의 지분을 낮은 금액으로 매수하는 방법

3. 서로 매수하는 방법이 모두 싫다면 공동으로 매매(처분)하는 방법
   - 인근 부동산 중개사무소에 매매 중개의뢰를 하는 방법
     소송을 진행하면서도 이 방법을 사용할 수 있다.

4. 서로 협의해서 현물분할 하는 방법
   - 전체가 큰 면적이고 도로에 접하는 면적이 길어야 가능한 방법이며 가장 깔끔하게 마무리가 된다.
   - 위치가 좋지 않은 곳을 분할해가는 대신에 면적을 더 받는 방법

5. 위 모든 방법이 어렵다면 공유물분할소송으로 판결 받고 형식적 경매 신청을 하는 방법(현금분할)
   ◆ 공유지분권자는 공유자우선매수 할 수 없다.
   - 유찰이 되고 수익이 가능한 가격에는 내가 직접 전체를 낙찰받는 방법
   - 제3자가 낙찰받은 후, 각자의 지분만큼 배당으로 수익을 얻는 방법
   - 가등기

6. 부당이득금반환청구 소송을 통한 해결 방법, 타 지분경매 신청
   ◆ 공유지분권자는 공유자우선매수 할 수 있다.
   - 상대방이 부당이득금반환을 매월 부담하는 것 보다는 매매를 하게끔 하는 방법
   - 타 공유자의 지분을 경매 신청해서 공유자우선매수를 통해 저가로 낙찰받는 방법(우선매수권을 이용해서 낮은 금액으로 낙찰을 받을 수는 있으나 시간이 많이 걸린다는

단점이 있다.)

7. 지분 매수 후 타 공유 지분이 경매나 공매로 매각되는 경우에 공유자우선매수권을 사용해서 낮은 가격으로 낙찰받는 방법

8. 소유권이전청구권가등기

9. 처분금지가처분

10. 기타

# 묘지만 수십 개, 임야 지분의 공유자 매매를 통한 수익 실현

## | 임야, 토지지분 매각, 묘지 |

**2015**타경

| 소재지 | 경상남도 창녕군 도로명검색 지도 지도 지도 주소 복사 | | |
|---|---|---|---|
| 물건종별 | 임야 | 감정가 | 24,263,000원 |
| 토지면적 | 전체: 3831㎡(1158.88평)<br>지분: 1277㎡(386.29평) | 최저가 | (26%) 6,360,000원 |
| 건물면적 | | 보증금 | (20%) 1,272,000원 |
| 매각물건 | 토지지분매각(제시외기타 포함) | 소유자 | 강○○ |
| 개시결정 | 2015-05-21 | 채무자 | 강○○ |
| 사건명 | 강제경매 | 채권자 | |

오늘조회: 1 2주누적: 0 2주평균: 0 조회동향

| 구분 | 매각기일 | 최저매각가격 | 결과 |
|---|---|---|---|
| | 2017- | 24,263,000원 | 변경 |
| | 2017- | 24,263,000원 | 변경 |
| 1차 | 2019- | 24,263,000원 | 유찰 |
| 2차 | 2019- | 19,410,000원 | 유찰 |
| 3차 | 2019- | 15,528,000원 | 유찰 |
| 4차 | 2019- | 12,422,000원 | 유찰 |
| 5차 | 2019- | 9,938,000원 | 유찰 |
| 6차 | 2019- | 7,950,000원 | 유찰 |
| 7차 | 2019- | 6,360,000원 | 매각 |
| 매각 7,388,000원(30.45%) / 2명 / 미납<br>(차순위금액:7,366,000원) | | | |
| 8차 | 2019-12-23 | **6,360,000원** | |
| 매각 : 7,561,000원 (31.16%) | | | |
| (입찰2명,매수인:<br>차순위금액 6,700,000원) | | | |
| 매각결정기일 : 2019. - 매각허가결정 | | | |
| 대금지급기한 : 2020.01.31 | | | |
| 대금납부 2020.01.31 / 배당기일 2020.03.09 | | | |
| 배당종결 2020.03.09 | | | |

본건

출처 : 옥션원

토지 지분 물건(3분의 1)으로 지목이 임야인 경매 물건이다. 토지의 용도지역이 준보전산지이며 폭 3m의 콘크리트 국유지 포장도로에 접하고 있다. 경사도가 15~20°로 좋은 임야로 판단되며 전 낙찰자들의 잔금 미납 사유는 정확히 알 수 없지만 아마 지분 물건 해결이 어렵거나 다른 개인적인 사유였을 것이고, 물건을 처리(협의, 매매 등)하는 데 있어서는 아무런 문제가 없는 것으로 판단됐다. 또한 묘지가 수십 개 있었지만 이것이 결국 협상의 단서가 될 것이라 판단해서 낙찰을 받았다. 많이 유찰된 것도 장점이었고 무엇보다 감정평가의 기준시점이 2015년 6월 1일이고, 매각일은 약 4년이 지난 2019년이었기에 매각금액이 저감되어 있는 것이나 마찬가지니 이보다 큰 장점은 없을 것이다.

### 현장 묘지 사진과 토지이용계획

| | | |
|---|---|---|
| 지역지구등 지정여부 | 「국토의 계획 및 이용에 관한 법률」에 따른 지역 · 지구등 | 계획관리지역 , 성장관리계획구역(대합11(혼합형)) |
| | 다른 법령 등에 따른 지역 · 지구등 | 가축사육제한구역(2022-12-12)(모든축종 제한)<가축분뇨의 관리 및 이용에 관한 법률>, 가축사육제한구역(2022-12-12)(소 말 사슴 양 사육가능)<가축분뇨의 관리 및 이용에 관한 법률>, 준보전산지<산지관리법> |

## 감정평가서의 기준시점일과 임야 정보

### (토지)감정평가표

이 감정평가서는 감정평가에 관한 법규를 준수하고 감정평가이론에 따라 성실하고 공정하게 작성하였기에 서명날인합니다.

감 정 평 가 사 (인)

| 감정평가액 | 一金이천사백이십육만삼천원整 (\24,263,000.-) | | |
|---|---|---|---|
| 의 뢰 인 | 사법보좌관 | 감정평가목적 | 법원경매 |
| 채 무 자 | - | 제 출 처 | 경매1계 |
| 소유자 (대상업체명) | 강 (2015타경 ) | 기 준 가 치 | 시장가치 |
| | | 감정평가조건 | - |
| 목 록 표 시 근 거 | 귀 제시목록 | 기 준 시 점 | 조 사 기 간 / 작 성 일 |
| | | 2015.06.01 | 2015.05.29~2015.06.01 / 2015.06.02 |

| | 공부(의뢰) | | 사정 | | 감정평가액 | |
|---|---|---|---|---|---|---|
| | 종 류 | 면적(㎡) 또는 수량 | 종 류 | 면적(㎡) 또는 수량 | 단 가 | 금 액 |
| 감 | 토지 | 3,831x 1/3 | 토지 | 1,277 | 19,000 | 24,263,000 |

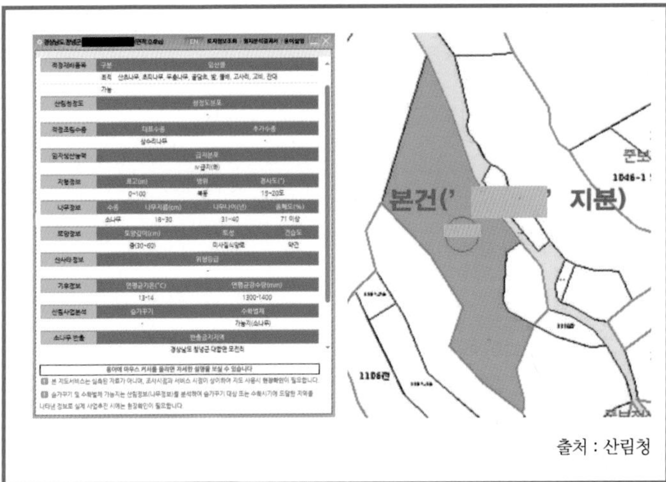


출처 : 산림청

## 창녕군계획 조례의 개발행위허가의 기준

**제18조(개발행위허가의 기준)** 영 별표 1의2 제1호가목(3)의 "도시·군계획 조례로 정하는 기준"이란 다음 각 호를 말한다. 다만, 제21조 및 제23조에 따라 개발행위를 허가하는 경우에는 적용하지 아니 한다.

1. 토지의 경사도 및 임상 산정방법은 「국토의 계획 및 이용에 관한 법률 시행규칙」 제10조의2에 따른다.
2. 비탈면과 비탈면의 기울기는 「산지관리법 시행규칙」 별표 1의3 제1호와 제2호에 따른다.
3. 경사도는 형질변경이 되는 부지의 최대폭의 2배 거리만큼 정상부방향으로 수평투영한 지점에 해당하는 원지반까지의 25도 이하여야 하며 「산지관리법 시행규칙」 별표 1의3 제2호에 따른다.
4. 표고는 「산지관리법 시행규칙」 별표 1의3 제3호에 따른다.
5. 입목축적은 「산지관리법 시행규칙」 별표 1의3 제4호에 따른다.
6. 입목의 경우 영급은 5영급이하, 경급(직경급)은 대경목이하 이어야 하며, 「산지관리법 시행규칙」 별표 1의3 제4호와 제6호에 따른다.

낙찰을 받고 상대방인 2명의 공유자들에게 연락을 하니, 한 분이 연락이 와서 지분을 매수하겠다는 의향을 내비쳤다. 좋은 물건이라고 판단했는데 결국 상대방도 좋은 물건이라고 생각해서 매수를 하는 것이리라. 하지만 매수를 하겠다는 의사를 표현한 후에는 별다른 진척이 없었다. 자신들도 만나서 의논을 해야 하지만 코로나 이슈로 만남이 어려워 더 기다려 달라는 요청만 해왔다. 현물분할에 대한 이야기도 나눴는데 필자가 도로를 끼고 길게 지분을 가져가겠다고 하니, 당연히 상대방도 이런 분할을 원하지 않기에 다른 분할을 요구했다. 그러나 묘지가 많아 어디를 분할하더라도 문제가 있어, 현물분할은 현실적으로 어려웠다.

계속해서 기다릴 수 없어 다시 한번 내용증명을 보내니 이번에는 다른 분에게 연락이 와서 매수를 하겠다고 했다. 하지만 이분도 매수하겠다는 의향을 내비치고는 또다시 연락이 되지 않았다. 협의에 진전이 없으니 부득이 공유물분할청구의소를 접수했다. 첫 변론기일 며칠 전에 피고가 제출한 답변서 내용에는 크게 반박할 것이 없어 준비서면은 제출하지 않고 변론기일에 참석했다. 변론기일에 만난 상대방에게 원래 협상한 매매거래 금액보다 낮춘 금액을 제시했고, 이에 협상이 성사되어 매매를 완료했다. 결국 협상가격의 문제였음을 알 수 있었다.

## 내용증명(매입의뢰서)

### 공유지분권자 통고서(매입의뢰서)

To. 강▒▒, 강▒▒ 선생님께~!

1. 귀하의 가정에 행복이 가득하길 기원 드립니다.
2. 본인은 경남 창녕군 ▒▒▒▒▒▒의 지분소유자(▒▒▒)의 대리인으로서 해당토지의 지분권자인 선생님께 다음과 같은 사항을 알리며 협의를 하고자 하니 모쪼록 협의를 부탁드립니다.
토지 소유자였던 강▒▒님 지분(1277㎡)을 매수하였습니다.

선생님의 소유한 지분을 매입하고자 하오니 검토 하신 후 매도 의향이 있으시거나 궁금한 점이 있으시면 연락 부탁드립니다.
(등기부등본상에 나오는 주소지를 확인하여 의뢰서를 보냅니다.)

| 1. 위 토지를 지분으로 가지고 있으므로 사용, 수익, 처분이 어려운 상황입니다.<br>따라서 선생님의 소유한 지분을 매입하고자 하오니 검토 하신 후 매도 의향이 있으시거나 궁금한 점이 있으시면 연락 부탁드립니다. |
|---|

3. 연락부탁드립니다.

2020. 3. 4.

발송인 :
수취인 :

공유물분할 소장

# 소 장

원 고

피 고

공유물분할 청구의 소

## 청 구 취 지

1. 별지목록 기재 부동산을 경매에 부쳐 그 매각대금에서 경매비용을 공제한 나머지 금액을 별지목록 기재 각 공유지분의 비율에 따라 분할하여 원고 이 및 피고 강 , 강 에게 각 분배하라.
2. 소송비용은 피고들이 부담한다.
3. 위 제1항은 가집행 할 수 있다.
   라는 판결을 구합니다.

## 청 구 원 인

1. 별지목록 기재 부동산의 3분의 1에 대해서 원고는 창원지방법원 밀양지원에서 진행된 부

제경매 2015타경[redacted]사건에서 2019년12월23일 낙찰 받아 2020년1월31일 잔금을 납부하고 소유권이전등기를 마친 소유자입니다.
그리고 피고들과의 사이에서 분할하지 아니한다는 특약은 하지 않고 별지목록 기재 부동산을 각 공유지분의 비율에 따라 피고들과 공유하고 있습니다.

2. 이후 원고는 피고들에 대해서 공유물에 대한 협의 및 분할을 요구하였으나(갑 제1호증 내용증명 참조) 피고들은 이에 응하지 아니한 채 이 사건 토지를 점유해서 사용, 수익하고 있습니다.

3. 원고들과 피고들 간에 분할하지 아니하기로 한 특약이 없는 이상 원고들의 청구에 의해서 언제든지 분할을 해야 할 것이나, 이 사건 토지를 현물로 분할할 경우 각 토지의 면적이 매우 협소해지고 일부 맹지 토지가 생길 수 있는 등의 이유로 토지의 효용가치가 큰 폭으로 감소될 염려가 있습니다. 또한 분할을 한다 하더라도 토지를 균등하고 공평하게 분할할 수 있을지의 문제가 있습니다.

이에 민법 제269조 규정(공유물분할의 방법)에 의거 재판에 의한 분할방법은 현물분할이 원칙이나 다만 현물로 분할할 수 없거나 분할로 인행서 현저히 그 가액이 감손될 염려가 있을 때 한해서 재판상 분할이 허용되므로
원고는 피고들과의 이 사건 부동산의 공유관계를 청산하고자 청구취지와 같은 형태의 공유물분할 판결을 구하기에 이른 것이오니, 귀원께서 널리 살펴 신속하게 위 청구취지대로 인용하여 주실 것을 간곡히 요청하는 바입니다.

## 입 증 방 법

1. 갑 제1호증 내용증명(통고서)
2. 갑 제2호증 도로 접하는 토지부분
3. 갑 제3호증 감정평가서
4. 갑 제4호증 토지등기부등본
5. 갑 제5호증 토지대장

## 첨 부 서 류

1. 별지목록(부동산표시, 공유지분율)

4. 신분관계증명서류

2020.10.18

원고 [redacted]

[redacted] 귀중

## 상대방의 답변서

**<답변서 요약표>**

| 구분 | 피고의 의견 요약 (해당 란에 ☑ 표시) |
|---|---|
| 1. 원고의 주장에 대하여 | ☐ 전부 인정<br>☑ 일부 다툼<br>(답변의 요지 : 내용증명등 통보 받은적 없음. )<br>☑ 전부 다툼<br>(답변의 요지 : 일방적인 통보로 정신적충격받음) |
| 2. 화해1)·조정2) | ☑ 희망함<br>☐ 희망 않음 |
| 3. 소송요건 흠결 유무 | ☐ 관할 위반 주장<br>☐ 이송 신청<br>☐ 기타 소송요건 흠결( )<br>☐ 해당 없음 |
| 작성자<br>(연락처 | 2021. . .<br>(인)<br>) |

※ 이 <답변서 요약표>의 1항 내지 3항의 해당 항목에 ☑ 표시를 한 다음, 답변서의 표지 다음 장(표지가 없는 경우에는 맨 앞장)에 붙여서 제출하시기 바랍니다.

No. 접수 2021. 02. 22 창원지방법원 밀양지원

우편제출

1) 소송상 화해라 함은 소송의 계속 중에 수소법원·수명법관 또는 수탁판사 앞에서 당사자가 소송물인 권리 또는 법률관계에 관하여 상호 그 주장을 양보함에 의하여 다툼을 해결하는 소송상 합의를 말합니다.

2) 민사조정제도란 민사에 관한 분쟁에 있어서 중립적인 제3자가 당사자의 동의를 얻어 당사자가 쉽게 협상할 수 있도록 도와주는 분쟁해결방법으로서, 법원은 특별한 사정이 없는 한 다툼 있는 사건에 대하여 소송절차의 어느 단계에서든 1회 이상 조정에 회부하는 것을 원칙으로 하고 있습니다.

# 지분 물건 투자 시 상대방 사망과 상속지분율 변화 추적 방법

## | 임야, 지분 물건, 선순위가처분, 상대방 사망 |

**2020**타경[redacted] • 창원지방법원 진주지원 • 매각기일 : **2021.12.23(木) (10:00)** • 경매 2계(전화:055-760-3252)

| 소재지 | 경상남도 사천시 사남면 화전리[redacted] 도로명검색 지도 지도 지도 주소 복사 | | |
|---|---|---|---|
| 물건종별 | 임야 | 감정가 | 101,496,400원 |
| 토지면적 | 전체: 82017㎡(24810.14평)<br>지분: 14912.18㎡(4510.93평) | 최저가 | (17%) 17,028,000원 |
| 건물면적 | | 보증금 | (10%) 1,702,800원 |
| 매각물건 | 토지지분매각 | 소유자 | 노○○ |
| 개시결정 | 2020-03-27 | 채무자 | 노○○ |
| 사건명 | 강제경매 | 채권자 | (주)케이알씨 |

오늘조회: 1 2주누적: 1 2주평균: 0 조회동향

| 구분 | 매각기일 | 최저매각가격 | 결과 |
|---|---|---|---|
| | 2021-[redacted] | 101,496,400원 | 변경 |
| 1차 | 2021-[redacted] | 101,496,400원 | 유찰 |
| 2차 | 2021-[redacted] | 81,197,000원 | 유찰 |
| 3차 | 2021-[redacted] | 64,958,000원 | 유찰 |
| 4차 | 2021-[redacted] | 51,966,000원 | 유찰 |
| 5차 | 2021-[redacted] | 41,573,000원 | 유찰 |
| | 2021-[redacted] | 33,258,000원 | 변경 |
| 6차 | 2021-[redacted] | 33,258,000원 | 유찰 |
| 7차 | 2021-[redacted] | 26,606,000원 | 유찰 |
| 8차 | 2021-[redacted] | 21,285,000원 | 유찰 |
| 9차 | 2021-[redacted] | **17,028,000원** | |

매각 : 18,300,000원 (18.03%)

(입찰5명,매수인:[redacted])

매각결정기일 : 2022.[redacted] - 변경

매각결정기일 : 2021.[redacted] - 매각허가결정

대금지급기한 : 2022.02.03

대금납부 2022.01.13 / 배당기일 2022.02.17

배당종결 2022.02.17

출처 : 옥션원

지목이 임야인 토지 지분 물건(2필지)이며 선순위가처분(매매를 원인으로 한 소유권이전등기청구권)이 있는 경매 물건으로 공유지분권자가 총 9명이며 이 중 8명의 주민등록번호가 없는 것으로 확인되는 등의 권리분석 결과, 여러 번 유찰이 될 것이라고 판단했다.

필자의 입장에서는 지분 물건이라 좋고, 선순위가처분은 해결이 가능하다고 판단했고, 주민번호가 없는 공유자들로 인해 문제가 생길 여지가 많았지만 지금까지의 경험과 노하우로 충분히 해결이 가능하리라 판단했다. 따라서 최종적으로 낙찰이 된다면 수익을 얻을 수 있는 물건이라고 생각해 입찰에 참여했다. 또한 전체면적이 30,000㎡ 이상이며 매각면적이 약 15,000㎡인 것도 장점이며, 가장 큰 메리트는 유찰이 상당히 많이 됐다는 점이었다.

**현황사진**

다음의 토지등기부에서 보이는 한국전력공사의 철탑 지상권은 아무런 문제가 없다. 임야에는 이런 한전의 지상권이 많은 편이고 전혀 문제되지 않는다. 다만 '선하지'가 되므로 토지의 가치가 낮아지고, 건축거리에 제한이 생기는 등의 영향을 미친다는 것을 알아두자.

## 등기부상 지상권과 가처분

• 토지등기부

| No | 접수 | 권리종류 | 권리자 | 채권금액 | 비고 |
|---|---|---|---|---|---|
| 1(갑1) | 1979.11.08 | 소유권이전(상속) | 강○○ | | 재산상속, 6/33 |
| 2(을1) | 1999.05.03 | 지상권 | 한국전력공사 | 범위:토지의 북쪽 철탑부지 154㎡, 존속기간:철탑 및 송전선이 존속하는 기간, 지료:4,798,760원 | |
| 3(갑6) | 2004.07.26 | 강○○지분가압류 | 예금보험공사 | 68,545,792원 | 말소기준등기 2004카단10371, 파산자 울산신용협동조합의 파산관재인 |
| 4(갑10) | 2020.02.21 | 강○○지분전부이전 | 노○○ | | 상속, 6/33 |
| 5(갑11) | 2020.02.27 | 노○○지분가처분 | 김○○ | 매매를 원인으로 한 소유권이전등기 청구권, 울산지방법원 2020카단294 사건검색 | |
| 6(갑14) | 2020.03.04 | 노○○지분압류 | 남구(울산광역시) | | |
| 7(갑15) | 2020.03.27 | 노○○지분강제경매 | | 청구금액: 18,837,512원 | 2020타경2570, 예금보험공사 가압류의 본압류로의 이행 |
| 8(갑20) | 2020.05.29 | 노○○지분가압류 | 김○○ | 30,000,000원 | 2020카단1001 |
| 9(갑21) | 2020.06.11 | 노○○지분가압류 | (주)국민행복기금 | 27,574,550원 | 2020카단10702 |
| 10(갑22) | 2020.06.16 | 노○○지분압류 | 중구(울산광역시) | | |
| 11(갑23) | 2020.06.19 | 노○○지분압류 | 울산광역시중구청 | | |
| 12(갑25) | 2020.12.07 | 노○○지분압류 | 남구(울산광역시) | | |

선순위 가처분도 문제가 되지 않는다.

## 법원 문건 내역과 등기부상 공유 소유지분현황

| | |
|---|---|
| 2020.06.03 | 가처분권자 김OO 권리신고 및 배당요구신청서 제출 |
| 2021.01.19 | 배당요구권자 김OO 배당배제신청 제출 |

| 등기명의인 | (주민)등록번호 | 최종지분 | 주 소 |
|---|---|---|---|
| 강 (공유자) | | 33분의 4 | 안양시 |
| 강 (공유자) | | 33분의 4 | 사천시 |
| 강 (공유자) | | 33분의 4 | 울산 |
| 강 (공유자) | | 33분의 1 | 사천군 |
| 강 (공유자) | | 33분의 4 | 사천시 |
| 강 (공유자) | | 33분의 4 | 울산 |
| 강 (공유자) | | 33분의 4 | 울산 |
| 노 (공유자) | -******* | 33분의 6 | 울산광 |
| 최 (공유자) | | 33분의 2 | 사천시 |

이렇게 앞의 자료처럼 공유자가 많은 경우에 누구 1명이 나서서 협의를 하면 낙찰자의 입장에서는 정말 좋은 상황일 테지만, 필자의 경험상 대표자가 나서는 경우는 많지가 않다. 이번에도 상대방 전부에게 보낸 내용증명(통고서)에는 아무런 연락이 없었으므로 부득이하게 소송을 진행했다. 공유물분할과 부당이득금반환청구소송을 진행하자 다행히 상대방 중 한 분으로부터 연락이 와서 협상을 시작했다. 참고로 부당이득금반환청구와 재판관할 및 이송에 대한 중요한 내용은 필자의 이전 책을 꼭 참고하자.

상대방과 협상을 하는 도중에 내심 분할해서 소유할까도 생각하며 도면을 작성해보니 매수한 2필지 중 도로 필지, 즉 파란색 부분의 필지를 33분의 6으로 분할하는 경우에는 분할되는 면적이 적으므로 결국 도로에 접하는 입구의 폭이 매우 좁아졌다. 토지 최소분할면적을 고려하지 않더라도 좁은 입구로 인해 토지의 가치가 낮아지므로 현금분할이 어렵다는 것을 어필했고, 조정기일에 만난 상대방도 이를 인정했다.

**2개 필지의 지목과 면적 등**

| 목록 | | 지번 | 용도/구조/면적/토지이용계획 | | ㎡당 단가 (공시지가) | 감정가 | 비고 |
|---|---|---|---|---|---|---|---|
| 토지 | 1 | [redacted] | 보전산지, 임업용산지, 농림지역, 가축사육제한구역 | 임야 14808.18㎡ (4479.47평) | 6,800원 (949원) | 100,695,624원 | ☞ 전체면적 81445㎡중 노○○지분 6/33 매각 |
| | 2 | [redacted] | 보전관리지역, 가축사육제한구역 | 도로 104㎡ (31.46평) | 7,700원 (1,280원) | 800,800원 | * 현황 임야임 ☞ 전체면적 572㎡중 노○○지분 6/33 매각 |

왼쪽의 지도와 오른쪽은 필자가 임의로 공유지분대로 분할한 지분 도면

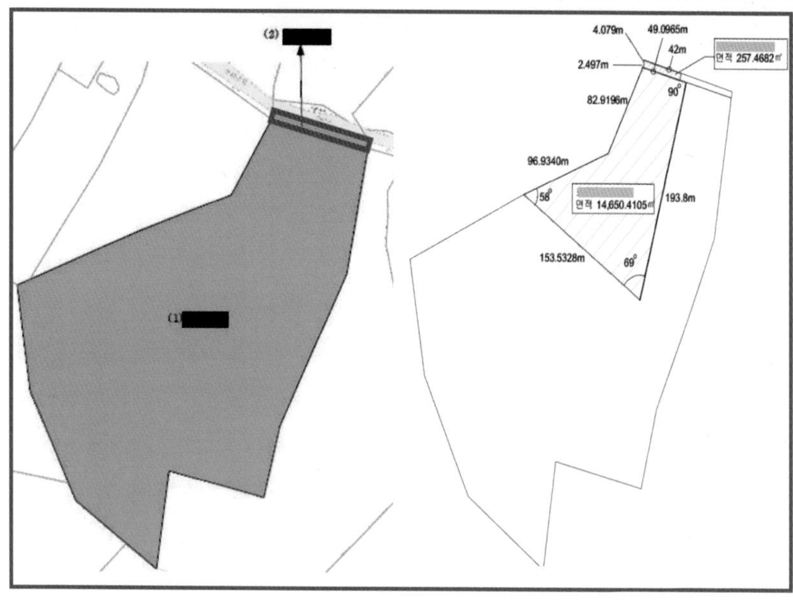


처음 조정기일에 만난 피고 측이 자신을 소개하기를 건설회사에 다니다 퇴직하고 현재 개업공인중개사라고 했다. 서로 잘 협의하자고 하면서 상대방은 자기 몸이 안 좋다고 말했었고 몇 번의 조정기일을 통해 2~3번 상대방을 만났을 때 상대방의 몸 상태가 점점 더 안 좋아지는 것을 느낄 수 있었다. 필자의 부모님도 돌아가신 지 얼마 되지 않은 시점이라 상대방의 건강이 악화되는 것을 느끼니 마음이 편치가 않았다. 따라서 처음에 생각한 금액보다 훨씬 낮은 금액으로 매매를 하자고 제의를 했고, 상대방도 이를 바로 받아들였다.

그리고 작성한 매매계약서를 문자로 보내면서 확인을 부탁하니, 매매 잔금일을 매수일 2년 후로 해달라는 필자의 요청사항에 상대방은 하루

라도 빨리 해결하고 싶다는 의견을 보내왔다. 거기에 맞춰 잔금일을 변경한 매매계약서를 다시 보내고 연락을 했는데, 갑자기 그다음부터는 연락이 닿지 않았다. 혹시 하는 생각이 들었지만 기우이길 바라면서 상대방의 연락을 기다렸으나, 그 시간이 점점 길어지면서 슬픈 생각이 결국 현실이 됐다는 것을 피고 측의 다른 분이 조정합의에 대한 이의신청을 내면서 기재한 글 내용으로 알게 됐다. 예상대로 상대방이 갑작스럽게 사망하며 모든 협의가 원점으로 돌아가게 됐다.

조정이 결렬되어 필자도 청구취지변경(부당이득금반환청구 삭제)을 통해 최종적으로 경매를 통한 현금분할로 판결이 확정됐다. 해당 물건을 낙찰받고 진행한 순서는 다음과 같다.

낙찰 ⇨ 내용증명 ⇨ 상대방 무대응 ⇨ 소송 진행 ⇨ 협의 시작 ⇨ 법원 조정 시작 ⇨ 협의 ⇨ 결렬 ⇨ 협의되어 매매계약 ⇨ 사망으로 원점 ⇨ 법원 화해권고결정 ⇨ 이의신청 ⇨ 청구취지 변경 ⇨ 판결(현금분할) ⇨ 형식적 경매 신청 ⇨ 상속대위등기, 승계집행문 ⇨ 진행 중

처음 소송을 진행한 당시에는 피고의 수가 8명이었지만 소송 도중 상대방 사망으로 판결문 확정 시에는 총 14명이었고, 소송 중에 또 다른 1명이 사망해서 상속대위등기를 필자가 직접 셀프로 신청해 최종 13명이 됐다. 지분경매 투자의 장점은 많지만, 이렇게 협의와 소송을 진행하면서 사망하는 분들이 생기므로 진행이 쉽지만은 않다는 것을 알아야 한다. 해당 물건은 최종적으로 매매 협의가 되었다가 무산되어 현금분할 판결을 받고 현재 '공유물분할에 의한 형식적 경매' 진행 중이다.

지분 물건에 투자한다면 결국 상속에 대한 이론과 상속순위, 상속지분율계산, 상속대위등기 등의 이론과 실무능력 그리고 공유물분할을 위한 형식적 경매 신청과 배당금을 계산해 손익분기가 되는 금액을 계산하는 등의 실력이 필요하고, 그 외에도 많은 지식이 필요하다.

지분 물건(경매, 공매, 매매 등)에 투자한다면 공유지분율을 정확하게 계산해야 한다. 공유자 중 누군가 사망해서 상속이 이루어졌지만 상속등기를 하지 않은 경우에는 현재의 등기사항전부증명서에 나오는 공유지분은 틀린 사항일 것이고, 시간이 지나면서 공유지분율은 계속 변할 수 있다. 따라서 이런 변화를 일목요연하게 정리하면서 지분율 계산도 필수로 해야 한다.

필자는 아래와 같이 직접 만든 상속지분율 엑셀 파일을 사용하고 있으며, 이를 통해 매우 편리하게 변화를 기록하고 있다. 아래 상속에 의한 공유지분율 변화 엑셀파일을 사용하면 보다 쉽게 소송 중에 상속에 의한 공유지분율 정리를 할 수 있고, 소송 외에도 상속대위등기를 셀프로 진행할 때도, 형식적 경매 신청에도 사용할 수 있다.

**상속지분율 엑셀 파일 양식**

| | 공유자 | 생년월일 | 공유지분 | 사망인 | 상속자명 | 관계 | 생년월일 | 공유지분 | 사망인 | 상속자명 | 관계 | 생년월일 | 최종 지분 |
|---|---|---|---|---|---|---|---|---|---|---|---|---|---|
| 원고 | | | | | | | | 189/2079 | | | | | 189/2079 |
| 원고 | | | | | | | | 189/2079 | | | | | 189/2079 |
| 피고 | | | | | | | | 252/2079 | | | | | 252/2079 |
| 피고 | | | | | | | | 252/2079 | | | | | 252/2079 |
| 피고 | | | | | | | | 252/2079 | | | | | 252/2079 |
| 피고 | | | | 상속 | | | | 21/2079 | 상속 | 사망 2022년9월16일 | | | |
| | | | | | | | | 14/2079 | | | | | 21/2079 |
| | | | | | | | | 14/2079 | | | | | 21/2079 |
| | | | | | | | | 14/2079 | | | | | 21/2079 |
| 피고 | | | | | | | | 252/2079 | | | | | 252/2079 |
| 피고 | | | | 상속 | | | | 108/2079 | | | | | 108/2079 |
| | | | | | | | | 72/2079 | | | | | 72/2079 |
| | | | | | | | | 72/2079 | | | | | 72/2079 |
| 피고 | | | | | | | | 252/2079 | | | | | 252/2079 |
| 피고 | | | | | | | | 126/2079 | | | | | 126/2079 |

## 판결문

# 판 결

사 건 2022가단[redacted] 공유물분할

원고(선정당사자) 이창석

피 고 1. 강[redacted]

안양시

13. 망 강[redacted]의 소송수계인 강[redacted]

피고 5, 12, 13의 주소 울산 북구

변 론 종 결 2023. 9. 19.

판 결 선 고 2023. 11. 7.

## 주 문

1. 별지 목록 기재 각 부동산을 경매에 부쳐 그 대금에서 경매비용을 공제한 나머지 돈을 원고(선정당사자)와 선정자 [redacted] 및 피고들에게 별지 공유지분표 기재 비율로 분배한다.
2. 소송비용은 각자 부담한다.

**청 구 취 지**

주문과 같다.

**이 유**

**1. 기초 사실**

가. 원고(선정당사자)와 선정자 ■■■ 및 피고들은 별지 목록 기재 각 부동산(이하 통틀어 '이 사건 각 토지'라 한다)을 별지 공유지분표 기재 비율로 공유하고 있다.

나. 이 사건 각 토지의 모양은 아래 그림과 같다.

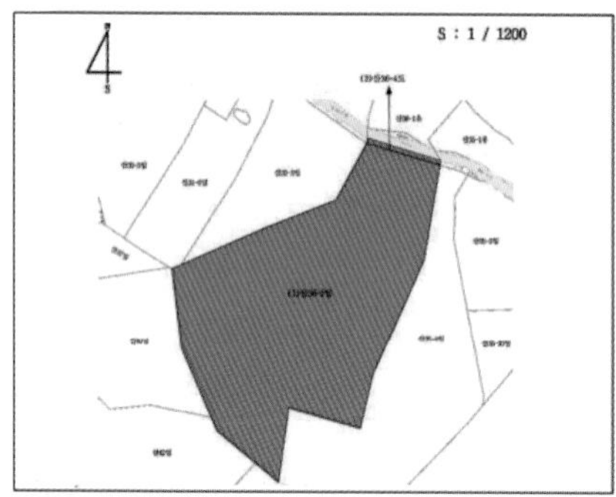


[인정 근거] 갑 제1, 2호증의 각 기재, 변론 전체의 취지

**2. 공유물분할청구에 관한 판단**

가. 공유물분할청구권의 발생

원고(선정당사자)와 선정자 ■■■ 및 피고들이 이 사건 각 토지를 부동산을 별지 공유지분표 기재와 같이 공유하는 사실은 앞서 본 바와 같고, 위 당사자들 사이에 이 사건 각 토지에 관한 공유물분할 협의가 성립되지 아니한 사실은 당사자 사이에 다툼이 없다. 따라서 이 사건 각 토지의 공유자인 원고(선정당사자)와 선정자 ■■■는 나머지 공유자인 피고들을 상대로 민법 제269조 제1항에 의하여 공유물분할을 청구할 수 있다.

나. 공유물분할의 방법

1) 재판에 의한 공유물분할은 각 공유자의 지분에 따른 합리적인 분할을 할 수 있는 한 현물분할을 하는 것이 원칙이고, 현물로 분할할 수 없거나 현물로 분할하게 되면 그 가액이 현저히 감손될 염려가 있는 때에 비로소 물건의 경매를 명하여 대금분할

을 할 수 있는 것인데, 대금분할에 있어 '현물로 분할할 수 없다'는 요건은 이를 물리적으로 엄격하게 해석할 것은 아니고, 공유물의 성질, 위치나 면적, 이용상황, 분할 후의 사용가치 등에 비추어 보아 현물분할을 하는 것이 곤란하거나 부적당한 경우를 포함한다 할 것이고, '현물로 분할을 하게 되면 현저히 그 가액이 감손될 염려가 있는 경우'라는 것도 공유자의 한 사람이라도 현물분할에 의하여 단독으로 소유하게 될 부분의 가액이 분할 전의 소유지분 가액보다 현저하게 감손될 염려가 있는 경우도 포함한다(대법원 2002. 4. 12. 선고 2002다4580 판결 참조).

2) 위 법리에 비추어 이 사건에 관하여 보건대, 앞서 든 증거들에 변론 전체의 취지를 종합하여 인정할 수 있는 여러 사정, 즉 이 사건 각 토지는 모양이 부정형이고 통행로가 일부분에만 접해 있어 공평한 현물분할 방법을 찾기가 현실적으로 어려운 점, 당사자들 모두 개략적인 의견을 넘어 측량감정 등을 통한 구체적인 현물분할 방법은 제시하고 있지 않는 점, 여러 차례 조정기일이 진행된 후 경매분할 취지의 강제조정결정이 내려졌는데, 피고 강███이 이의하기는 하였으나 이는 강███의 사망으로 인한 것이고 당사자들 사이에 경매분할이 불가피하다거나 그나마 가장 합리적인 방법이라는 것에는 크게 이견이 없는 것으로 보이는 점 등을 고려하면, 현물분할의 방법에 의하여서는 이 사건 각 부동산의 효용가치를 유지하면서 공유자들 사이의 공평한 분할을 꾀하기가 곤란하거나 부적당하고, 이 사건 각 토지를 경매에 부쳐 그 대금에서 경매비용을 공제한 나머지 금액을 공유자들에게 공유지분의 비율에 따라 분배하는 것이 가장 공평하고 합리적인 분할방법이라고 판단된다.

**3. 결론**

이 사건 각 토지를 경매분할하기로 하여 주문과 같이 판결한다.

판사 ███

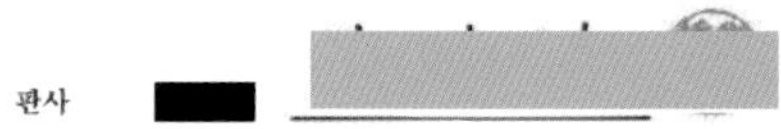

## 별지목록1에서 피고 사망으로 별지목록2로 변경

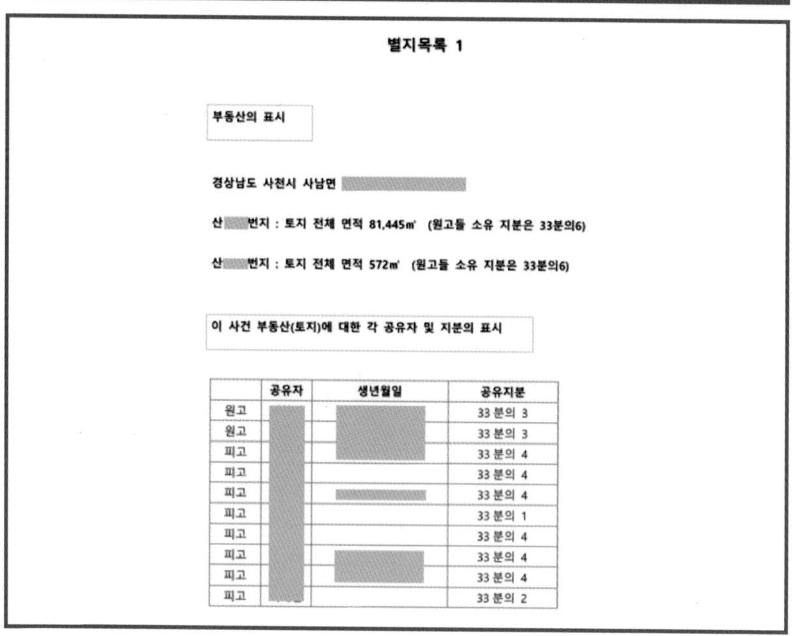

**별지목록 1**

**부동산의 표시**

**경상남도 사천시 사남면**

**산 번지 : 토지 전체 면적 81,445㎡ (원고들 소유 지분은 33분의6)**

**산 번지 : 토지 전체 면적 572㎡ (원고들 소유 지분은 33분의6)**

**이 사건 부동산(토지)에 대한 각 공유자 및 지분의 표시**

| | 공유자 | 생년월일 | 공유지분 |
|---|---|---|---|
| 원고 | | | 33 분의 3 |
| 원고 | | | 33 분의 3 |
| 피고 | | | 33 분의 4 |
| 피고 | | | 33 분의 4 |
| 피고 | | | 33 분의 4 |
| 피고 | | | 33 분의 1 |
| 피고 | | | 33 분의 4 |
| 피고 | | | 33 분의 4 |
| 피고 | | | 33 분의 4 |
| 피고 | | | 33 분의 2 |

**별지목록 2**

**부동산의 표시**

**경상남도 사천시 사남면**

**산 번지 : 토지 전체 면적 81,445㎡ (원고들 소유 지분은 33분의6)**

**산 번지 : 토지 전체 면적 572㎡ (원고들 소유 지분은 33분의6)**

**이 사건 부동산(토지)에 대한 각 공유자 및 지분의 표시**

| | 공유자 | 생년월일 | 공유지분 | | 상속자명 | 관계 | 생년월일 | | 공유지분 | | | | | | 공유지분 |
|---|---|---|---|---|---|---|---|---|---|---|---|---|---|---|---|
| 원고 | | | 33분의 3 | | | | | | 297분의 27 | | | | | | 2079분의 189 |
| 원고 | | | 33분의 3 | | | | | | 297분의 27 | | | | | | 2079분의 189 |
| 피고 | | | 33분의 4 | | | | | | 297분의 36 | | | | | | 2079분의 252 |
| 피고 | | | 33분의 4 | | | | | | 297분의 36 | | | | | | 2079분의 252 |
| 피고 | | | 33분의 4 | | | | | | 297분의 36 | | | | | | 2079분의 252 |
| 피고 | | | 33분의 1 | 상속 | | | | | 297분의 3 | | | | | | 2079분의 21 |
| | | | | | | | | | 297분의 2 | | | | | | 2079분의 14 |
| | | | | | | | | | 297분의 2 | | | | | | 2079분의 14 |
| | | | | | | | | | 297분의 2 | | | | | | 2079분의 14 |
| 피고 | | | 33분의 4 | | | | | | 297분의 36 | | | | | | 2079분의 252 |
| 피고 | | | 33분의 4 | | | | | | 297분의 36 | 상속 | | | | | 2079분의 108 |
| | | | | | | | | | | | | | | | 2079분의 72 |
| | | | | | | | | | | | | | | | 2079분의 72 |
| 피고 | | | 33분의 4 | | | | | | 297분의 36 | | | | | | 2079분의 252 |
| 피고 | | | 33분의 2 | | | | | | 297분의 18 | | | | | | 2079분의 126 |

갑 제5호증

참고로 한전 송전탑의 존속기간은 등기부상 기재된 기간이다. 또한 지료는 단 한 번 일시불로 지급되므로 새로운 소유자에게 보상은 불가하다.

## 필자의 질문에 대한 한전의 답변

가. 지상권의 존속기간은 전기사업법 제89조의2(구분지상권의 설정등기 등)에 의거 철탑 및 송전선이 존속하는 기간'으로 정하고 있습니다.
따라서, 철탑 및 송전선의 지상권은 설비존속기간 동안 효력을 가지며 이설 등의 사유가 아니라면 재설정 및 지료 재계약을 하지않습니다.

나. 토지등기부등본 상 지상권의 존속기간은'철탑 및 송전선이 존속하는 기간'으로 기명시되어 있습니다.

다. 해당 필지는 1999. 4.29에 지상권설정 계약이 진행되어 당시 소유주에게 일시불로 지급되었으며, 현재 소유주에 대한 추가 보상은 불가합니다.

국민생활과 국가산업에 기초에너지인 전력을 안정적으로 공급하기 위한 송전선로 건설은 국민경제 발전을 위한 필수 불가결한 것으로서 사용권원을 취득하기 위해 민의의 대변기관인 국회에서 정한 법률로 수용 및 보상 절차를 규정하여 국민의 권익보장, 보상 과정의 투명성 제고, 보상금액의 자의적 증감을 방지 등이 조화되도록 세부적으로 규율 하고 있으며, 한전은 이에 엄격히 구속되어 보상을 하고 있음을 안내드리오니 참고 부탁드립니다.

## 송전탑 보상 금액 예시

**송전선로 건설사업 토지보상 명세(공시송달)**

| 지 번 | 지목 | 원면적(공부) | 편입면적 | 지분 | 용지 유형 (m) | 보상금액(원) | 소유자 | 주소(등기) |
|---|---|---|---|---|---|---|---|---|
| 산67-1 | 임야 | 7,438 | 49 | 1/1 | 구분지상권 (상공32-77)m | 102,900 | | |
| 347-2 | 임야 | 1,633 | 447 | 1/1 | 구분지상권 (상공42-95)m | 2,031,615 | | |
| 399-1 | 답 | 368 | 124 | 1/1 | 구분지상권 (상공51-96)m | 663,400 | | |
| 399-3 | 도 | 194 | 66 | 1/1 | 구분지상권 (상공51-96)m | 113,190 | | |
| 401-1 | 전 | 631 | 335 | 1/1 | 구분지상권 (상공43-91)m | 1,599,625 | | |
| 산166-2 | 임야 | 6,645 | 309 | 1/3 | 철탑 (소유권 또는 지상권) | 741,600 | | |
| | | 6,645 | 990 | 1/3 | 구분지상권 (상공15-59)m | 623,700 | | |
| 241-1 | 전 | 3,967 | 299 | 1/3 | 구분지상권 (상공16-63)m | 338,866 | | |
| 산166-2 | 임야 | 6,645 | 309 | 1/3 | 철탑 (소유권 또는 지상권) | 741,600 | | |
| | | 6,645 | 990 | 1/3 | 구분지상권 (상공15-59)m | 623,700 | | |
| 241-1 | 전 | 3,967 | 299 | 1/3 | 구분지상권 (상공16-63)m | 338,866 | | |
| 산166-2 | 임야 | 6,645 | 309 | 1/3 | 철탑 (소유권 또는 지상권) | 741,600 | | |
| | | 6,645 | 990 | 1/3 | 구분지상권 (상공15-59)m | 623,700 | | |
| 241-1 | 전 | 3,967 | 299 | 1/3 | 구분지상권 (상공16-63)m | 338,866 | | |
| 산136-2 | 임야 | 27,372 | 937 | 1/2 | 구분지상권 (상공29-93)m | 789,422 | | |
| 산136-2 | 임야 | 27,372 | 937 | 1/2 | 구분지상권 (상공29-93)m | 789,422 | | |
| 산167 | 임야 | 11,207 | 446 | 1/2 | 구분지상권 (상공21-81)m | 381,330 | | |

## Tip 7. 판결문 경정 방법

법원의 판결문도 오타나 오류가 있을 수 있을까? 필자는 여러 번 경험했다. 판결이 되면 그냥 지나치지 말고 꼭 오타가 있는지 확인하고, 만약 오타가 있다면 즉시 경정신청을 하는 것이 필자의 경험상 여러모로 유용하다.

오타를 경정하기 위한 방법은 해당 민사사건 담당법원에 연락해서 오타가 있는 부분을 이야기하고, 법원 직권으로 경정해달라고 요청하면 된다. 필자는 아래의 판결문에서 오타를 발견해 경정을 신청했다. 판결문의 마지막 장에 나와 있는 공유지분표인데 숫자의 분모가 '2079'이나, 2번만은 2079를 '20279'로 잘못 표기했음을 파악했고, 이를 법원에 요청해서 직권으로 경정했다. 향후 경매 신청 시에는 판결문경정 송달확인서도 필요함을 추가로 알아두자.

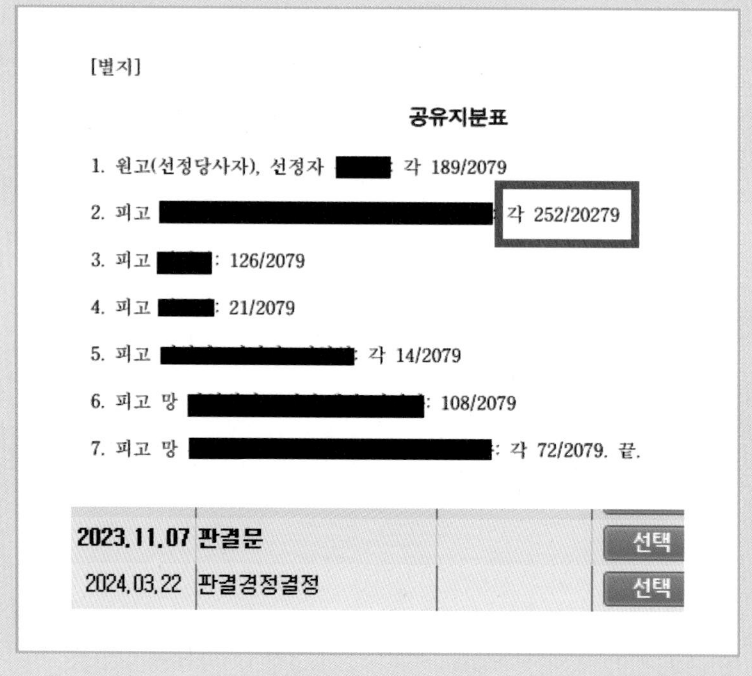

[별지]

공유지분표

1. 원고(선정당사자), 선정자 ■■■ 각 189/2079
2. 피고 ■■■: 각 252/20279
3. 피고 ■■■: 126/2079
4. 피고 ■■■: 21/2079
5. 피고 ■■■: 각 14/2079
6. 피고 망 ■■■: 108/2079
7. 피고 망 ■■■: 각 72/2079. 끝.

| | | | |
|---|---|---|---|
| 2023.11.07 | 판결문 | | 선택 |
| 2024.03.22 | 판결경정결정 | | 선택 |

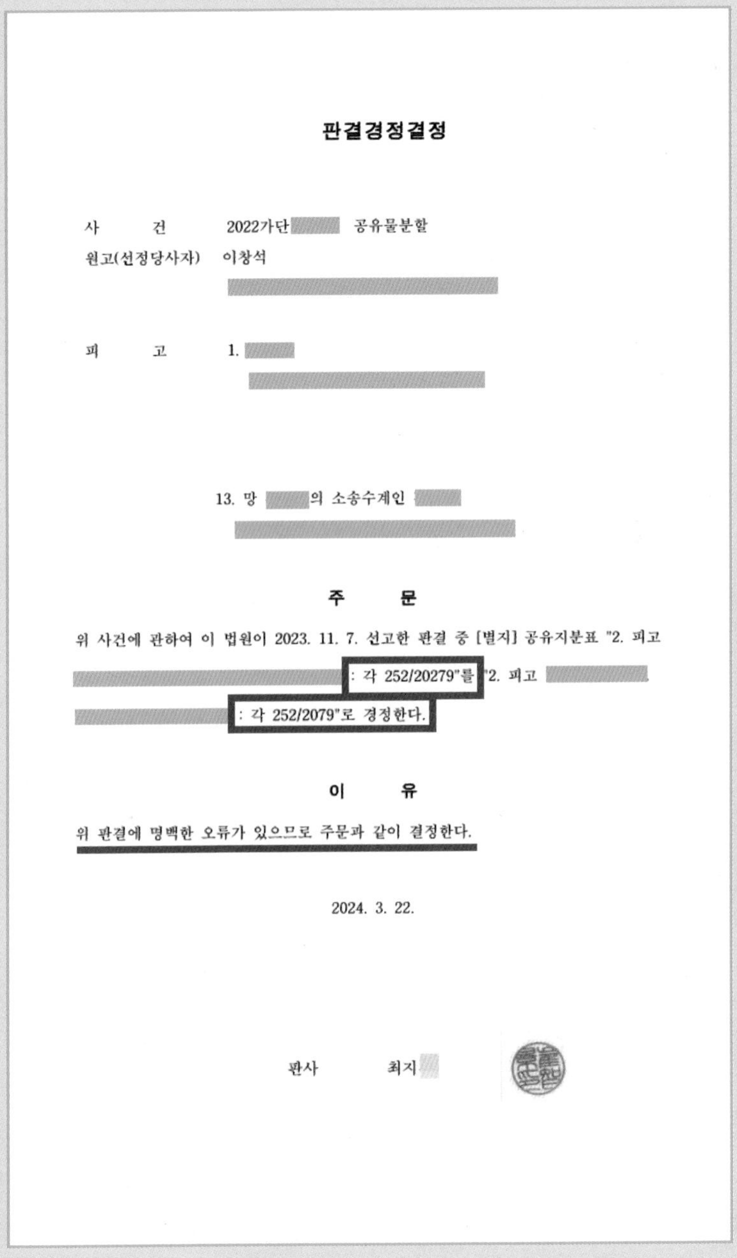

판결경정결정

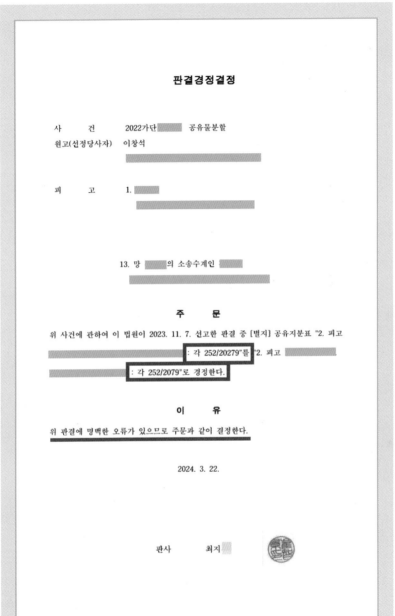

사 건 2022가단 공유물분할
원고(선정당사자) 이창석

피 고 1.

13. 망 의 소송수계인

주 문

위 사건에 관하여 이 법원이 2023. 11. 7. 선고한 판결 중 [별지] 공유지분표 "2. 피고 : 각 252/20279"를 "2. 피고 : 각 252/2079"로 경정한다.

이 유

위 판결에 명백한 오류가 있으므로 주문과 같이 결정한다.

2024. 3. 22.

판사 최지

# 상속 포기 지분 물건 투자 시 상속인 추적 방법

## | 근린상가, 토지·건물 지분매각, 상속포기 |

**2021타경** • 서울북부지방법원 본원

| 소재지 | 서울특별시 강북구 | | |
|---|---|---|---|
| 새주소 | 서울특별시 강북구 | | |
| 물건종별 | 근린상가 | 감정가 | 111,300,000원 |
| 대지권 | 전체: 44.43㎡(13.44평)<br>지분: 14.81㎡(4.48평) | 최저가 | (64%) 71,232,000원 |
| 건물면적 | 전체: 81.3㎡(24.59평)<br>지분: 27.1㎡(8.2평) | 보증금 | (10%) 7,123,200원 |
| 매각물건 | 토지및건물 지분 매각 | 소유자 | 이○○ |
| 개시결정 | 2021-11-25 | 채무자 | 이○○ |
| 사건명 | 강제경매 | 채권자 | |

도로명검색 | 지도 | 지도 | 지도 | 주소 복사

오늘조회: 1 2주누적: 1 2주평균: 0 조회동향

| 구분 | 매각기일 | 최저매각가격 | 결과 |
|---|---|---|---|
| 1차 | 2022- | 111,300,000원 | 유찰 |
| 2차 | 2022- | 89,040,000원 | 유찰 |
| 3차 | 2022- | **71,232,000원** | |
| 매각 : 76,430,000원 (68.67%) | | | |
| (입찰1명,매수인: ) | | | |
| 매각결정기일 : 2022. - 매각허가결정 | | | |
| 대금지급기한 : 2022.12.15 | | | |
| 대금납부 2022.11.25 / 배당기일 2023.01.12 | | | |
| 배당종결 2023.01.12 | | | |

출처 : 옥션원

아파트 상가 지분 매각 물건이다. 공유지분권자는 총 3명으로 낙찰자를 제외하면 상대방은 2명뿐이다. 타 공유자 중 1명의 사망을 예상하고 상속을 염두에 둔 채 입찰에 참여해서 낙찰이 됐다.

현황사진

입찰과정 중에 재미있는 에피소드가 하나 있다. 입찰일에 단독 입찰을 예상하고, 최저매각금액에서 약간만 올린 금액으로 입찰하려고 했으나 입찰 법정 내에 있는 컴퓨터에 누가 이 사건을 검색하고 문서를 열어두고 간 것이 아닌가! 어떤 이가 검색한 흔적을 발견했으므로 입찰 경쟁자가 있다는 반증이기에 원래 입찰가보다 높여 입찰표를 다시 작성해서 제출했으나, 결과적으로는 경쟁자 없이 단독으로 낙찰받았던 웃기면서도 씁쓸한 에피소드가 있다. 지금도 누가 그 물건을 검색하고 사라졌는지 궁금하다.

### 당시 법정 컴퓨터에 해당 물건이 띄워져 있던 사진

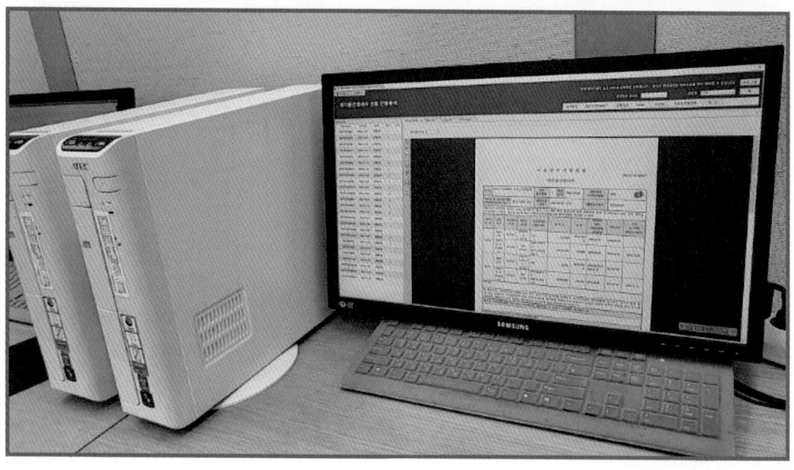


출처 : 저자 제공

낙찰을 받고 상대방을 특정하기 위해서라도 소송을 진행했고, 소송을 진행한 지 약 2년이 되어가고 있다. 왜 이렇게 소송기간이 길어질까? 그 이유는 2년간의 긴 시간 동안 상속자를 계속 찾고 있기 때문이다. 상대방이 사망했지만 상속 1순위, 2순위 상속자들의 상속포기로 인해 3순위 상속자와 국외주소지를 가진 상속자를 찾는 데에 많은 시간이 소요되고 있다. 이런 어려움을 가지기에 지분 물건에 대해 '특수물건'이라는 명칭을 붙이는 것 아니겠는가!

지분투자를 쉽다고 이야기하는 이가 있다면, 어떤 부동산중개법인 대표가 경매 공부 30분만 하면 쉽게 투자가 가능하다고 확신에 차서 강의하는 것과 같은 것이리라! 참고로 국외주소지를 찾는 경우에는 재외동포청이나 출입국사무소를 상대로 사실조회 신청을 하면 된다.

## 【상속포기심판문】

(인)

# 수 원 가 정 법 원

## 사실조회회신

민사7단독 귀중

귀 법원 2022가단[redacted] 공유물분할 사건과 관련하여 다음과 같이 조회결과를 첨부합니다.

다 음

1. 망 [redacted]을 피상속인으로 하는 상속포기 심판문 1부.

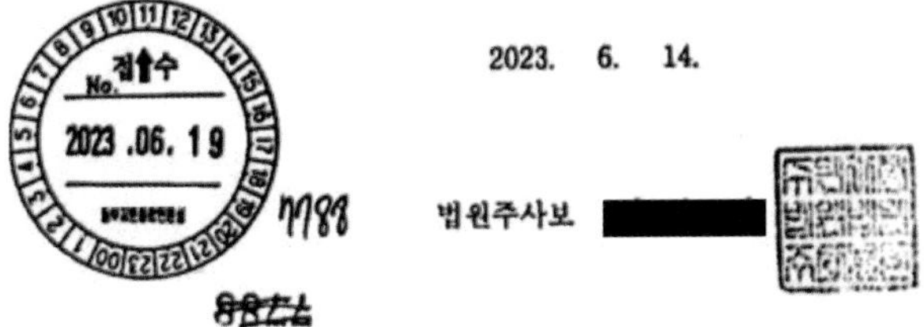


2023. 6. 14.

법원주사보 [redacted]

수 원 지 방 법 원

심 판

사 건 2013느단 상속포기

청 구 인 1.

주소

등록

2.

주소

등록

3.

주소

등록

4.

주소

등록

5.

주소

등록

6.

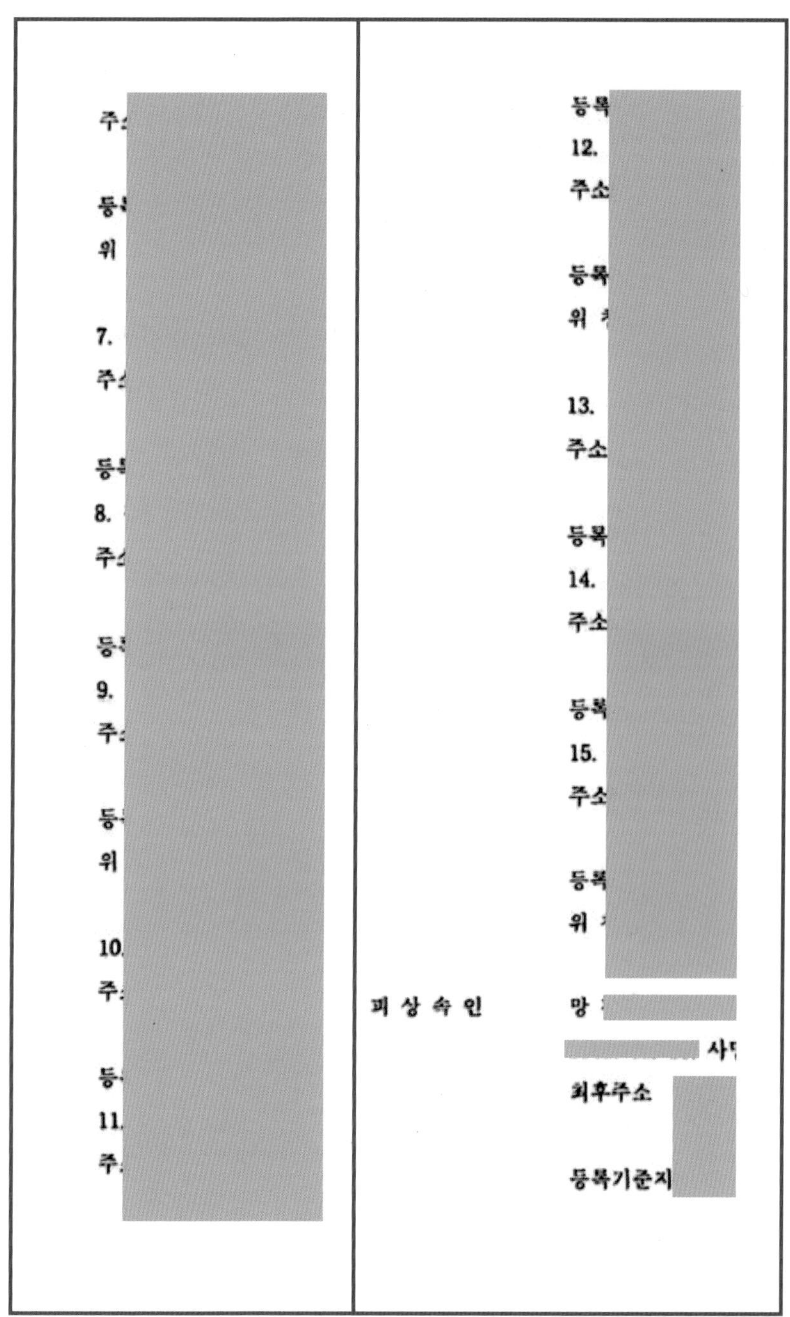

주

등

위

7.

주

등

8.

주

등

9.

주

등

위

10.

주

등

11.

주

등록

12.

주소

등록

위

13.

주소

등록

14.

주소

등록

15.

주소

등록

위

피 상 속 인 망

사

최후주소

등록기준지

**주 문**

청구인들의 피상속인 망 ■■■의 재산상속을 포기하는 2013. 1. 24.자 신고는 이를 수리한다.

**이 유**

이 사건 청구는 이유 있으므로 주문과 같이 심판한다.

2013. 4. 3.

판사 ■■■■■ 

## 상속순위

**상속순위**

- 상속인은 다음과 같은 순위로 정해지고, 피상속인의 **법률상 배우자**는 피상속인의 직계비속 또는 피상속인의 직계존속인 상속인이 있는 경우에는 이들과 함께 공동상속인이 되며, 피상속인의 직계비속 또는 피상속인의 직계존속인 상속인이 없는 때에는 단독으로 상속인이 됩니다(「민법」 제1000조제1항 및 제1003조제1항).

| 순위 | 상속인 | 비고 |
|---|---|---|
| 1 | 피상속인의 직계비속<br>(자녀, 손자녀 등) | 항상 상속인이 됨 |
| 2 | 피상속인의 직계존속<br>(부·모, 조부모 등) | 직계비속이 없는 경우 상속인이 됨 |
| 3 | 피상속인의 형제자매 | 1, 2 순위가 없는 경우 상속인이 됨 |
| 4 | 피상속인의 4촌 이내의 방계혈족<br>(삼촌, 고모, 이모 등) | 1, 2, 3 순위가 없는 경우 상속인이 됨 |

※ 판례는 피상속인의 배우자와 자녀 중 자녀 전부가 상속을 포기한 경우 배우자와 손자녀 또는 직계존속이 공동상속인이 되는지, 배우자가 단독상속인이 되는지 여부가 문제된 사안에서, "「민법」 제1043조에 따라 상속을 포기한 자녀의 상속분은 남아 있는 '다른 상속인'인 배우자에게 귀속되므로 배우자가 단독상속인이 되며, 상속을 포기한 피상속인의 자녀들은 피상속인의 채무가 자신은 물론 자신의 자녀에게도 승계되는 효과를 원천적으로 막을 목적으로 상속을 포기한 것이라고 보는 것이 자연스럽다"고 판시하였습니다(대법원 2023. 3. 23.자 2020그42 전원합의체 결정).

## 필자가 사용하는 상속지분율 엑셀 파일

| | 공유자 | 생년월일 | 지분율 | 자녀 | 손자들 | 형제자매 | 생년월일 | 지분율 | 망, 상속인 | 생년월일 | 지분율 |
|---|---|---|---|---|---|---|---|---|---|---|---|
| | | | | 상속포기(2013느단 ) | | | | | | | |
| 원고 | 이 | | 3분의 1 | | | | | | | | |
| 피고 | | | 3분의 1 | | | | | | | | |
| 피고 | 망 | | 3분의 1 | 정 | | 망, (2017.1.29 사망) | | 15분의 1 | 신 | | 45분의 1 |
| | | | | | | | | | 신 | | 45분의 1 |
| | | | | | | | | | 신 | | 45분의 1 |
| | | | | 정 | | 강 | | 15분의 1 | | | |
| | | | | 정 | | 강 | | 15분의 1 | | | |
| | | | | 정 | | 강 | | 15분의 1 | | | |
| | | | | 정 | | 강 | | 15분의 1 | | | |

## 재외국민 등록 방법

### 재외국민등록

**1. 신청대상**

ㅇ '외국의 일정한 지역에 계속하여 90일 초과 거주 또는 체류할 의사를 가지고 해당 지역에 체류하는 대한민국 국민' 본인

※ 우리 국적을 상실한 외국 국적자는 재외국민등록 대상이 아닙니다.

※ 현재 체류하고 있지 않은 과거 거주지에 대한 소급 재외국민등록은 불가합니다.

ㅇ (대리인 신청) 등록 신청자의 배우자, 배우자의 직계혈족, 직계혈족, 직계혈족의 배우자가 대신하여 신청 가능

**2. 신청방법(아래 택1)**

ㅇ 거주지 관할 우리 공관(대사관, 총영사관, 분관 또는 출장소) 방문 또는 우편 송부

ㅇ (온라인) 재외동포 365 민원포털(바로가기)

※ 한국에서는 신청이 불가합니다.

**3. 신청서류**

① 재외국민등록신청서 1부

(별지 제1호 서식) 재외국민등록신청서 다운로드

② 해당인의 여권사본

- 인적사항면 / 한국 출국 스탬프 / 거주국 입국 스탬프 / 유효한 비자 포함

③ 기본증명서 1부

※ 공인인증서를 보유하신 분들은 기본증명서를 온라인으로 발급 받을 수 있음. ☞ 기본증명서 온라인 발급 방법(☞ 전자가족관계등록시스템 바로가기)

④ (대리인 신청시 추가서류) 가족관계증명서(또는 제적등본), 위임장, 대리인의 신분증 사본

출처 : 재외동포청

## 사실조회신청서(재외동포청 동포지원제도처)

# 사실조회신청서

사 건 2022가단[redacted] 공유물분할 [담당재판부:민사7단독]

원 고 [redacted]

피 고 민[redacted] 외 7명

위 사건에 관하여 주장사실을 입증하기 위하여 다음과 같이 사실조회를 신청합니다.

### 사실조회촉탁의 목적

피고 신[redacted]이 1997.11.5. 미국으로 국외이주신고가 되어 있으므로 국외/국내 주소지를 찾기위해 재외동포청 동포지원제도지원처에 국외 주소지를 알 수 있는 공적장부(초본 등)을 신청합니다.

[redacted]

주민번호 : [redacted]

주소 : 서울 [redacted]

### 사실조회기관의 명칭 및 주소

명칭 : 재외동포청 동포지원제도처

주소 : (03142) 서울 종로구 율곡로 6, A동 15층 (중학동, 트윈트리빌딩)

### 사실조회사항

피고 신[redacted]이 1997.11.5. 미국으로 국외이주신고가 되어 있으므로 국외/국내 주소지를 찾기위해 재외동포청 동포지원제도지원처에 국외 주소지를 알 수 있는 공적장부(초본 등)을 신청합니다.

2024.06.07

원고 [redacted]

[redacted] 귀중

사례 16

# 소송 시 관할법원 이송 결정 대응이 중요한 이유

## | 대지, 토지지분, 법정지상권, 이송 |

**2023타경**

| 소 재 지 | 전라북도 전주시 | | |
|---|---|---|---|
| 물건종별 | 대지 | 감 정 가 | 12,600,000원 |
| 토지면적 | 전체: 24㎡(7.26평)<br>지분: 12㎡(3.63평) | 최 저 가 | (70%) 8,820,000원 |
| 건물면적 | 건물은 매각제외 | 보 증 금 | (10%) 882,000원 |
| 매각물건 | 토지만 매각이며,<br>지분 매각임 | 소 유 자 | 김○○ |
| 개시결정 | 2023-08-11 | 채 무 자 | 김○○ |
| 사 건 명 | 강제경매 | 채 권 자 | |

오늘조회: 1 2주누적: 0 2주평균: 0 조회동향

| 구분 | 매각기일 | 최저매각가격 | 결과 |
|---|---|---|---|
| 1차 | 2023- | 8,820,000원 | |
| 매각 : 13,430,000원 (106.59%) | | | |
| (입찰5명,매수인: | | | |
| 매각결정기일 : 2023. - 매각허가결정 | | | |
| 대금지급기한 : 2024.01.26 | | | |
| 대금납부 2024.01.05 / 배당기일 2024.01.31 | | | |
| 배당기일 : 2024.01.31 | | | |
| 배당종결 2024.01.31 | | | |

출처 : 옥션원

토지만 매각, 지분 물건이며 법정지상권 물건이다. 상대 지분권자가 1명뿐이며 채권의 금액이 소액이고 강제경매인 점, 제2종 일반주거지역 토지와 제시외건물이 상가로 이용되는 점과 감정평가금액이

12,600,000원이지만 제시외건물로 인해 저감되어 8,820,000원으로 최초매각금액인 것을 고려하면, 낙찰이 된다면 협의가 가능할 것으로 판단되어 입찰에 참여해 낙찰을 받았다.

**현황사진과 지도상 위치**

국토교통부 실거래가 공개시스템, 밸류맵, 디스코, 부동산플래닛 등을 통해 시세를 파악해 입찰가를 산정했고, 최종적으로 1,343만 원에 낙찰이 됐다. 총 5명이 입찰했고, 2등 입찰금액인 1,278만 원과는 65만 원 차이였다. 낙찰을 받고 상대방에게 내용증명을 보낸 후 협의를 시작했지만 진전이 없어 부득이 4종 세트(건물철거, 토지인도, 부당이득금반환, 공유물분할) 청구 소송을 진행했다. 소장을 접수한 후 며칠 후 법원으로부터 부동산의 주소지 관할 법원으로 이송하고자 하니 의견을 제출하라는 보정명령이 왔다. 이에 '지참채무의 법칙' 등을 기재해 원고 주소지 관할 법원에서 재판을 진행해야 한다는 의견서를 제출했으나, 전주지방법원으로 이송이 결정됐기에 이에 '소 취하'를 신청했다. 그리고 다시 원고의 주소지 관할 법원에 소송을 진행하자 법원으로부터 같은 내용의 소송을 진행하다가 이송이 결정되고, 소를 취하하고 다시 소송을 진행한 이유를 설명하라는 보정명령을 받았다. 이에 원고는 의견서를 제출해,

최종 원고의 주소지 관할 법원에서 재판이 진행 중이다. 필자의 전 책에서도 '이송'에 대해 많은 지면을 할애하면서 설명했을 만큼 중요한 부분이니 꼭 참고하기를 바란다.

**민사소송법 제34조**(관할위반 또는 재량에 따른 이송)

① 법원은 소송의 전부 또는 일부에 대하여 관할권이 없다고 인정하는 경우에는 결정으로 이를 관할법원에 이송한다.

② 지방법원 단독판사는 소송에 대하여 관할권이 있는 경우라도 상당하다고 인정하면 직권 또는 당사자의 신청에 따른 결정으로 소송의 전부 또는 일부를 같은 지방법원 합의부에 이송할 수 있다.

지방법원 합의부는 소송에 대하여 관할권이 없는 경우라도 상당하다고 인정하면 직권으로 또는 당사자의 신청에 따라 소송의 전부 또는 일부를 스스로 심리 · 재판할 수 있다.

④ 전속관할이 정하여진 소에 대하여는 제2항 및 제3항의 규정을 적용하지 아니한다.

**소장 접수 ⇨ 보정명령 ⇨ 원고 의견서 ⇨ 이송결정 ⇨ 소 취하 ⇨ 소장 접수 ⇨ '소 취하' 의견 보정명령' ⇨ 원고 의견서**

# 소　　장

원　　고

피　　고

부당이득, 공유물분할 등 청구의 소

## 청 구 취 지

1. 피고2는 원고에게 부동산도면 표시 1,2,3,4,1 의 각 점을 순차로 연결한 부분 상가 12㎡를 철거하여 위 토지를 인도하라.
2. 피고2는 원고에게 402,900원과 이에 대하여 2024년1월5일부터 소장 부본 송달일까지는 연 5%, 그 다음날부터 다 갚는 날까지 연12%의 각 비율로 계산한 돈 및 2024년1월5일부터 위 부동산 인도 완료일까지 월 134,300원의 비율로 계산한 돈을 각 지급하라.
3. 별지목록 기재 부동산을 경매에 부쳐 그 매각대금에서 경매비용을 공제한 나머지 금액을 원고 및 피고1에게 각 분배하라.
4. 소송비용은 피고들의 부담으로 한다.
5. 위 제1,2항은 가집행 할 수 있다.

라는 판결을 구합니다.

## 청 구 원 인

1. 원고의 토지 소유권 취득

원고는 별지목록 기재 부동산을 전주지방법원에서 진행된 부동산 강제경매 2023타경 사건에서 2023년12월11일에 낙찰받아 2024년1월5일 잔금을 납부하고 소유권이전등기를 마친 소유자입니다.

(갑 제1호증 토지 등기사항전부증명서)

2. 피고들의 지위

피고1 은 본건 토지의 공유지분소유자입니다.

피고2 는 번지 2필지 상에 있는 건물의 소유자입니다.

(갑 제2,3호증 건축물대장)

3. 건물 철거 및 토지 인도 청구

피고2 는 아무런 권원없이 원고 소유인 별지기재 토지 12㎡를 점유하며 부동산도면 표시 1,2,3,4,1의 각 점을 순차로 연결한 선내 상가 12㎡를 점유하고 있습니다. 피고2는 현재 별지 기재 토지에 관하여 아무런 권리를 가지고 있지 않고 위 건물이 있는 부분 및 토지를 점유 및 사용, 수익하고 있으므로 원고는 피고의 점유에 의하여 소유권을 침해당하고 있는바, 피고2는 이 사건 건물들을 철거하고 이 사건 토지를 원고에게 인도할 의무가 있다 할 것입니다.

(갑제4,5,6,7호증 부동산도면, 현황사진1, 현황사진2, 현황사진2)

3. 부당이득금반환 청구

피고2는 아무런 권원없이 원고의 소유인 별지기재 부동산을 점유하며 사용, 수익하고 있으므로 원고는 피고의 점유에 의하여 소유권을 침해당하고 있고 소유자로서의 권리행사를 전혀 하지 못하고 있는 실정입니다.

본건 부동산을 제3자에게 임대하였을 경우 그 임대료로 매월 금 134,300원(부동산 매수 금액인 13,430,000원의 1%)의 수익을 얻을 수 있는데 이를 피고가 사용함으로써 부당이득을 취하고 있다고 할 것이므로 원고에게 반환할 의무가 있다 할 것입니다. 402,900원은 3개월 금액입니다.

차후 필요하다면 감정평가를 신청하겠습니다.

4. 경매에 부쳐 배당으로 현금분할 요청

원고와 피고1 간에 분할하지 아니하기로 한 특약이 없는 이상 원고의 청구에 의해서 언제든지 분할을 해야 할 것이나, 이 사건 부동산을 현물로 분할할 수 가 현실적으로 불가능입니다. 만약 분할한다고 하더라도 토지·건물을 균등하고 공평하게 분할할 수 있을지의 문제가 있습니다.

이에 민법 제269조 규정(공유물분할의 방법)에 의거 재판에 의한 분할방법은 현물분할이 원칙이나 다만 현물로 분할할 수 없거나 분할로 인행서 현저히 그 가액이 감손될 염려가 있을 때 한해서 재판상 분할이 허용되므로, 원고들은 피고들과의 이 사건 부동산의 공유관계를 청산하고자 청구취지와 같은 경매를 통한 현금분할 형태의 공유물분할 판결을 구하기에 이른 것이오니, 귀원께서 널리 살펴 신속하게 위 청구취지대로 인용하여 주실 것을 간곡히 요청하는 바입니다.

4. 결어;

결론적으로 피고2는 부동산도면상 건물을 철거하고 원고에게 부동산을 인도하기 전까지 매월 부당이득금을 금 134,300원 반환할 의무가 있다 할 것이고 원고와 피고1과는 공유지분대로 가장 공평한 분할인 별지목록 기재 부동산을 경매에 부쳐 현금분할 의무가 있다 할 것입니다. 원고는 통고문을 통해 협의 및 이행을 요구하였으나 이에 응하지 않고 있습니다.

(갑 제8호증 내용증명)

따라서 원고는 청구취지 기재와 같은 판결을 구하기에 이른 것입니다. 귀원께서 널리 살펴 신속하게 위 청구취지대로 인용하여 주실 것을 간곡히 요청하는 바입니다.

## 입 증 방 법

| | | |
|---|---|---|
| 1. | 갑 제1호증 | 토지등기부 |
| 2. | 갑 제2호증 | 건물등기부 |
| 3. | 갑 제3호증 | 건축물대장 |
| 4. | 갑 제4호증 | 부동산 도면표시 (철거할 부분 1,2,3,4,1) |
| 5. | 갑 제5호증 | 현황사진1 |
| 6. | 갑 제6호증 | 현황사진2 |

## 첨 부 서 류

1. 별지목록(부동산표시, 공유지분율)
2. 토지대장, 공유지연명부

2024.03.11

원고

# 보 정 명 령

사 건 2024가단 공유물분할
[원고 / 피고 외 1명]

원고 귀하

원고는 이 명령을 송달받은 날부터 7일 안에 다음 사항을 보정하시기 바랍니다.

\- 다음 -

1\. 원고에 대한 법인등기사항증명서를 제출하시기 바랍니다.

2\. 원고는 피고1.에 대하여 공유물분할을 청구하고, 피고2.에 대하여 건물철거 및 토지인도, 부당이득금반환을 청구하고 있습니다. 이러한 원고의 피고들에 대한 청구 내용에 비추어 이 사건을 민사소송법 제35조에 따라 이 사건 부동산이 있는 곳의 법원인 전주지방법원으로 이송할 필요성이 있는지 여부를 검토하고 있습니다.

원고는 이에 대한 의견이 있으면 제출하시기 바랍니다.

2024\. 3. 15.

판사 

# 이송에 관한 원고의 의견

사건번호 2024가단 공유물분할 등
원 고
피 고 외 1명

이 사건에 관하여 신청인은 다음과 같이 주장합니다.

1. 피고1과 피고2는 친인척 관계이며 피고2는 피고1의 외할머니라고 피고1이 전화통화로 말해주었으며 실질적으로 건물관리는 피고1이 도맡아서 하고 있다고 하였습니다.

전화통화 내역 :
2023년12월15일(금요일) 오전11:41분에 통화하여 약 28분38초간 통화를 하였습니다.

2. 원고는 이 사건 소송에서 부당이득금반환 청구의 소를 제기하였고, 부당이득금반환 청구의 소는 금전 청구이므로 '지참채무의 원칙'에 의거하여 원고의 주소지로 지정할 수 있습니다. (민법 제467조)

3. 또한 민사소송법 제8조(거소지 또는 의무이행지의 특별재판적)에 의하면 "재산권에 관한 소를 제기하는 경우에는 거소지에 소를 제기할 수 있다"라고 규정 되어 있습니다.

4. 따라서 본 소송은 원고의 주소지를 관할하는 귀 원에 소를 제기할 수 있고 관할에 있어 아무런 문제가 없으므로 본 소송의 관할법원을 귀 원으로 하여주시기 바랍니다.

2024.3.18.

원고

# 결 정

사 건 2024가단[redacted] 공유물분할

원 고

피 고

## 주 문

이 사건을 전주지방법원으로 이송한다.

## 이 유

법원은 소송에 대하여 관할권이 있는 경우라도 현저한 손해 또는 지연을 피하기 위하여 필요하면 직권 또는 당사자의 신청에 따른 결정으로 소송의 전부 또는 일부를 다른 관할법원에 이송할 수 있다(민사소송법 제35조 본문).

기록에 따르면, 다음 사실을 알 수 있다.

○ 전주시 완산구 [redacted] 대 24㎡(이하 '이 사건 토지'라 한다)에 관해서는 2019. 2. 18. 상속을 등기원인으로 하여 2019. 4. 10. [redacted] 1/2 지분, 피고 [redacted] 1/2 지분씩 소유권이전등기가 되었다.

○ 이 사건 토지 중 [redacted] 1/2 지분에 관해서는 2023. 8. 11. 강제경매개시결정이 되었다(전주지방법원 2023타경[redacted]). 원고는 2024. 1. 5. 위 경매절차에서 위 지분

을 매수하여 2024. 1. 18. 소유권이전등기를 하였다.

❍ 원고는 2024. 3. 11. 피고들을 상대로 이 사건 소를 제기하면서 피고 [REDACTED]에 대해서는 공유물분할을 청구하면서 대금분할을 구하고, 피고 [REDACTED]에 대해서는 피고 [REDACTED], [REDACTED]가 아무런 권원 없이 이 사건 토지 지상에 건물을 소유하면서 점유하고 있다고 하면서 건물철거 및 토지인도, 부당이득금반환을 구하고 있다.

❍ 원고는 2024. 3. 18. 자 이송에 관한 원고의 의견을 제출하면서 '피고들은 친인척관계이며 피고 [REDACTED]는 피고 [REDACTED]의 외할머니라고 피고 [REDACTED]이 전화통화로 말해주었으며 실질적으로 건물관리는 피고 [REDACTED]이 도맡아서 하고 있다고 하였습니다. 원고는 이 사건 소송에서 부당이득금반환 청구의 소를 제기하였습니다. 본 소송은 원고의 주소지를 관할하는 귀원에 제기할 수 있고 관할에 있어 아무런 문제가 없으므로 본 소송의 관할법원을 귀원으로 하여 주시기 바랍니다'라는 의견을 밝혔다.

위 인정 사실을 통해 알 수 있는 원고가 이 사건 토지 중 1/2 지분을 취득한 경위, 원고의 피고들에 대한 청구 내용 그리고 이 사건 토지의 소재지와 소장에 기재된 피고들의 주거는 모두 전주시인 점을 종합하면, 비록 이 법원이 이 사건 소송에 대하여 관할권이 있다고 하더라도, 이 사건을 이 사건 토지가 있는 곳의 법원인 전주지방법원으로 이송하는 것이 현저한 손해 또는 지연을 피하기 위하여 필요하다고 보아야 한다.

민사소송법 제35조 본문에 따라 직권으로 이 사건을 전주지방법원으로 이송하기로 하여 주문과 같이 결정한다.

2024. 3. 21.

판사 [REDACTED]

# 소취하서

사　　건　2024가단　　　공유물분할　　　　[담당재판부:민사3단독]

원　　고

피　　고　　　외 1명

이 사건에 관하여 원고는 소를 전부 취하합니다.

2024.03.21

원고

귀중

지원

**보 정 명 령**

사　　건　　2024가단　　공유물분할
[원고　　/ 피고　　외 1명]

원고 귀하

원고는 이 명령을 송달받은 날부터 7일 안에 다음 사항을 보정하시기 바랍니다.

- 다음 -

원고는 피고들을 상대로 동일한 내용의 소를 제기하였다가 이 법원으로부터 2024. 3. 21. 전주지방법원으로 이송한다는 결정을 받고 소를 취하하였습니다(　　2024가단　　호).

원고는 피고들을 상대로 다시 이 사건 소를 제기하였는데, 위 이송결정에서 들고 있는 사정 중에 달라진 부분이 있는지 여부를 밝혀주시기 바랍니다.

2024. 5. 1.

판사

# 의 견 서

사건번호 2024가단[redacted] 공유물분할 등
원 고 [redacted]
피 고 [redacted] 외 1명

이 사건에 관하여 신청인은 다음과 같이 주장합니다.

**1. 기존에 소를 제기하였다가 이송 결정을 받고 소를 취하한 이유는 다음과 같습니다.**

**소송 전에 협의가 우선이고, 협의가 충분치 않았다는 원고의 판단으로 소를 취하하여, 다시금 피고 [redacted]과 협의를 진행했습니다. 협의 내용은 다음과 같습니다.**

가. 원고의 소유지분을 피고 [redacted]이 사는 방법 (매수 거절)

나. 피고 [redacted]의 소유지분을 원고가 사는 방법 (매수 거절)

다. 위 2개 방법이 어렵다면 부득이 공유물분할로 경매를 통한 현금분할로 할 수 밖에 없다는 점 (이는 피고도 수긍하는 바입니다.)

**라. 부당이득금반환에 대한 내용**

**본 사건 토지와 옆 토지 필지, 총 2필지 지상위에 건물이 있으며 건물의 소유자인 피고 [redacted]는 피고 [redacted]의 외할머니이고, 현재 사망하셨다. 피고 [redacted]가 사망하여 상속인들은 외가쪽 사람들과는 몇 년전부터 연락이 안된다고 함. 상속자 중 1며인 피고 [redacted]의 어머니도 사망하셨고 상속은 한정승인 상속을 받았다는 점.**

**부당이득금반환청구는 피고 [redacted]의 상속자들에게 즉, 건물의 소유자인 외가쪽 사람들에게 청구해라는 내용입니다.**

마. 그리고 [redacted]이 건물을 예전부터 지금까지 관리를 하고 있는 중이며 건물이 사용하고 있는 본 건 토지 옆 토지주에게는 매월 지료를 주고 있으나, 건물이 낡아 지속적인 수리를 해야 하고 수리비가 발생하여 관리가 어렵다는 점.

**결론적으로 원고가 제시하는 여러 협상안에는 동의가 어렵고 이번 기회에 피고 [redacted]도 본 부동산이 정리가 되기를 원하였습니다.**

**따라서, 원고는 피고측과 여러방면으로 협의를 하고자 했으나 피고측과 아무런 협의에 이르지 못하게 되어 다시 소송을 제기하게 된 것입니다.**

2. 원고는 이 사건 소송에서 부당이득금반환 청구의 소를 제기하였고, 부당이득금반환 청구의 소는 금전 청구이므로 '지참채무의 원칙'에 의거하여 원고의 주소지로 지정할 수 있습니다. (민법 제467조)

**또한 민사소송법 제8조(거소지 또는 의무이행지의 특별재판적)에 의하면 "재산권에 관한 소를 제기하는 경우에는 거소지에 소를 제기할 수 있다"라고 규정 되어 있습니다.**

3 따라서 원고는 피고 [illegible]과 여러방면으로 협의를 하고자 했으나 여의치 않아 부득이 원고의 주소지를 관할하는 귀 원에 소를 제기하게 된 것입니다.

2024.5.1.

원고 [illegible]

### Tip 8 . 부동산 소유권의 국가 귀속에 대한 국민신문고 답변

**상속을 포기한 부동산의 소유권이 국가로 귀속되는 경우에 관해 알아보자.**

**1. 질의 요지**

상속을 포기한 부동산의 소유권 귀속

**2. 검토 의견**

민법 제267조(지분포기 등의 경우의 귀속)는 「공유자가 그 지분을 포기하거나 상속인 없이 사망한 때에는 그 지분은 다른 공유자에게 각 지분의 비율로 귀속한다」고 규정하고 있습니다.

그런데, 집합건물의 소유 및 관리에 관한 법률 제20조(전유부분과 대지사용권의 일체성) 제2항은 「구분소유자는 그가 가지는 전유부분과 분리하여 대지사용권을 처분할 수 없다. 다만, 규약으로써 달리 정한 경우에는 그러하지 아니하다」고 규정하고 있고, 제22조(「민법」 제267조의 적용 배제)는 「제20조제2항 본문의 경우 대지사용권에 대하여는 「민법」 제267조(같은 법 제278조에서 준용하는 경우를 포함한다)를 적용하지 아니한다」고 규정하고 있습니다.

사안의 경우 집합건물법의 적용을 받는 집합건물이라면 부동산 지분은 무주의 부동산이 되어 국유가 된다고 볼 수 있습니다(민법 제252조 2항).

**민법은 상속인이 부존재할 경우 제1053조(상속인 없는 재산의 관리인), 제1054조(재산목록제시와 상황보고), 제1055조(상속인의 존재가 분명하여진 경우), 제1056조(상속인 없는 재산의 청산), 제1057조(상속인수색의 공고), 제1057조의2(특별연고자에 대한 분여)의 절차를 거친 후 비로소 제1058조에서 상속재산의 국가귀속을 규정하고 있습니다.**

이와 관련하여 국유재산법 제11조는 사권(私權)이 설정된 재산은 그 사권이 소멸된 후가 아니면 국유재산으로 취득하지 못한다고 규정하고 있고, 국가 앞으로 소유권이전등기를 하는 경우에는 등기상 이해관계인의 등기가 모두 직권말소되므로 부동산의 국가귀속에는 등기상 이해관계인의 승낙서를 첨부하여야 할 것으로 보입니다.

사안의 경우 상속인이 부존재할 경우 민법 제1053조에 따른 상속재산관리인을 선임하여야 할 것으로 보이고, 공유물분할소송이 끝난 후에도 부동산의 국가귀속 절차가 필요한 경우라면 상속재산관리인이 민법 제1053조 내지 제1057조의2에서 규정한 절차를 거친 후 등기상 이해관계인의 승낙서를 첨부하여 국가 앞으로 소유권이전등기를 하여야 할 것으로 보입니다.

국유재산법 제12조는 소유자 없는 부동산의 처리에 관하여 규정하고 있고, 총괄청은 기획재정부장관입니다.

**국유재산법 제12조**(소유자 없는 부동산의 처리)

① 총괄청이나 중앙관서의 장은 소유자 없는 부동산을 국유재산으로 취득한다.

② 총괄청이나 중앙관서의 장은 제1항에 따라 소유자 없는 부동산을 국유재산으로 취득할 경우에는 대통령령으로 정하는 바에 따라 6개월 이상의 기간을 정하여 그 기간에 정당한 권리자나 그 밖의 이해관계인이 이의를 제기할 수 있다는 뜻을 공고하여야 한다.

③ 총괄청이나 중앙관서의 장은 소유자 없는 부동산을 취득하려면 제2항에 따른 기간에 이의가 없는 경우에만 제2항에 따른 공고를 하였음을 입증하는 서류를 첨부하여 「공간정보의 구축 및 관리 등에 관한 법률」에 따른 지적소관청에 소유자 등록을 신청할 수 있다.

④ 제1항부터 제3항까지의 규정에 따라 취득한 국유재산은 그 등기일부터 10년간은 처분을 하여서는 아니 된다. 다만, 대통령령으로 정하는 특별한 사유가 있으면 그러하지 아니하다.

판례는 「특정인 명의로 사정된 토지는 특별한 사정이 없는 한 사정명의자나 그 상속인의 소유로 추정되고, 토지의 소유자가 행방불명되어 생사 여부를 알 수 없다 하더라도 그가 사망하고 상속인도 없다는 점이 입증되거나 그 토지에 대하여 민법 제1053조 내지 제1058조에 의한 국가귀속 절차가 이루어지지 아니한 이상 그 토지가 바로 무주부동산이 되어 국가 소유로 귀속되는 것이 아니며, 무주부동산이 아닌 한 국유재산법 제8조에 의한 무주부동산의 처리절차를 밟아 국유재산으로 등록됐다 하여 국가 소유로 되는 것도 아니다.(대법원 1999. 2. 23. 선고 98다59132 판결 [소유권이전등기])」라고 판시하였으니 참고하시기 바랍니다.

출처 : 국민신문고

# 낙찰과 동시에 차순위신고인과의 협상을 통해 수익 실현

## | 임야, 건물·토지지분, 잔금미납요청 |

**2020타경102224** • 창원지방법원 마산지원 • 매각기일 : 2021.02.18(木) (10:00) • 경매 3계(전화:055-240-9415)

| 소재지 | 경상남도 의령군 정곡면 상촌리 외 1필지 도로명검색 지도 지도 지도 주소 복사 | | |
|---|---|---|---|
| 물건종별 | 임야 | 감정가 | 7,494,948원 |
| 토지면적 | 전체: 32433㎡(9810.98평)<br>지분: 2948.45㎡(891.91평) | 최저가 | (100%) 7,494,948원 |
| 건물면적 | 9.36㎡(2.83평) | 보증금 | (10%) 749,500원 |
| 매각물건 | 건물전부, 토지지분 | 소유자 | 박○○ |
| 개시결정 | 2020-05-21 | 채무자 | 박○○ |
| 사건명 | 강제경매 | 채권자 | 서울보증보험(주) |

오늘조회: 1 2주누적: 2 2주평균: 0 조회동향

| 구분 | 매각기일 | 최저매각가격 | 결과 |
|---|---|---|---|
| 1차 | 2021- | 7,494,948원 | |
| 매각 : 7,843,000원 (104.64%) / 미납 | | | |
| 매각결정기일 : 2021. | | | |
| 차순위신고금액 : 7,499,948원 (100.07%) | | | |
| 매각결정기일:2021 -차순위매각허가결정 | | | |
| 대금납부 2021.04.21 | | | |
| 대금지급기한 : 2021.05.04 | | | |
| 배당기일 : 2021.06.10 | | | |
| 배당종결 2021.06.10 | | | |

출처 : 옥션원

지목이 임야인 지분경매 물건이며 소액투자가 가능한 물건으로 낙찰을 받는다면 타 공유지분권자와 협의가 가능하다는 판단으로 입찰에 참여하기로 결정했다.

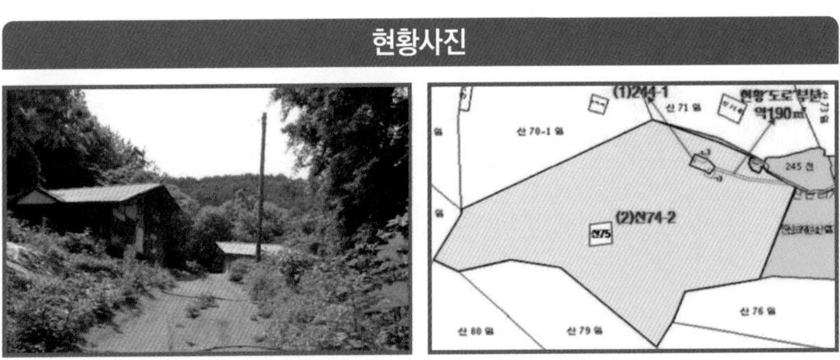


## 소유지분 현황

1. **소유지분현황 ( 갑구 )**

| 등기명의인 | (주민)등록번호 | 최종지분 | 주 소 | 순위번호 |
|---|---|---|---|---|
| 박 (공유자) | ******* | 11분의 1 | | 5 |
| 하 (공유자) | ******* | 11분의 10 | | 10, 11, 12, 13, 14, 15, 16, 17, 18, 19 |

신건이라 매각일의 맨 마지막에 매각 여부를 확인하는 물건이었고, 시간이 지날수록 사람들이 입찰장을 빠져나가서 입찰장이 한산했다. 해당 물건의 최고가매수신고인을 확인하는 시간이 다가올 때쯤에 입찰 결과를 기다리는 듯한 2명이 있었고, 긴장하면서도 웃으면서 이야기하는 모습을 보며 그들의 낙찰과 필자의 패찰을 예상했다. 필자는 당연히 입찰경쟁자가 없을 것이라고 생각했고, 만약 있더라도 최저가 금액일 것이라고 판단하고 입찰가격을 높게 기재하지 않았기 때문이다. 하지만 매각결과 필자가 최고가매수신고인이 됐고, 서로 이야기를 나누던 이들이 2등을 하고 차순위매수신고를 했다.

낙찰영수증(보관금영수증)을 받고 나오니 차순위신고인이 필자를 붙잡으며 이야기를 하자고 말했다. 이는 무조건 좋은 신호이지만 바로 협상을 시작하기보다는 시간을 두고 흥분을 가라앉히고 협상하는 것이 여러모로 좋은 결과를 가져온다는 것이 많은 경험을 통해 체득한 필자의 노하우이므로, 협상에 안달이 난 상대방에게 지금 급한 일이 있으니 오후 4시경에 연락을 하겠다는 말과 함께 상대방의 연락처만 받고 법원을 나섰다.

차순위매수신고인의 입찰표를 보면 정말 감정가격에서 1원도 올리지 않았음을 알 수 있다. 이는 정말 그 누구도 입찰을 하지 않을 것이라는 확신의 의미일 텐데, 필자가 입찰했으니 얼마나 놀랐겠는가!

**차순위매수신고인의 입찰표**

기 일 입 찰 표

창원지방법원 마산지원 집행관 귀하 　　입찰기일 : 2024년 2월 18일

| 사건번호 | 2020 타경 [가림] 호 | 물건번호 | 1 |
|---|---|---|---|
| 입찰자 본인 성명 | 김 [가림] ㊞ | 전화번호 자택/휴대폰 | [가림] |
| 주민(사업자) 등록번호 | [가림] | 법인등록번호 | |
| 주소 | [가림] | | |
| 대리인 성명 | ㊞ | 본인과의 관계 | |
| 주민등록번호 | | 전화번호 | - |
| 주소 | | | |
| 입찰가격 | 74,149,148 원 | 보증금액 | 7,500,000 원 |
| 보증의 제공방법 | ☑ 현금·자기앞수표 / □ 보증서 | (초과) 보증을 반환 받았습니다. | 입찰자 김 [가림] ㊞ |

※ 주의사항 ※

1. 입찰표는 물건마다 별도의 용지를 사용하십시오. 다만, 일괄입찰시에는 1매의 용지를 사용하십시오.
2. 한 사건에서 입찰물건이 여러개 있고 그 물건들이 개별적으로 입찰에 부쳐진 경우에는 사건번호외에 물건번호를 기재하십시오.
3. 입찰자가 법인인 경우에는 본인의 성명란에 법인의 명칭과 대표자의 지위 및 성명을, 주민등록번호란에는 입찰자가 개인인 경우에는 주민등록번호를, 법인인 경우에는 사업자등록번호를 기재하고, 대표자의 자격을 증명하는 서면(법인의 등기부 등·초본)을 제출하여야 합니다.
4. 주소는 주민등록상의 주소를, 법인은 등기부상의 본점소재지를 기재하시고, 신분확인상 필요하오니 주민등록증을 꼭 지참하십시오.
5. **입찰가격은 수정할 수 없으므로, 수정을 요하는 때에는 새 용지를 사용하십시오.**
6. 대리인이 입찰하는 때에는 입찰자란에 본인과 대리인의 인적사항 및 본인과의 관계 등을 모두 기재하는 외에 본인의 위임장(입찰표 뒷면을 사용)과 인감증명을 제출하십시오.
7. 위임장, 인감증명 및 자격증명서는 이 입찰표에 첨부하십시오.
8. 일단 제출된 입찰표는 취소, 변경이나 교환이 불가능합니다.
9. **공동으로 입찰하는 경우**에는 공동입찰신고서를 입찰표와 함께 제출하되, 입찰표의 본인란에는 **"별첨 공동입찰자목록 기재와 같음"**이라고 기재한 다음, 입찰표와 공동입찰신고서 사이에는 공동입찰자 전원이 간인 하십시오.
10. 입찰자 본인 또는 대리인 누구나 보증을 반환 받을 수 있습니다.
11. 보증의 제공방법(현금·자기앞수표 또는 보증서)중 하나를 선택하여 ☑표를 기재하십시오.

※ 뒷면에 위임장서식이 인쇄되어 있습니다.

출처 : 경매 서류 열람

이 책에서 사례로 소개하지는 못하지만 몇 년 전 큰 태풍의 영향으로 TV, 라디오 등의 미디어에서 안전 경고 방송을 많이 한 적이 있다. 그런데 당시 태풍의 경로가 한국에 오전 일찍 도착해서 오른쪽으로 꺾이는 것이 아닌가! 이를 보고 태풍의 영향권에서 벗어나 있는 지도상 왼쪽에 위치한 법원 근처로 태풍 오기 전인 하루 전날 가서 숙박을 하고 입찰을 한 적이 있는데, 입찰을 하고자 했던 물건은 일명 '알박기 토지'로 낙찰만 받는다면 충분한 수익이 보장되는 물건이었다. 입찰 당일 아침에 '설마 이 태풍에 누가 입찰을 할까?'라는 생각으로 단독낙찰을 예상하며 최저매각가격에서 100원을 올려 적었다.

하지만 예상과는 다르게 단독입찰이 아니라 입찰자는 총 2명이라는 집행관의 발표가 있었다. 필자는 최저매각금액에서 100만 원, 10만 원도 아닌 100원을 더 올려 적었으니 상대방이 최저매각금액 그대로 입찰하지 않고서는 낙찰이 될 수 없었고, 역시나 결과는 패찰이었다. 결과는 당연했지만 상대방도 낙찰 시간 전까지 마음을 많이 졸였을 것으로 생각한다. 왜냐하면 상대방은 경매 매수신청대리인과 같이 동행해서 입찰을 했는데, 상대방 또한 최저매각금액에서 500원도 안 되는 금액을 올려 적었기 때문이다. 낙찰은 됐지만 결과를 보기 전까지는 상대방도 자신이 패찰했다고 생각하지 않았을까? 이러한 경험이 있기에 이번 경매 물건에서 패찰한 이들의 마음을 십분 이해한다.

오후 늦게 필자의 연락을 기다리고 있었을 상대에게 연락을 하니, 첫 마디가 협의금액을 선 제시하는 협상 요청이었다. 필자는 금액을 더 올리고 싶었으나 상대방의 다급한 요청을 외면하기 힘들었고, 필자는 앞서 말했듯이 양측 모두 윈윈하는 방법을 선호하므로 상대방의 요청을 수긍했다. 다만 그 금액에 입찰보증금을 더 받기로 하고 협의를 마무리 지었다. 협상이 마무리 됐으니 과연 어디서 만날 것인가? 필자의 집 근처 공용주차장에서 만나서 자동차 보닛 위에서 잔금미납확약서에 각자 날인 후 협의를 마쳤다(※투자자라면 도장과 인주는 항상 준비가 되어 있어야 한다).

잔금미납확약서에 각각 도장 날인한 사진

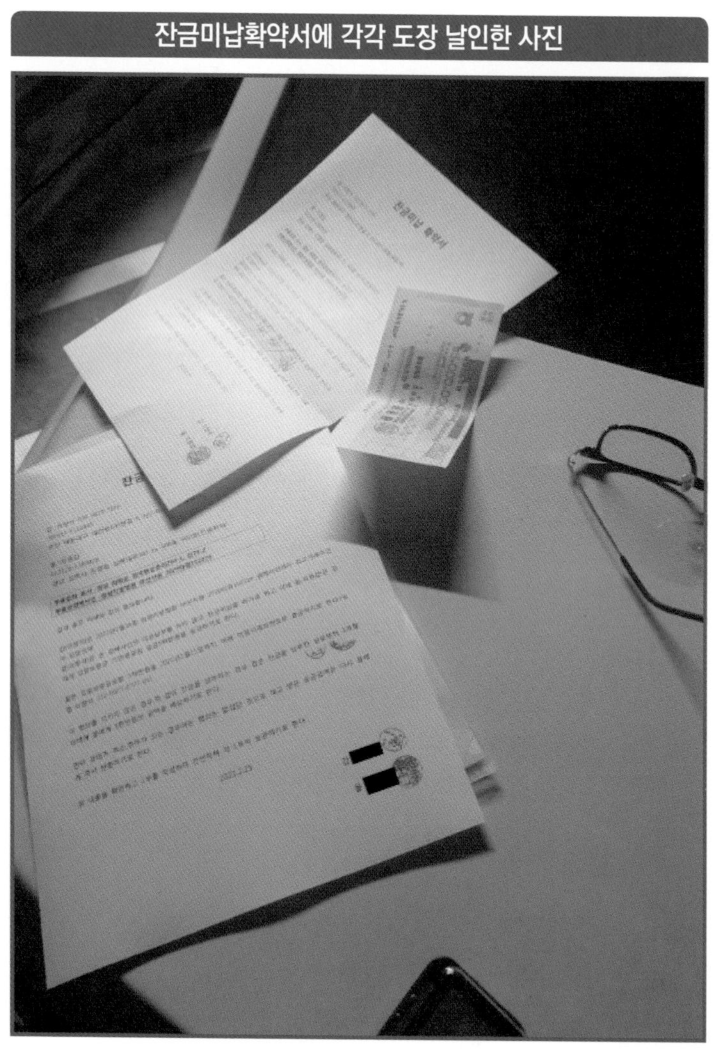

## 잔금미납확약서

잔금미납 확약서

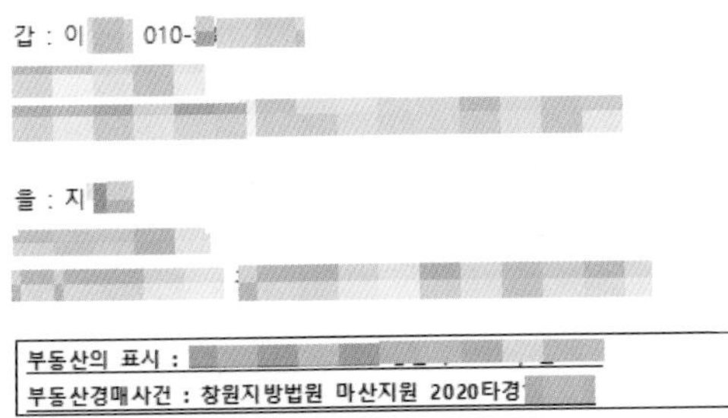

갑 : 이 010-

을 : 지

부동산의 표시 :

부동산경매사건 : 창원지방법원 마산지원 2020타경

갑과 을은 아래와 같이 협의합니다.

갑(이 은 2021년2월18일 창원지방법원 마산지원 2020타경 경매사건에서 최고가매수인이 되었으며

갑(이 )은 본 경매사건의 대금납부를 하지 않고 잔금미납을 하기로 하고 이에 을(지 은 갑에게 입찰보증금 75만원외 교통비를 송금하기로 한다.

을은 입찰보증금외 금액을 2021년2월26일까지 아래 이 계좌번호로 송금하기로 한다. (농협 이

이 협의를 지키지 않은 경우, 즉 갑이 잔금을 납부하는 경우 갑은 잔금을 납부한 날로부터 3개월 이내에 을에게 1천만원의 금액을 배상하기로 한다.

만약 경매가 취소,취하가 되는 경우에는 협의는 없었던 것으로 하고 받은 송금금액은 다시 을에게 즉시 반환하기로 한다.

위 내용을 확인하고 2부를 작성하여 간인하여 각 1부씩 보관하기로 한다.

2021.2.22

갑 이 (인)

을 지 (인)

낙찰자가 잔금 미납을 하기로 협상을 한 경우에 주의할 점은 절대로 차순위매수신고인이 대금 납부를 한 후에 협상금액을 받기로 하면 안 된다는 것이다. 낙찰자가 잔금 미납을 한 후에 차순위신고인이 잔금을 납부하기까지의 기간이 보통 약 2달 이상 소요되기 때문에 낙찰자의

매각허가결정 여부를 확인할 수 있는 날에 합의한 금액을 받는 것이 좋다. 즉, 경매의 진행날짜로 보면 2월 18일에 낙찰을 받고 7일 후인 2월 25일에 매각허가 여부가 결정되므로 2월 25일이나 2월 26일에 협의한 금액을 받는 것으로 하면 된다. 꼭 정해진 것은 없으니 각자 납득할 만한 날짜로 협의하면 된다.

그렇다면 차순위매수신고인은 자신이 원하는 잔금 납부 및 소유권이전등기를 언제 할 수 있을까? 경매 낙찰일인 2월 18일에서 먼저 최고가매수신고인이 잔금 미납을 한 후에 차순위매수신고인의 매각허가 여부가 결정이 나면 비로소 잔금 납부가 가능하다. 따라서 약 2달 정도의 기간이 지난 4월 21일에 차순위매수신고인이 잔금 납부를 할 수 있었다.

| 경매 일자 | 진행 내용 |
|---|---|
| 2월 18일 | 경매 매각일 |
| 2월 25일 | 매각허가결정일(최고가매수신고인) |
| 3월 26일 | 대금 납부 기한 |
| | 잔금 납부 미납(최고가매수신고인) |
| 4월 13일 | 매각허가결정일(차순위매수신고인) |
| 5월 4일 | 대금 납부 기한 |
| 4월 21일 | 대금 납부(차순위매수신고인) |

참고로 이번 경매 물건은 미등기건물인 제시외건물이 매각에 포함됐는데 어떻게 포함될 수 있었는지 궁금하지 않은가?

## 감정평가서

| 공부(公簿)(의뢰) | | 사 정 | |
|---|---|---|---|
| 종 류 | 면적 또는 수량 | 종 류 | 면적 또는 수량 |
| 토지 | 32,433x$\frac{1}{11}$ | 토지 | 2,948.45 |
| (제시외 건물) | (103x$\frac{1}{11}$) | 건물 | 9.36 |

투자를 하다 보면 채권자의 입장에서 경매를 신청하는 경우가 생기고, 그렇다면 토지 지상의 건물도 같이 경매 신청을 하고 싶지만 미등기, 무허가인 건물의 경우에는 현실적으로 경매 신청이 매우 어렵다. 그렇다면 해당 물건은 왜 건물이 매각에 포함됐을까? 답은 해당 건물은 미등기건물이지만 과세대장상 '창고'이므로 민법 제100조, 동법 제256조의 '종물' 또는 '부합물'에 해당되기 때문이다.

## 재산세과세대장

2020년도 재산세(건축물등) 과 세 대 장

| 관리번호 | | | | | | | |
|---|---|---|---|---|---|---|---|
| 시군 | 읍면동 | 특 | 본번 | 부번 | 동 | 호 | 가지 |
| 48720 | 360 25 | 1 | 0244 | 0001 | 0001 | 0101 | 000001 |

244-1

출력일자 : 2020-12-14
출력시간 : 13:52:00
페 이 지 : 1

1. 납세의무자 현황

| 성 명(명 칭) | 주 소 | 주민(법인) 등록번호 | 지분 | 취득일자 | 변동일자 | 변동사유 | 비 고 |
|---|---|---|---|---|---|---|---|
| 하 | | -******* | 90.9 | 2003-03-31 | 2018-07-05 | | |
| 박 | | -******* | 9.09 | 2003-03-31 | 2018-07-05 | | |

2. 건축물 현황

| 배치번호 | 구조코드 / 명<br>용도코드 / 명<br>위치코드 / 공시지가 | 신축년도<br>취득일자<br>기준시가 | 면적(㎡) 본 면적<br>지하 면적<br>공유 면적 | 지하대피소<br>지상차고<br>지하차고 | 층수<br>가구수 | 과표가감 | 중과감면<br>과세코드<br>코드명 | (도시지역분)<br>과세코드<br>코드명 | 지역자원시설세<br>과세코드<br>코드명 | 비 고 |
|---|---|---|---|---|---|---|---|---|---|---|
| 000001 | 62 경량철골조<br>512 창고<br>01 4240 | 2003년<br>2003-03-31<br>0 | 54.0000<br>0.0000<br>0.0000 | 0.0000<br>0.0000<br>0.0000 | 01<br>1 | 0.00 | 0000000000<br>일반과세 | 9000000000<br>과세대상제외물건 | 0000000000<br>일반과세 | |

3. 시설물·항공기·선박 현황

| 구분 | 종류 | 명칭 | 재원/용도/형식 | 시설개요 | 설치/건조/제작/년도 | 기타 |
|---|---|---|---|---|---|---|
| | · | | | | 사항1:.00 사항2:.00사항3:.00대수:.00취득년식: | 시가표준 : |

| 원 본 대 조 필 |
|---|
| 2020 년 12 월 14 일 |
| 의 령 군 정 곡 면 장 |
| 확 인 자 : |

출력자 :

사례 18

# 지방 재건축 대상 상가 낙찰로 세월을 낚다

## | 근린상가, 토지·건물 일괄매각, 소액투자 |

**2016타경9652** • 창원지방법원 통영지원 • 매각기일 : 2017.05.04(木) (10:00) • 경매 1계(전화:055-640-8501)

| 소 재 지 | 경상남도 통영시 봉평동 352. 주공아파트점포 [도로명검색] [지도] [지도] [지도] [주소 복사] | | |
|---|---|---|---|
| 새 주 소 | 경상남도 통영시 봉수로 86. 주공아파트점포 | | |
| 물건종별 | 근린상가 | 감 정 가 | 18,000,000원 |
| 대 지 권 | 27.9㎡(8.44평) | 최 저 가 | (100%) 18,000,000원 |
| 건물면적 | 18.02㎡(5.45평) | 보 증 금 | (10%) 1,800,000원 |
| 매각물건 | 토지·건물 일괄매각 | 소 유 자 | 백○○ |
| 개시결정 | 2016-12-28 | 채 무 자 | 백○○ |
| 사 건 명 | 강제경매 | 채 권 자 | 서울보증보험(주) |

오늘조회: 1 2주누적: 0 2주평균: 0 [조회동향]

| 구분 | 매각기일 | 최저매각가격 | 결과 |
|---|---|---|---|
| 1차 | 2017- | 18,000,000원 | |
| 매각 : 21,430,000원 (119.06%) | | | |
| (입찰6명,매수인:이○○ / 차순위금액 20,370,070원) | | | |
| 매각결정기일 : 2017. - 매각허가결정 | | | |
| 대금지급기한 : 2017.06.12 | | | |
| 대금납부 2017.06.02 / 배당기일 2017.06.28 | | | |
| 배당종결 2017.06.28 | | | |

출처 : 옥션원

지방의 아파트 상가이며 토지·건물 일괄매각인 일반 경매 물건이다. 감정가격이 시세 대비 낮게 평가된 것으로 분석되고, 투자금액이 소액인 것이 장점이며 또한 건축 연수가 37년이 넘어 재건축이 예상되는 것이 투자 포인트였다.

과거 재건축을 진행했던 추진위원의 연락처를 알게 되어 재건축에 관한 문의를 했고, 재건축이 중단된 이유를 통해 다시금 충분히 재건축이 가능한 물건이라 판단해 향후 매매차익을 기대할 수 있다고 생각했다. 이 시기는 보유한 주택 수에 상관없이 경락대출이 자유롭게 가능했던 시기라서, 아파트 2건 입찰을 결정하면서 이번 경매 사건은 곁다리 입찰 물건으로 진행했다. 다만 부동산의 가치와 하자 및 미납관리비 등을 확인할 임장을 하지 않아, 밤늦게까지 입찰 여부를 고민했다. 그렇게 최종 판단은 입찰 당일 법원에 가기 전 일찍 임장을 통해 결정하기로 했다.

**상가 현황 사진**

다행히 오전 이른 시간에 옆 호실 슈퍼가 문을 열었기에 음료수를 사면서 사장님께 이번 경매 물건 호실에 관해 문의했다. 현 임차인에 대한 정보 외에도 경매 물건을 보러 여태 많은 사람들이 왔다 갔으며 어제

주말에도 몇 명이 방문해서 여러 가지를 물어보고 갔다는 정보를 얻을 수 있었다. 이를 통해 최소 몇 명이 입찰에 참여할 것인지 예상할 수 있었다. 부동산의 시세 파악이 어려운 상황에서 이 물건을 꼭 낙찰받고 싶은 이가 아마 2,100만 원 정도의 금액으로 입찰하지 않을까 예상했고, 필자는 2,143만 원을 기재해서 낙찰을 받았다. 참고로 원 목표였던 아파트 2건 중 1건은 낙찰을 받았고, 1건은 패찰을 했다. 곁다리 입찰 물건이었지만, 임장으로 파악한 정보를 토대로 낙찰이 되어, 최고가매수신고인으로 호명되는 순간에 매우 짜릿하고 좋은 느낌을 받았다.

재건축까지 많은 시간이 소요될 것이므로, 현재의 임차인과 재계약을 하면서 세월을 낚는 것이 가장 좋은 방법이어서 임차인과의 재계약이 관건이었다. 대항력 있는 임차인의 보증금 200만 원은 배당이 될 것이고, 2009년부터 지금까지 계속해서 계약을 연장하고 있으므로 경매 낙찰자와도 재계약이 쉬울 것이라고 생각했다.

### 매각물건명세서의 임차인 임대 내용

| 점유자 성 명 | 점유 부분 | 정보출처 구 분 | 점유의 권 원 | 임대차기간 (점유기간) | 보 증 금 | 차 임 | 전입신고 일자, 사업자등록 신청일자 | 확정일자 | 배당 요구여부 (배당요구일자) |
|---|---|---|---|---|---|---|---|---|---|
| 김 | 전부 | 현황조사 | 주거 임차인 | 2009.09.03~현재 | 2,000,000 | 150,000 | 2009.09.24 | 미상 | |
| | 전부 | 권리신고 | 주거 임차인 | 2009.09.03~현재 | 2,000,000 | 150,000 | 2009.09.24 | | 2017.01.19 |

낙찰을 받은 당일 임차인에게 방문했으나 휴무라서 그냥 돌아왔고, 대신 서류열람으로 파악한 임차인 연락처로 연락해서 낙찰자임을 밝히고 협의를 시작했다. 통화를 통해 임차인이 나이가 많고, 돈을 버는 목적보다는 여가로 상가를 운영 중에 있으며 낮은 월세금액으로 계약이 되면 재계약을 하고 아니라면 나가겠다는 의향을 내비쳤다. 그러면서 계약을 하더라도 보증금 200만 원은 배당을 받고 나서 주겠다는 요청을 했다. 필자 또한 세월을 낚아야 하므로 임차인의 조건에 흔쾌히 동의하며, 잔금 납부일에 만나서 임대계약서를 작성하기로 했다. 잔금을 납부하고 임차인과 만나 미리 작성한 월세계약서 2부를 확인 및 날인하고 임대계약을 완료했으며 현재까지도 계속해서 재계약 중이다.

상가라서 소유자로서 해야 할 것은 부가가치세, 종합소득세 신고뿐이고, 그 외에는 관리할 것이 없는 것 또한 장점이다. 또한 법인은 주택의 경우 주택보유에 따른 종합부동산세 부담이 있는데, 이러한 상가 물건은 법인 투자자들에게는 좋은 투자 대상이기도 하다.

## 【배당표】

창원지방법원 통영지원

배 당 표

사 건 2016타경[redacted] 부동산강제경매

| 배당할금액 | | 금 | 21,431,439 | |
|---|---|---|---|---|
| 명세 | 매각대금 | 금 | 21,430,000 | |
| | 지연이자 및 절차비용 | 금 | 0 | |
| | 전경매보증금 | 금 | 0 | |
| | 매각대금이자 | 금 | 1,439 | |
| | 항고보증금 | 금 | 0 | |
| 집행비용 | | 금 | 1,492,512 | |
| 실제배당할 금액 | | 금 | 19,938,927 | |
| 매각부동산 | | 별지 기재와 같음 | | |
| 채권자 | | 김 | | |
| 채권금액 | 원금 | 2,000,000 | 880,080 | 79,469,098 |
| | 이자 | 0 | 0 | 14,343,622 |
| | 비용 | 0 | 0 | 0 |
| | 계 | 2,000,000 | 880,080 | 93,812,720 |
| 배당순위 | | 1 | 2 | 3 |
| 이유 | | 임차인[상가-최우선소액임차인] | 교부권자[공과금] | 신청채권자[부산지방법원 2016가단1478] |
| 채권최고액 | | 0 | 0 | 0 |
| 배당액 | | 2,000,000 | 880,080 | 14,376,214 |
| 잔여액 | | 17,938,927 | 17,058,847 | 2,682,633 |
| 배당비율 | | 100 % | 100 % | 15.32 % |
| 공탁번호 (공탁일) | | 금제 호 ( . . . ) | 금제 호 ( . . . ) | 금제 호 ( . . . ) |

2-1

부동산 투자자라면 임대계약서, 전세계약서, 매매계약서 등의 계약서는 직접 작성해야 하며 특약사항 또한 중요하다. 특약사항은 부동산 종류(아파트, 빌라, 원룸, 오피스텔, 상가, 주택 등)에 따라 조금씩 다르기 때문에 이를 모두 기재하면 너무 많은 지면을 할애해야 하므로 블로그의 글을 참조하도록 하자. 인터넷으로 검색해도 충분할 것이다. 약 20년 동안 여러 종류의 부동산을 임대하면서 필자가 경험적으로 체득한 가장 중요한 특약은 아래와 같다.

특약사항 : 2달 월세 연체 시 임차인은 연체이자 12%를 부담하기로 한다.

개월 수와 연체이자율은 달라질 수 있지만 이 특약 내용이 절대 빠져서는 안 된다. 아주 큰 월세계약이 아닌 경우라면, 실제 연체이자 금액을 계산해보면 그 금액이 크지는 않지만 이 문구 자체가 임차인에게는 큰 부담으로 다가온다. 따라서 월세를 내지 않으려는 임차인을 걸러주는 스크리닝 역할도 해주는 장점이 있다. 간혹 공인중개사나 임차인이 이 특약에 부담감을 말한다면 한마디만 하면 된다.

"월세 안 내실 건가요?"

혹시라도 이 특약을 받아들일 수 없다는 임차인이 있다면 절대 계약하면 안 될 것이다. 이 특약을 문제로 계약을 취소한 임차인은 1명도 없었고, 이 특약을 기재하지 않은 임대차 계약에서 문제가 생겼을 뿐이다.

임대를 하다 보면 좋은 임차인을 만나는 것이 대부분이지만, 간혹 처음부터 월세를 낼 생각이 없는 악성 임차인도 존재하는데 보통 여러 가지 이유를 대면서 보증금 금액을 많이 낮추거나 일단 얼마를 주고 나머지 보증금 금액은 며칠 후에 준다는 경우가 많으므로 주의를 요한다. 이러한 임차인을 만나면 민법상 월세 2달 연체로 인한 계약해지는 아무런 현실적인 효력이 없다는 것을 직면하게 된다. 결국 많은 시간과 비용을 들여서 명도소송과 점유이전가처분과 강제집행, 재산명시신청, 채무불이행자등재신청, 임차인소유 자동차 경매 신청 등을 진행해야 하며 더불어 엄청난 정신적 스트레스를 받는다. 비용을 아끼기 위해 모든 진행을 셀프로 진행하면 더욱 힘들다. 그리고 최종적으로 그동안 밀린 월세금액과 비용을 돌려받기가 불가능한 결과를 마주하면, 그 정신적, 육체적, 금전적인 고통은 말로 설명하기 어려울 정도로 힘들다. 따라서 이는 필자의 경험에서 우러난 아주 중요한 팁이니 유용하게 잘 사용했으면 한다.

월세 대비 보증금이 낮은 상가의 경우에는 아래와 같은 특약사항도 기재해서 미리 분쟁을 예방하기도 한다. 단, 이 특약은 실제 실행의 의미보다는 경고의 의미가 강하고 직거래를 통해 계약하는 경우에 사용하는 편이다.

특약사항 : 3개월 이상 연락 두절 시 임대인은 개문이 가능하고, 짐을 뺄 수 있다.

필자의 경우에는 위 2가지 특약사항을 보통 기재하는 편이다. 이 특약 2개를 기재한 후로는 임차인과의 분쟁이 아직 없었다. 만약 월세 금액이 큰 경우에는 '제소전 화해', '공증'을 이용해서 미리 임차인과의 분쟁을 사전에 예방하는 방법을 사용하는 것이 좋다. 임대사업도 결국 여러 가지 경험과 대처, 그리고 유연한 사고 및 끊임없는 공부가 핵심이고, 임대전문가가 되기 위해서는 어느 정도의 경험과 시간이 필요하므로 너무 급할 필요는 없다. 덧붙여 임차인에게 불리한 사항(특약사항)은 강행규정으로 효력이 없고 임대인은 임차인의 입장에서 중요한 사항인 선순위근저당을 잔금과 동시에 말소, 등기부상 권리변동에 따른 계약해지와 손해배상을 한다는 등의 기재에 당연히 동의해야 한다. 또한 의도적, 계획적인 전세(임대차)사기는 절대 없어야 할 것이다.

**주택임대차보호법 제10조(강행규정)**
이 법에 위반한 약정으로서 임차인에게 불리한 것은 그 효력이 없다.
**상가임대차보호법 제15조(강행규정)**
이 법의 규정에 위반된 약정으로서 임차인에게 불리한 것은 효력이 없다.

**임대차계약서 작성**

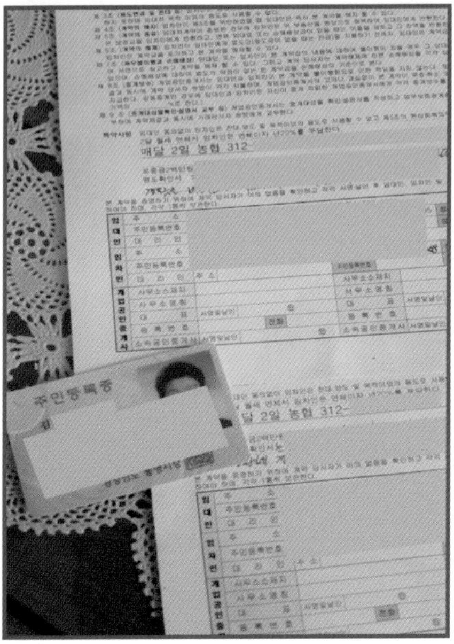

### 과거 재건축 추진위원회 플래카드 사진

### 현재 재건축 추진위원회 플래카드 사진

다음 자료는 이 책에는 사례로 올리지 않은 약 10년 전에 공매로 낙찰받은 아파트의 임차인이 약 7년 정도 거주하다가 이번에 이사를 나가면서 필자와 주고받은 문자다. 해당 임차인이 코로나이슈로 사업이 어려워져 월세가 자주 밀렸지만 필자는 월세 밀리는 것도 이해해주고, 월세도 시세 대비 낮게 조정을 해주는 등 조금이나마 도움을 드렸다. 약 7년간 잘 사시다가 나가신다며 기운 좋은 집이라는 덕담을 서로 주고받으면서 서로의 안녕을 기원하며 마무리하는 것이 보통의 임대인과 임차인의 관계이다. 필자도 다시 한번 임차인의 '안녕과 건강'을 기원한다.

## 이사 나가는 임차인과의 문자 내용

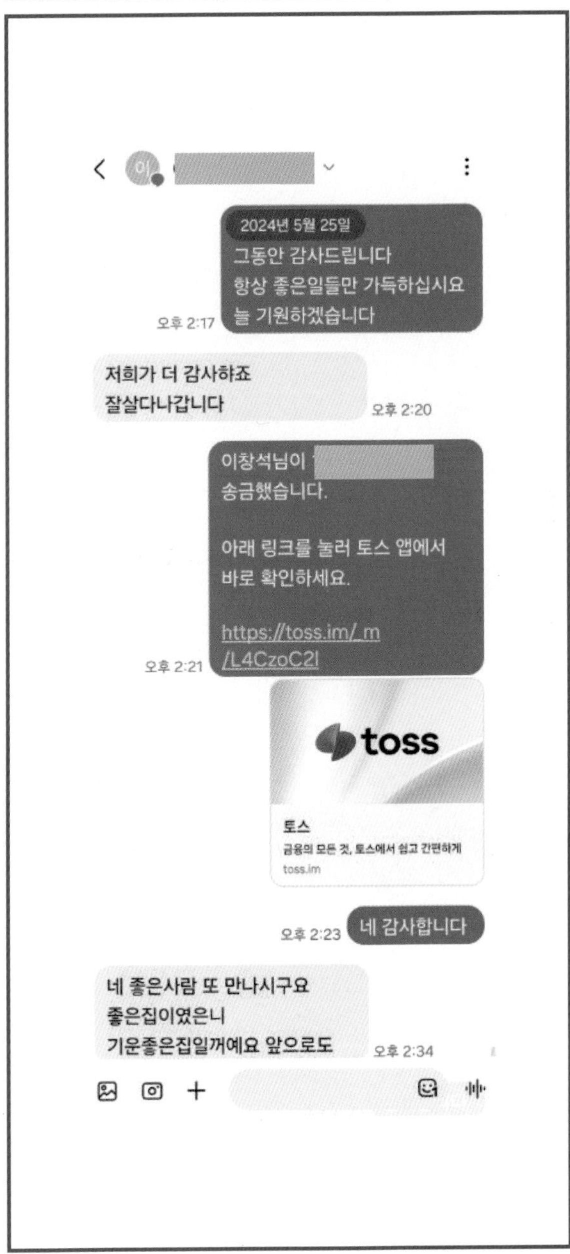

사례 19

# 토지거래허가구역 내 토지 낙찰과 수익 실현의 어려움

## | 도로(현황은 농지), 지분 물건, 토지거래허가구역 |

2021타경 ■■■ • 부산지방법원 서부지원 • 매각기일 : 2022.04.13(水) (10:00) • 경매 2계(전화:051-812-1262)

| 소재지 | 부산광역시 강서구 송정동 ■■■ 도로명검색 지도 지도 지도 주소 복사 | | |
|---|---|---|---|
| 물건종별 | 도로 | 감정가 | 9,493,040원 |
| 토지면적 | 전체: 664㎡(200.86평)<br>지분: 47.43㎡(14.35평) | 최저가 | (80%) 7,594,000원 |
| 건물면적 | | 보증금 | (10%) 759,400원 |
| 매각물건 | 토지만 매각이며,<br>지분 매각임 | 소유자 | 이○○ |
| 개시결정 | 2021-04-30 | 채무자 | 이○○ |
| 사건명 | 강제경매 | 채권자 | (주)케이알앤씨 |

오늘조회: 1 2주누적: 0 2주평균: 0 조회동향

| 구분 | 매각기일 | 최저매각가격 | 결과 |
|---|---|---|---|
| 1차 | 2022-■■ | 9,493,040원 | 유찰 |
| 2차 | 2022-■■ | **7,594,000원** | |
| 매각 : 8,430,000원 (88.8%) | | | |
| (입찰1명,매수인:■■■) | | | |
| 매각결정기일 : 2022.■■ - 매각허가결정 | | | |
| 대금지급기한 : 2022.05.27 | | | |
| 대금납부 2022.05.18 / 배당기일 2022.07.06 | | | |
| 배당종결 2022.07.06 | | | |

출처 : 옥션원

약 15평의 작은 면적의 토지이고, 지목은 도로이지만 현황은 농지인 지분경매 물건이다. 토지거래허가구역 내의 토지이며 소액투자가 장점이다. 또한 매각면적은 14분의 1이지만 공유지분권자는 총 2명이라 상대방이 1명밖에 없는 것도 장점이다. 낙찰만 받는다면 쉽게 협의가 되리라 예상해서 단독낙찰을 받았다.

**현황사진**

이번 물건 또한 곁가지로 입찰에 참여한 물건으로 토지거래허가구역 토지라는 것만 확인하고 임장 없이 낙찰을 받았다. 그런데 상대방과 협상을 하는 도중에 시간을 내서 임장을 직접 가보니 깜짝 놀랐다. 실제 현황은 측량을 해야겠지만 토지의 일부분이 거의 절벽이 아닌가? 임장을 통해 직접 토지를 보는 순간 '잘못 낙찰받았다'라는 생각이 들었고, 이득이 없더라도 매도하겠다는 판단으로 상대방과의 협의에서 감정가격보다 조금 더 받는 방법으로 협의를 시작했다.

상대방에게 필자가 소유한 지분이 14분의 1밖에 되지 않고, 공유지분으로 소유하면서 서로 다투기보다는 토지거래허가구역 내의 토지이므로 상대방이 전체면적을 보유해 향후 많은 이득을 보는 것이 낫지 않겠느냐는 의견을 제시했다. 이를 상대방도 수긍하며 서로 윈윈하는 방법으로 매매를 완료했다.

토지거래허가구역 내의 토지는 경매로 취득은 가능하지만 매도가 어렵다. 하지만 이번 물건은 소형 평수라서 다행히 매매가 가능했다. 토지거래허가구역 내의 토지를 경매로 쉽게 취득할 수 있다는 것은 경매의 장점으로 많이 부각하는 내용이다. 하지만 여기에 가장 중요한 내용은 빠져 있다. 토지거래허가구역 내의 토지를 경매로 취득은 가능하지만, 매도하는 것이 어렵다는 사실이다. 물론 장기 보유로 인한 수익이 더 높을 수도 있겠지만 필자가 알려드리는 내용을 독자께서는 이번 기회를 통해 꼭 기억하기를 바란다.

**여기서 토지거래허가구역이란?**

국토교통부장관 또는 시 · 도지사는 국토의 이용 및 관리에 관한 계획의 원활한 수립과 집행, 합리적인 토지 이용 등을 위해 토지의 투기적인 거래가 성행하거나 지가(地價)가 급격히 상승하는 지역과 그러한 우려가 있는 지역으로서 대통령령으로 정하는 지역에 대해서는 5년 이내의 기간을 정해 토지거래계약에 관한 허가구역으로 지정할 수 있다.

| 구분 | | 허가를 요하는 면적 |
|---|---|---|
| 도시지역 | 주거지역 | 60㎡ 초과 |
| | 상업지역 | 150㎡ 초과 |
| | 공업지역 | 150㎡ 초과 |
| | 녹지지역 | 200㎡ 초과 |
| | 미지정 구역 | 60㎡ 초과 |
| 비도시지역 | 기타 | 250㎡ 초과 |
| | 농지 | 500㎡ 초과 |
| | 임야 | 1,000㎡ 초과 |

일정면적을 초과하는 토지를 취득하고자 하는 자는 사전에 토지이용목적을 명시해 시·군·구청장의 허가를 받아야 하고, 허가를 받은 자는 일정기간 동안 자기거주 자기경영 등 허가받은 목적대로 토지를 이용해야 할 의무를 부과받게 된다.

### Tip 9. 셀프등기 시에 국민주택채권 금액을 틀리게 매입한 경우 해결 방법과 채권 매입을 취소하고 환급받는 방법

셀프등기를 직접 진행하는 경우에는 국민주택채권을 매입해야 하고, 간혹 실제 금액보다 적거나 많은 금액으로 매입하는 실수를 하거나 채권 매입을 할 필요가 없는데도 매입을 하는 경우가 있다. 이때 해결 방법과 환급 방법에 대해 알아보자.

#### 1. 국민주택채권 금액을 틀리게 매입한 경우의 해결 방법

**첫 번째, 국민주택채권 매입을 적게 한 경우**

즉, 실제로는 100,000원을 매입해야 하나 70,000원을 매입한 경우에 해결 방법은 매우 간단하다. 부족한 30,000원을 더 매입한 후, 영수증이 2장이 된 것을 표시(기재)하면 되는 것이다.

**두 번째, 국민주택채권 매입을 실제 금액보다 많이 한 경우**

즉, 실제 70,000원을 매입해야 하나 100,000원을 매입한 경우에 해결방법은 다음과 같다. 처음 잘못 매입한 국민주택채권을 취소하고, 새롭게 국민주택채권을 매입해서 제출하면 된다. 여기서 취소의 방법은 당일 날에는 인터넷으로 쉽게 취소가 가능하지만 날짜가 달라지면 직접 해당 은행에 방문해서 취소해야 한다.

국민주택채권을 매입한 은행의 인터넷사이트에 접속해서 국민주택채권으로 찾아 들어가서 취소를 해야 하지만, 쉽게 찾을 수가 없는 경우에는 검색을 이용해서 찾아 들어가야 한다.

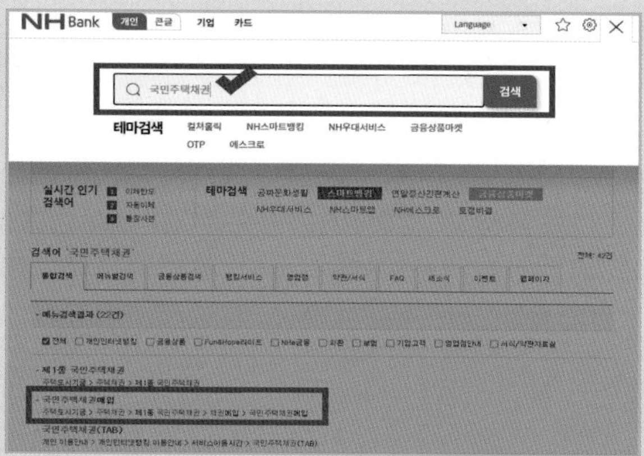


출처 : NH Bank

다음의 사진처럼 550,000원 채권 매입을 해야 하나 실수로 580,000원 채권 매입을 한 경우 당일인 8월 30일에는 취소신청 버튼이 생성되어 있으므로 쉽게 취소가 되지만, 하루가 지난 경우에는 취소신청 버튼이 없는 것을 알 수 있다. 따라서 이런 경우에는 해당 은행에 방문해서 취소를 해야 한다. 아직 소유권이전등기 전이므로 쉽게 취소가 가능하고 바로 돌려준다.

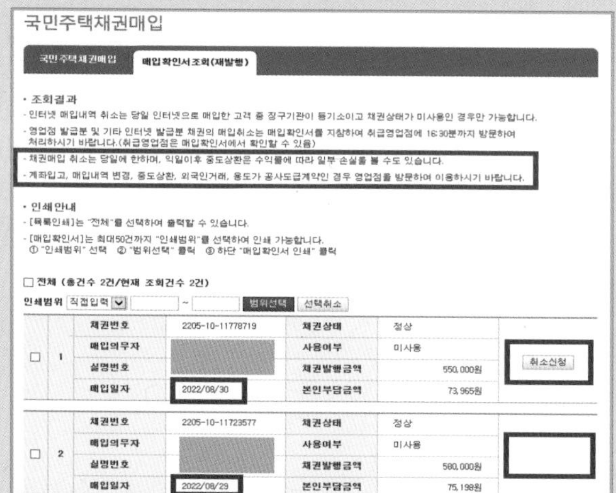

국민주택채권매입

국민주택채권매입 | 매입확인서조회(재발행)

• 조회결과
- 인터넷 매입내역 취소는 당일 인터넷으로 매입한 고객 중 징구기관이 등기소이고 채권상태가 미사용인 경우만 가능합니다.
- 영업점 발급분 및 기타 인터넷 발급분 채권의 매입취소는 매입확인서를 지참하여 취급영업점에 16:30분까지 방문하여 처리하시기 바랍니다.(취급영업점은 매입확인서에서 확인할 수 있음)
- 채권매입 취소는 당일에 한하며, 익일이후 중도상환은 수익률에 따라 일부 손실을 볼 수도 있습니다.
- 계좌입고, 매입내역 변경, 중도상환, 외국인거래, 용도가 공사도급계약인 경우 영업점을 방문하여 이용하시기 바랍니다.

• 인쇄안내
- [목록인쇄]는 "전체"를 선택하여 출력할 수 있습니다.
- [매입확인서]는 최대50건까지 "인쇄범위"를 선택하여 인쇄 가능합니다.
① "인쇄범위" 선택 ② "범위선택" 클릭 ③ 하단 "매입확인서 인쇄" 클릭

□ 전체 (총건수 2건/현재 조회건수 2건)

인쇄범위 직접입력 ~ 범위선택 선택취소

| | | | | | | |
|---|---|---|---|---|---|---|
| □ | 1 | 채권번호 | 2205-10-11778719 | 채권상태 | 정상 | 취소신청 |
| | | 매입의무자 | | 사용여부 | 미사용 | |
| | | 실명번호 | | 채권발행금액 | 550,000원 | |
| | | 매입일자 | 2022/08/30 | 본인부담금액 | 73,965원 | |
| □ | 2 | 채권번호 | 2205-10-11723577 | 채권상태 | 정상 | |
| | | 매입의무자 | | 사용여부 | 미사용 | |
| | | 실명번호 | | 채권발행금액 | 580,000원 | |
| | | 매입일자 | 2022/08/29 | 본인부담금액 | 75,198원 | |

출처 : NH Bank

다음와 같이 취소한 국민주택채권 매입비용인 75,198원을 돌려받아야 하지만 실제로는 75,062원을 돌려받았다. 이처럼 수수료의 차액이 발생한다는 것과 그 차액이 크지 않다는 것만 알면 될 것이다.
참고로 개인인 경우에는 신분증만 있으면 가능하겠지만, 법인인 경우에는 법인등기부, 법인도장, 사업자등록증이 필요하니, 서류를 정확히 챙겨서 은행에 방문하도록 하자.

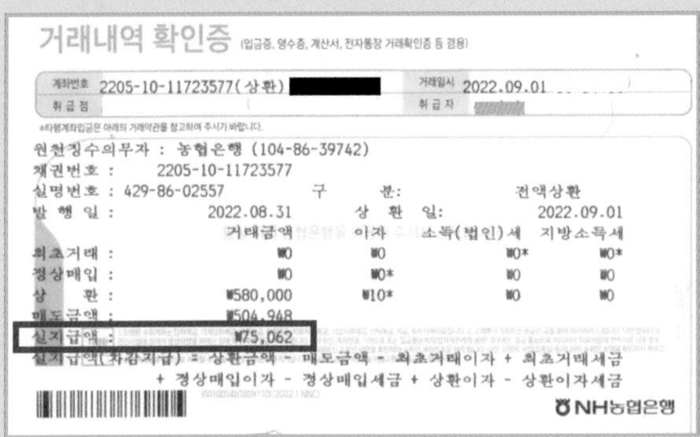

거래내역 확인증 (입금증, 영수증, 계산서, 전자통장 거래확인증 등 겸용)

계좌번호 2205-10-11723577(상환) ■■■■ 거래일시 2022.09.01
취급점 취급자

※타행계좌입금은 아래의 거래약관을 참고하여 주시기 바랍니다.

원천징수의무자 : 농협은행 (104-86-39742)
채권번호 : 2205-10-11723577
실명번호 : 429-86-02557 구 분: 전액상환
발 행 일 : 2022.08.31 상 환 일: 2022.09.01

| | 거래금액 | 이자 | 소득(법인)세 | 지방소득세 |
|---|---|---|---|---|
| 최초거래 : | ₩0 | ₩0 | ₩0* | ₩0* |
| 경상매입 : | ₩0 | ₩0* | ₩0 | ₩0 |
| 상 환 : | ₩580,000 | ₩10* | ₩0 | ₩0 |
| 매도금액 : | ₩504,948 | | | |
| 실지급액 : | ₩75,062 | | | |

실지급액(차감지급) = 상환금액 - 매도금액 - 최초거래이자 + 최초거래세금 + 경상매입이자 - 경상매입세금 + 상환이자 - 상환이자세금

NH농협은행

## 2. 국민주택채권 환급받기(소유권이전등기 완료 후)

소유권이전등기가 완료된 후, 뒤늦게 국민주택채권 매입을 할 필요가 없는데도 잘못 매입한 사실을 알게 되는 경우가 있다. 【매입의무면제기준】에 해당되어야 하며, 예를 들어 농업인인 경우에 농지를 매수하고 국민주택채권을 매입한 경우다. 이 같은 경우에는 환급을 받기 위해서는 먼저 해당 등기소에서 국민주택채권 취소를 한 다음, 해당 은행에서 환급받아야 한다.

### 첫 번째, 등기소(부동산 관할 등기소)를 통한 취소

해당 등기소를 직접 방문해서 취소하거나 아니면 제반서류(농업인의 경우에는 농업경영체등록확인서)를 우편등기로 보내는 방법이 있다. 당연히 해당 등기소에 미리 연락해서 안내를 받도록 하자. 최근에는 해당 등기소에 바로 연락이 안 되며 통합콜센

터 1544-0773로 연락해서 해당 등기소로 연결을 부탁해야 한다.

**두 번째, 해당 은행에 방문을 통한 취소**

등기소로부터 국민주택채권 취소가 되었다는 연락을 받았다면 국민주택채권을 매입한 은행을 직접 방문해서 환급신청을 해야 한다. 신분증과 국민주택채권영수증을 지참해야 한다.

Tip. 은행 창구에서 이러한 일 처리를 해본 경험이 없을 확률이 높으므로 은행 창구 직원에게 '국민주택채권 중도 상환'으로 환급받아야 한다고 알려주면 빠른 처리가 될 것이다. 다만 자동환급 처리가 되는 경우도 있을 수 있으니 미리 계좌로 자동환급이 되었는지 확인하고, 은행을 방문하는 것도 잊지 말자!

시행규칙_별지 제8호서식

국민주택채권 중도상환 신청서

| 실명확인 | 팀원 | 팀장 |
|---|---|---|
| | | |

| 신 청 인 | 성 명 | | 주민등록번호 | |
|---|---|---|---|---|
| | 주 소 | (전화번호) | | |
| 국민주택채권매입사실의 표시 | | | | |
| 매입하여야 할 금액 | 매입한 금액 | 중도상환신청금액 | | 중도상환사유 |
| | | 금 액 | 매입증명번호 | |
| | | | | |

「주택도시기금법 시행령」 제10조 제2항 및 같은법 시행규칙 제9조 제1항에 따라 국민주택채권의 중도상환을 받고자 신청합니다.

년 월 일

신청인 : (서명 또는 인)

좌동지점 *****699(최수정) 1 / 1 14_7005 2024-01-03 오후 01:41

1060033(2022.05.23.개정) NH

## 매입 의무 면제 기준

**(제1종 국민주택채권 매입의무 기준에 대한 세부기준입니다.)**

◆ 행위주체별 국민주택채권 매입면제

1. 국가·지방자치단체·공공기관 등
2. 도시철도채권 매입자
3. **농업/어업/임업인 영농자금 등의 저당권 설정등기**
4. **농업인/영농법인 등의 농지 소유권이전/저당권 설정·이전 등기**
5. 국민주택 규모 이하 주택건설사업자의 저당권 설정등기
6. 종교단체/사회복지법인의 건축허가/소유권보존·이전 등기
7. 사립학교법인(경영자)의 교육용 부동산 소유권보존·이전 등기
8. 국가유공자 등의 대부금 취득재산/대부용 재산 근저당권 설정등기
9. 주택담보노후연금보증/장기주택저당 대출을 받는 자의 근저당권 설정등기
10. 부동산집합투자기구의 임대주택 건설, 매입 등에 대한 건축허가/부동산등기
11. 외국인투자기업의 업무용 건축물 건축허가/부동산 등기
12. 금융기관의 부동산 등기
13. 「도시및주거환경정비법」에 의한 정비사업조합의 대지 보존등기
14. 언론기관의 언론사업용 건물 건축허가/부동산 등기
15. 신공항시설 공항시설물의 건축허가
16. 한국환경자원공사의 업무용 건축물 건축허가/부동산 등기
17. 법인 합병등기 · 중소기업 현물출자 법인 설립등기시 부동산 등기
18. **부동산 담보대출을 받는 중소기업의 저당권 설정등기**
19. 회사분할에 따른 신설회사 설립등기시 부동사(권리) 등기
20. 「농업협동조합법」 조합공동사업법인의 업무용 건축물 건축허가/부동산(권리) 등기

21. 제주국제자유도시개발센터의 업무용 건축물 건축허가/부동산 등기
22. 조세납부의무자의 조세납부관련 저당권 설정등기

◆ 건축허가 시 건축물 용도에 따른 국민주택채권 매입면제

1. 공장용 건축물
2. 교육용 건축물
3. 종교용 건축물
4. 자선용 건축물
5. 공익용 건축물

◆ 타 법령에 의한 국민주택채권 매입면제

1. **도시 및 주거환경정비법**
2. 부품·소재 전문기업 등의 육성에 관한 특별조치법
3. 자산유동화에 관한 법률
4. 전력산업구조개편촉진에 관한 법률
5. 지방소도읍육성지원법시행령
6. 한국철도시설공단법
7. 2012여수세계박람회 지원특별법
8. 2011대구세계육상선수권대회 및 2014인천아시아경기대회 지원법
9. 2018평창동계올림픽경기대회 지원특별법

출처 : 주택도시기금

# 주간선도로와 접한 상가 물건 낙찰을 통한 임대수익과 매매차익 창출

## | 근린상가, 화장실 없는 상가, 상·하수도 인입공사 |

**2017타경**

| 소 재 지 | 경상남도 창원시 마산합포구 | | |
|---|---|---|---|
| 물건종별 | 근린시설 | 감 정 가 | 109,002,900원 |
| 토지면적 | 46.4㎡(14.04평) | 최 저 가 | (100%) 109,002,900원 |
| 건물면적 | 44.06㎡(13.33평) | 보 증 금 | (10%) 10,900,300원 |
| 매각물건 | 토지·건물 일괄매각 | 소 유 자 | 최○○ |
| 개시결정 | 2017-08-24 | 채 무 자 | 최○○ |
| 사 건 명 | 임의경매(공유물분할을위한경매) | 채 권 자 | 김○○ |

오늘조회: 1 2주누적: 0 2주평균: 0

| 구분 | 매각기일 | 최저매각가격 | 결과 |
|---|---|---|---|
| 1차 | 2018- | 109,002,900원 | |
| 매각 : 126,984,000원 (116.5%) | | | |
| (입찰1명,매수인: ) | | | |
| 매각결정기일 : 2018 · 매각허가결정 | | | |
| 대금지급기한 : 2018.03.14 | | | |
| 대금납부 2018.03.14 / 배당기일 2018.06.21 | | | |
| 배당종결 2018.06.21 | | | |

일련번호(2,5) 전경 / 일련번호(2,5) 주위환경

출처 : 옥션원

근린상가이며 토지·건물 일괄매각인 일반 경매 물건이다. 14평으로 면적은 아주 작지만 용도지역이 일반상업지역이며 주간선도로에 접하는 건물이라는 점, 그리고 전면이 아주 길게 나 있다는 장점과 지적도상 뒤편 부동산의 알박기 토지도 된다는 점이 장점이다. 또한 임장 시 유치권을 연상시키는 큰 플래카드가 있었고, 기재되어 있는 연락처로 문의를 하니 알아듣기 힘든 답변을 하기에 역으로 입찰경쟁자가 많이 없을 것이라고 판단해 좋은 기회라고 생각했다. 주간선도로에 붙은 전면이 긴 상가를 이 가격에 낙찰받는다면 충분한 수익을 얻을 수 있다는 판단하에 입찰에 참여해서 단독낙찰을 받았다.

낙찰 후, 주위 건물주들과 인근 상가 사장님들이 하나같이 자신들이 입찰하려고 했으나 뭔가 법적으로 문제가 많다고 소문이 났었고 플래카드도 붙어 있어서 입찰이 꺼려졌다는 말을 공통적으로 했다. 또한 옆집과 뒷집에서도 매도와 매수 문의도 많이 와서, 필자의 판단이 맞았다는 것을 알 수 있었다. 단타보다는 임대수익을 얻으면서 시간을 보낼수록 매매차익이 커진다고 판단했고, 최근에는 개발업자로부터 연락이 지속적으로 오고 있는 등 긍정적인 신호가 계속되고 있다.

현황사진

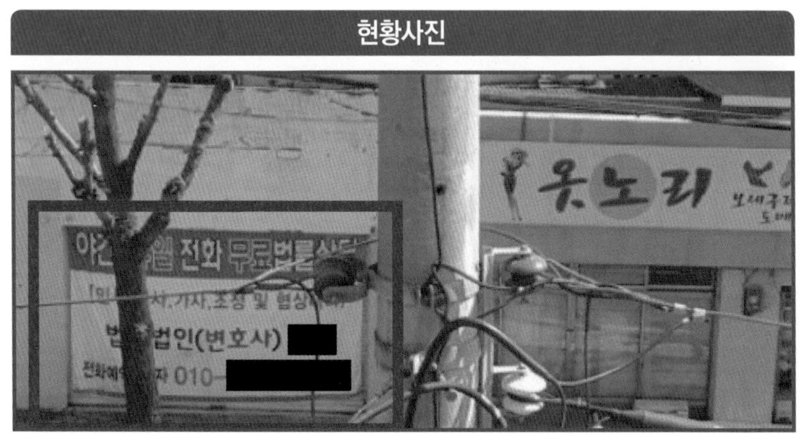

낙찰을 받은 후 임대와 수리에 대한 고민을 했을 뿐 명도에 대해서는 생각도 하지 않을 만큼 신경을 쓰지 않았는데 웬걸 임차인의 명도 저항이 생각보다 높았다. 임차인에게 내용증명(부동산인도안내서)을 보냈으나 아무런 답변이 없기에 배송 진행상황을 확인하니 21일에 우편을 수령한 것으로 확인이 됐다. 내용증명을 받고도 계속해서 연락이 없어 결국 현장을 찾아가서 상가 점포에 붙은 연락처로 연락을 하니 현재 병원에 입원을 한 상태이고 퇴원을 하면 그때 연락을 하겠다고 답변이었지만, 시간이 지나도 계속해서 연락이 쉽게 닿지 않아 어려움이 많았다.

**인터넷 우체국에서 확인한 내용증명 배송 진행상황**

**배송 진행상황**

| 날짜 | 시간 | 현재위치 | 처리현황 |
|---|---|---|---|
| 2018.02.18 | 13:23 | 인터넷 | 접수 |
| 2018.02.19 | 22:22 | 동서울우편집중국 | 발송 |
| 2018.02.20 | 03:35 | 창원우편집중국 | 도착 |
| 2018.02.20 | 13:15 | 창원우편집중국 | 발송 |
| 2018.02.20 | 13:16 | 마산합포우체국 | 도착 |
| 2018.02.21 | 08:57 | 마산합포우체국 | 배달준비 집배원: |
| 2018.02.21 | 15:43 | 마산합포우체국 | 배달완료 ( 배달 ) (수령인: 님 - 본인) |

## 첫 번째, 내용증명(부동산인도안내서)

# 내 용 증 명

**제목 : 부동산 인도 안내서**

수신인 :
주　소 :

발신인 :
주　소 :
연락처 :

1. 귀하의 일익 번창하심을 기원합니다.

2. 창원지방법원 2017타경 경남 창원시 마산합포구 [임의경매사건]에 낙찰자입니다.

대법원-창원지방법원 집행관의 현황조사서에 조사된 사실로서, 현 근린시설의 임차인으로 등록, 신고된 님에게 부동산 인도 안내서를 보내니 읽어보시고 연락부탁드립니다.

2018년 02월 08에(목) 해당 부동산이 낙찰이 되었으며, 잔금일이 대략 3월12일쯤 정해질 예정입니다.
잔금을 내면 민법상 소유권이 낙찰자에게로 넘어오게 되니 그 전까지 부동산 인도를 부탁드립니다.
잔금내기 전까지 부동산 인도를 해주셔야 하며, 인도를 거부할시에는 부당이득반환청구를 할 예정입니다.
( 부당이득반환청구금액 : 낙찰가 126,984,000의 15% =19,047,600원/년, 매 월1,587,300원을 청구합니다.)

경매진행기간이 오랜기간 진행되었고, 님께서도 임차보증금의 배당요구를 법원에 제출하셨기에 낙찰자에게 부동산인도를 해야함을 알고 계신다 생각되어집니다.
따라서 잔금예정일 전에 명도를 부탁드립니다.

부동산 인도시에 낙찰자의 [명도확인서]와 [낙찰자의 인감증명서]의 2개 서류를 드리겠습니다.
2개 서류를 법원에 제출해야지만 배당을 받을 수 있으니 이점 참고하십시요

2018.02.15

임차인의 주장은 다음과 같았다. 지인 중에 경매 고수가 있는데 그분이 이사비용으로 기백만 원에서 일천만 원을 받을 수 있다고 했다며, 자신이 임차를 할 때 최소 10년을 바라보고 임차를 했고, 건물 수리비용으로도 많은 돈이 들었으므로 지금 이사를 가는 것은 큰 손해라는 것이다. 결국 임차인은 새로운 소유자와 낮은 금액으로 임대계약을 체결하거나 아니면 앞서 말한 높은 금액의 이사비용을 요구해왔다. 당연히 임차인의 요구를 수용할 수 없기에 경매 서류의 내용을 자세히 살펴보니, 임대차계약서의 특약사항에 '수리를 허용하지만 그 비용을 청구할 수 없다'라는 문구와 1년간의 렌트프리(Rent free) 문구도 확인할 수 있었다.

**법원에 제출한 임대차계약서의 특약사항 내용과 이를 글자로 기재한 내용**

특약사항 1. 임차인은 명도시 까지 위건물의 화재 및 재산 손괴에 대하여 선의의 관리자로서 책임을 다하고 옷가게(점포)로 장사 할수 있도록 수리를 허용한다.
2. 원수리비용 및 일체의 금원을 건물주(임대인)에게 청구할수 없다.
단 : 2016년 01월부터 2017년 01월까지 월세 없이 무료로 사용하고 이후부터 월세을 지불한다.
3. 월세은 선불로 지불하고 3개월 미납시에는 무조건 명도한다.
4. 입금처. 경남은행 529-21-0240089 5). 잔금은 1.000.000원을 2016년 2월 20 까지 지불한다.

특약사항

1. 임차인은 명도 시까지 위 건물의 화재 및 재산 손괴에 대하여 선의의 관리자로서 책임을 다하고 옷가게(점포)로 장사할 수 있도록 수리를 허용한다.
2. 원 수리비용 및 일체의 금원을 건물주(임대인)에게 청구할 수 없다.
   단, 2016년 01월부터 2017년 01월까지 월세 없이 무료로 사용하고 이후부터 월세를 지불한다.
3. 월세는 선불로 지불하고 3개월 미납 시에는 무조건 명도한다.

이에 두 번째 내용증명을 보내 임차인이 요구하는 이사비용을 줄 수 없으며 계속해서 명도 거부 시에는 소유권이전일로 부당이득금반환청구 소송을 진행하겠다는 점을 명시하고 빠른 이사를 권유했다.

**두 번째, 내용증명**(부동산 인도 안내서)

소유자의 마지막 최종 의견입니다.

1. 소유권이전일 3월14일 기점으로 한달 더 기간을 드리고, 즉 4월15일 명도 조건으로 1백만원 이사비 드리겠습니다. 그리고 배당받기 위한 서류도 드리겠습니다. (명도확인서등)
(며칠정도 더 시일이 걸리는건 괜찮습니다.)
████님은 전 채무자겸소유자와의 임대차계약조건이 "수리없이 현상태로 계약하며 보증금 1백만원, 월세 15만원으로 임대차계약을 하였습니다. (첨부 : 임대차계약서)
보증금도 100% 배당되는 상황에서 이사비를 요구하는 것 자체가 납득하기 어렵습니다.

2. 3월14일자로 소유권을 취득한 소유자는 본건 물건을 사용수익할 권리가 있으나, ████님과의 협의가 않되어 현재 상당한 재산상의 피해를 보고 있는 상황입니다.
따라서 계속해서 협의가 되지 않으면 부득이 명도소송과 부당이득반환청구소송, 피해청구소송을 할 예정입니다.
( 부당이득반환금액 : 낙찰가 126,984,000의 15%=19,047,600원/년, 매월1,587,300원을 청구)
또한, 소송으로 인한 변호사, 법무사 비용과 강제집행 비용 모두 청구할 예정입니다.
그리고 현 상태로의 감정을 통하여 법원매각이 되었기 때문에 현재 시설등의 피해나 손상,훼손등이 있을때에는 재물손괴죄의 민사소송과 형사고소등의 소송을 진행하겠습니다.

경매진행기간이 상당히 오랜기간 진행되었습니다. 따라서 경매 진행에 대해 많이 알아보셨을것이고 또한 ████님께서도 직접 경매를 잘 아신다고 말씀하셨고, 주위분들도 경매 고수들이 많다고 하니, 내용증명 내용을 잘 숙지하시고 올바른 판단 부탁드립니다. 그리고 근처 변호사나 법무사에게도 문의 해보시고 올바른 판단 바랍니다.

결론적으로, 마지막으로 협의를 부탁드리오니 연락 바랍니다.

두 번째 내용증명과 필자의 단호한 태도로 인해 임차인도 처음 요구한 명도비용에서 많이 줄어든 200만 원을 요구했다. 하지만 필자는 다시 한번 문자로 단호한 내용을 보냈다.

## 임차인의 이사비용 요청 우편등기

# 점포 명도요구에 대한 답변서

1. 귀하께서 본인의 전소유자로부터 임차하여 점유 사용하는 점포에 대해 법원 경매를 통하여 낙찰받은 후 점포명도를 요구하는 것은 당연합니다.

2. 본인은 전소유자와 임대차기간 4년간으로 한 임대차계약을 체결한 후 창고같았던 점포에 대해 전기, 수도, 누수방지공사 및 도색비용으로 금500만원을 들여 보수하여 그동안 사용하였습니다.

3. 그런데 4년간 임대차계약이 지속될 것이라 믿고 위와 같이 금500만원을 부담하여 전기, 수도, 누수방지공사를 하였는데 2년 정도 경과한 현재에 점포를 명도해야 하는 경우이므로 본인으로서는 너무 억울하여 귀하께서 제시한 이사비용 100만원에 100만원을 더 요구하였던 것이며, 이 사실은 본인이 하자투성이던 점포의 전기, 수도, 누수방지공사를 하지 않았더라면 결국 귀하께서 본인이 부담한 돈 정도로 위 공사를 하여 사용하여야 할 것입니다.

4. 본인은 위와 같이 없는 돈으로 공사비를 들여 임대차계약기간까지 영업을 하지 못하는 불이익을 당하였으므로 귀하께서는 본인의 딱한 처지를 헤아리시어 본인이 공사하여 사용할 수 있도록 한 위 공사금 중 일부금을 더 배려하여 주시면 고맙겠습니다.

2018.

발 신

수 신

이 우편물은 2018-04-24
제 3517001015019호에 의하여
내용증명우편물로 발송하였음을 증명함

## 최종 문자 내용

안녕하세요 ■■■님

1. 전 채무자겸소유자와의 임대차계약서를 보면 수리없이
현 상황대로 임대계약하고, 1년간 무료로 사용하게
하는 등의, 시세보다 저렴하게 임대계약을 한 것은
별론으로하고 이 모든것은 전소유자랑 얘기하실 상황이지
지금 소유자와는 아무런 상관이 없는 내용입니다

이러한 내용으로 낙찰자에게 이사비를 요구하는건
상식적으로 이해가 되질 않습니다

2. 3.14일자로 소유권이 이전되어 이날부터 적법하게
부동산을 사용·수익 해야함에도 ■■■님의 명도거절로
인해 소유자는 부동산을 사용·수익하지 못하고 광고 또한
어려움이 있어 상당한 금전적인 피해를 입고 있습니다

3. 계속하여 부동산명도를 요구하였으나 명도를 안하시니
부득이 법으로 진행하겠습니다. 모든 피해보상과
강제집행, 변호사비용 모두 청구하겠습니다

4. 마지막으로 다시한번 협의를 제안하니 보시고
협의부탁드립니다
— 이사나가시는 조건으로 1백만원 드릴 용의가 있으며
마지막 협의가 안되면 더이상의 협의는 없을것이오니
현명한 판단 바랍니다

모쪼록 원만한 합의가 이루어지길 바랍니다

최종 문자를 마지막으로 강제집행을 하는 비용과 소요되는 시간에 비해 좋은 선택이라고 위안을 삼으며 100만 원의 이사비용으로 마무리 지었다. 필자의 입장에서는 '0'원이 되어야 할 명도비용이 100만 원이 된 것이 아쉬웠고, 임차인 입장에서는 지인이라는 경매 고수가 받을 수 있다고 한 금액보다 너무 작은 금액을 받음과 자신이 건물 보수에 사용한 비용이 아쉬웠으리라 생각한다.

필자는 모든 종류의 물건에 투자하지만 특히, 주거용 물건 중에서는 일반 물건이 아닌 명도 저항이 가장 어려운 물건을 선호한다. 보증금 몇 억 원을 모두 잃거나 큰 피해를 보는 물건만 집중적으로 투자하기 때문에 해당 물건은 명도 저항이 아주 낮은 레벨이었고, 필자의 관심은 임차인 명도보다는 오로지 임대수익과 수리비용에 있었다. 그리고 임차인의 지인이 경매 고수라고 하니, 그렇다면 더욱 말이 잘 통할 것이므로 그 경매 고수와 직접 연락을 하고 싶다는 의향을 여러 번 비쳤는데도 그 존재를 끝까지 비밀스럽게 감췄는데 이는 지금 생각해도 웃음이 나는 상황이다.

투자를 하다 보면 본인이 아는 전문가의 말만 믿고, 낙찰자의 말은 무조건 틀리다고 주장하는 분들을 설득하는 것이 제일 어렵다. 그들이 믿는 그 전문가가 사실 경매 입찰을 한 번도 안 해본 비전문가일 확률이 100%인데도 믿음을 넘어서서 신념으로 느껴질 정도의 신뢰를 보여줄 때가 있다. 이럴 때는 필자가 마치 천동설을 믿는 시대에 지동설을 설명하는 갈릴레오(Galileo)가 된 느낌이다. 재미있는 것은 명도 완료 후에도 여러 번 연락이 와서 배당금 받는 방법에 대해 필자에게 물어보는 것인데, 이는 도대체 왜일까 싶다.

전쟁(강제집행)을 벌이지 않고 이기는 것이 최선이라고 옛 병법에서도 말하지 않았던가! 부동산 강제집행, 유체동산 강제집행, 철거 집행 등을 직접 경험해보면 이 말이 더욱 절실해질 것이다.

다시 물건으로 돌아와서 잔금 납부 후 바로 건물 외벽에 임대 현수막을 걸고 인근 공인중개사 사무실에는 직접 작성한 중개의뢰 용지를 인쇄해서 중개의뢰를 했다. 필자는 항상 아파트가 아닌 물건의 매매 또는 임대를 하는 경우, 대체로 중개의뢰서를 작성해서 진행하는 편이다. 임대인도 공인중개사 모두 정확하고 간편하게 물건에 대해 정보교환이 가능하고, 시간을 많이 절약할 수 있다는 장점이 있다.

## 부동산 중개의뢰서

### 중개 의뢰합니다.

경남 창원시 마산합포구

토지 46.4mm² (14.036평)

건물 44.06m² (13.328평)

**특징 : 대로3류(주간선도로) 접합, 일반상업지역, 근린생활시설**

**: 전면이 매우 길어서 광고효과 큼 (사진참조)**

**◆ 연락주세요 이 010-**

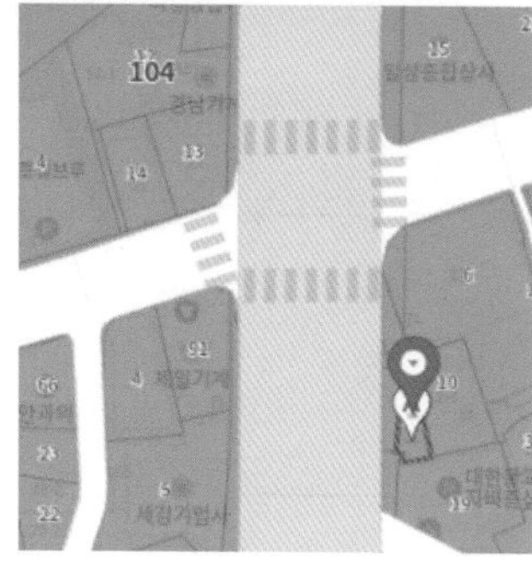

**임대 현수막 설치한 사진**

도로가의 상가 건물이므로 현수막이 크게 눈에 띄어 많은 문의가 왔지만, 기대 이하의 수익률이었다. 대부분의 임대문의 가격이 대략 보증금 1,000만 원에 월세 40~50만 원 정도였으며 화장실이 없는 것이 큰 단점이었다. 기존 임차인은 옆 건물 화장실을 한 달 5,000원을 내고 이용했다고 해서 옆 건물주에게 화장실 이용을 문의했으나 좋은 답변을 듣지 못했다. 따라서 아래와 같이 엑셀을 돌려서 수리비 대비 수익률을 계산해보니, 인테리어를 하더라도 충분한 수익률이 난다는 판단하에 수리를 결정했다.

**수익률 계산 엑셀 시트**

| 보증금 | 20,000,000 | 20,000,000 | 20,000,000 | 20,000,000 | 20,000,000 | 20,000,000 | 20,000,000 | 20,000,000 |
|---|---|---|---|---|---|---|---|---|
| 월세 | 300,000 | 400,000 | 500,000 | 600,000 | 700,000 | 800,000 | 900,000 | 1,000,000 |
| 현관,지붕만 I | 5,200,000 | 5,200,000 | 5,200,000 | 5,200,000 | 5,200,000 | 5,200,000 | 5,200,000 | 5,200,000 |
| 총수리 II | 10,000,000 | 10,000,000 | 10,000,000 | 10,000,000 | 10,000,000 | 10,000,000 | 10,000,000 | 10,000,000 |
| 명도비용 | 1,000,000 | 1,000,000 | 1,000,000 | 1,000,000 | 1,000,000 | 1,000,000 | 1,000,000 | 1,000,000 |
| 잡비용 | 300,000 | 300,000 | 300,000 | 300,000 | 300,000 | 300,000 | 300,000 | 300,000 |
| | 3,600,000 | 4,800,000 | 6,000,000 | 7,200,000 | 8,400,000 | 9,600,000 | 10,800,000 | 12,000,000 |
| 119,942,000 | 3.0% | 4.0% | 5.0% | 6.0% | 7.0% | 8.0% | 9.0% | 10.0% |
| 124,742,000 | 2.9% | 3.8% | 4.8% | 5.8% | 6.7% | 7.7% | 8.7% | 9.6% |
| | | | | | | | | |
| 49,942,000 | 7.2% | 9.6% | 12.0% | 14.4% | 16.8% | 19.2% | 21.6% | 24.0% |
| 54,742,000 | 6.6% | 8.8% | 11.0% | 13.2% | 15.3% | 17.5% | 19.7% | 21.9% |
| 년수익 | 1,115,000 | 2,315,000 | 3,515,000 | 4,715,000 | 5,915,000 | 7,115,000 | 8,315,000 | 9,515,000 |
| 월수익 | 92,917 | 192,917 | 292,917 | 392,917 | 492,917 | 592,917 | 692,917 | 792,917 |

수리내역으로는 건물 내 화장실 설치와 이를 위한 상·하수도 인입공사 및 지붕 수리, 내·외부 천장 수리, 외부 징크판넬 설치와 내부 칸을 만들기 위한 벽체 생성 그리고 유리문 교체 등이 있었다. 인근 업체에 의뢰를 하니 금액이 너무 높아서 한 번씩 인테리어를 맡기는 사장님께 부탁해서 인테리어 가격을 많이 낮춰 진행했다. 참고로 필자는 경매 초기에는 셀프 인테리어를 했었고, 특히 타일은 스스로 B- 기술자라고 불렀던 시절도 있었다.

**내·외부 인테리어, 상·하수도 인입공사, 화장실 설치 사진**

화장실 설치 등의 수리를 완료하고 다시 매매/임대 중개의뢰서를 인쇄해서 공인중개사 사무실에 예전에 상가 인근에 낙찰받았던 주거용 호실 2개의 매매도 같이 의뢰했다. 수리를 해서인지 임대를 하고 싶다는 문의가 많이 왔고, 최소 10년 임차를 하겠다는 사장님과 좋은 임대계약 체결을 완료했다. 물론 첫 계약기간은 2년이다.

**부동산 중개의뢰서**

**매매/월세 중개 부탁드립니다.**

| 매매/월세 | 매 매 | 매 매 | 월 세 |
|---|---|---|---|
| 물건주소 | 마산합포구 | | 마산합포구 |
| | | | 단독근린상가(단층) |
| 소유자 | 이 | 이 | 이 |
| 분양평수 | 24평 | 20평 | |
| 건물실평 | 48.92(15평) | 38.754(12평) | 14평 |
| 대지권 | 19.84(6평) | 15.08(5평) | 14평 |
| 구조 | 방2, 거실1, 주방1, 화장실1 | 방2, 거실1, 주방1, 화장실1 | 단층(사진참조) |
| 중개희망가격 | 13500(협의가능) | 12,500 | 4000-60, 3000-70, 2000-80 |
| 조정가능 | O | O | O(현상태로 계약),화장실,상하수도인입 |
| 중개수수료 | 약정 | 약정 | 약정 |
| | | | |
| 현재, 임차인 | 여자분, ~ 2019.4.3일까지 | 여자분, ~2019.8.13까지 | 즉시입주가능, 권리금없음 |

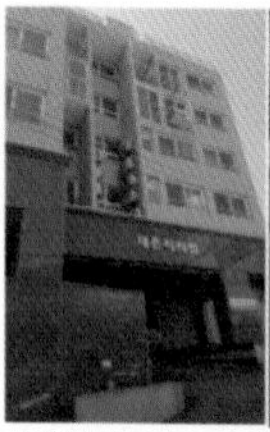

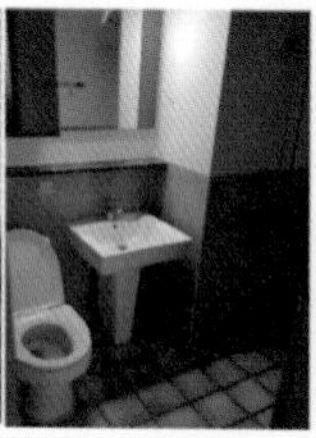

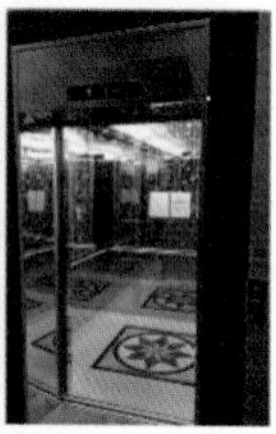

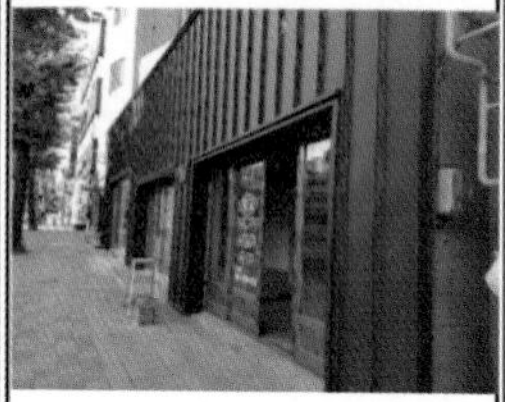

# 화장실 없는 1층 상가 물건을 통한 임대수익 실현

## | 근린상가, 토지·건물 일괄매각, 화장실 없는 상가 |

**2019타경**

| 소재지 | 울산광역시 동구 1층 101호 | | |
|---|---|---|---|
| 새주소 | 울산광역시 동구 1층 101호 | | |
| 물건종별 | 근린상가 | 감정가 | 84,000,000원 |
| 대지권 | 5.56㎡(1.68평) | 최저가 | (34%) 28,812,000원 |
| 건물면적 | 22.56㎡(6.82평) | 보증금 | (10%) 2,881,200원 |
| 매각물건 | 토지·건물 일괄매각 | 소유자 | |
| 개시결정 | 2019-05-13 | 채무자 | |
| 사건명 | 임의경매 | 채권자 | |

오늘조회: 1 2주누적: 1 2주평균: 0

| 구분 | 매각기일 | 최저매각가격 | 결과 |
|---|---|---|---|
| 1차 | 2020- | 84,000,000원 | 유찰 |
| 2차 | 2020- | 58,800,000원 | 유찰 |
| 3차 | 2020- | 41,160,000원 | 유찰 |
| **4차** | 2020- | **28,812,000원** | |
| 매각 : 37,520,000원 (44.67%) | | | |
| (입찰10명,매수인: 차순위금액 36,880,000원) | | | |
| 매각결정기일 : 2020. - 매각허가결정 | | | |
| 대금지급기한 : 2020.08.28 | | | |
| 대금납부 2020.08.27 / 배당기일 2021.01.07 | | | |
| 배당종결 2021.01.07 | | | |

출처 : 옥션원

근린상가 1층 일반 물건으로 실평수가 작고 메인 도로의 뒤편에 위치해 위치가 좋지만은 않지만, 감정가격 대비 많이 유찰된 것이 장점이다. 또 1층에 위치하므로 낙찰만 받는다면 임대수익과 매매수익이 괜찮을 것이라는 판단하에 입찰해 낙찰을 받았다.

**상가 내·외부 사진과 명도완료 후 임대 플래카드 부착 사진**

명도 저항이 조금 있었으나 무난히 명도를 완료한 후 플래카드를 부착하고 주위 부동산 중개사무소에도 중개를 부탁했다. 이 물건도 앞 경매 케이스와 같이 화장실이 없었고, 임대를 하고자 하는 이들의 요구가 있어 화장실 설치를 위한 절차 등을 확인했다. 화장실 설치는 부동산 상황과 지자체에 따라 절차가 다르기 때문에 직접 알아봐야 한다.

확인한 결과, 진행절차가 간편한 것을 확인은 했지만 실제 설치를 하려고 보니 상가 실평수 면적이 적어 화장실 설치가 매우 애매해서 설치를 하지 않기로 최종 결정했다. 임대 계약이 쉽지는 않겠지만 화장실이 없더라도 임대 수요는 있을 것이고 또한 충분한 임대수익 실현이 가능하리라 판단했다.

명도 완료 후 임대 현수막을 붙이니 바로 6,500만 원에 사고 싶다는 매수자가 나타났으나, 2년 미만 양도소득세율로 매매하기에는 별다른 이득이 없으므로 임대를 한 후 2년 후에 시세에 맞는 금액으로 매도하기로 했다. 화장실은 없지만 1층 상가이며 임대 수요가 있는 위치라서 많은 임대문의가 왔고, 최종적으로 과일·야채 냉동창고로 사용하는 도·소매업자에게 좋은 임대수익이 되는 계약을 체결하고 현재 장기임대 중이다. 이번 사례를 통해 화장실이 없더라도 임대수요가 있는 상가는 가격만 낮게 매수(낙찰)한다면 임대수익과 매매수익이 보장되는 좋은 물건이라는 점을 알아두자.

**현재 임대 중인 상가**

이 경매 사건에 재미난 일이 있어 소개하겠다. 낙찰가격이 3,000~4,000만 원 이하인 경우에는 보통 최우선변제금액을 고려해서 경락대출이 안 되는 경우가 많은데 이 물건은 낙찰가격의 80% 금액으로 대출이 가능했다. 대출을 실행했으므로 법무사를 통해 소유권이전촉탁등기를 진행하게 되어, 미리 법무사수수료를 확인하고자 내역을 보내달라고 요청했다. 한국경제신문i에서 출간한 《부동산 경매 셀프등기 A to Z》, 《부동산 공매 셀프등기 A to Z》의 저자인 필자가 수수료 내역서를 보면 어느 부분이 과다 청구됐는지 정확히 알 수 있기 때문이다.

다음의 수수료를 확인하니 빨간색 부분의 금액이 과다 청구되어 있음이 확인되어 이에 법무사 사무실에 연락해서 수수료를 낮춰달라고 요청했지만 거절당해 기분이 좋지 않은 상태였다. 이런 와중에 법무사 사무장으로부터 인도명령대상자를 법인으로 해야 하는지, 개인으로 해야 하는지 문의가 오기에 필자도 순간 화가 나서 “그런 것도 모르고 수수료를 받습니까?”라는 반문에 사무장이 대뜸 소유권이전등기를 진행하지 않겠다는 말과 함께 전화를 끊는 것이 아닌가!

**법무사 사무실의 소유권이전등기촉탁신청 수수료 내역서**

하나은행(

영 수 증

이 님 귀하

사 건 명 : 소유권이전 과 표 : 37,520,000

| 보수액 | | 공과금 | | |
|---|---|---|---|---|
| 적요 | 금액 | 적요 | | 금액 |
| 보수액 | 200,000 원 | 취득세 | | 1,500,800 원 |
| | 원 | 농.어촌특별세 | | 75,040 원 |
| | 원 | 지방세 | | 150,080 원 |
| | 원 | 인지대 | | - 원 |
| | 원 | 증지대 | | 15,000 원 |
| | 원 | 채권 | 시가표준액 | - 원 |
| | 원 | | 채권매입금액 | 430,000 원 |
| | | | 할인율 | - % |
| | | | 금융수수료 | - 원 |
| | | | 당사자부담 | 8,600 원 |
| | - 원 | 송달료 | | 100,000 원 |
| | | 제증명 | | 30,000 원 |
| | | 교통비 | | 150,000 원 |
| | | 설정채권 | | 7,200 원 |
| | | 말소 | | 210,000 원 |
| | | 인도명령 | | 50,000 원 |
| 보수계 | 200,000 원 | | | - 원 |
| 부가세 | 20,000 원 | | | - 원 |
| 계 | 220,000 원 | 계 | | 2,296,720 원 |
| 합계금 | | | | 2,516,720 원 |

위 금액을 정히 영수합니다.

2020년08월 27일

취급자인 상호 / 사무소 / 등록번호 / 대표자 / 전화

경매·공매 투자를 오래 하다 보면 누구나 경험할 이슈일 것이다. 당황스럽고 화가 나는 것은 뒤로하고 사태를 해결해야 한다. 지인 법무사에게 연락해서 이 사태를 설명하고 소유권이전등기를 부탁했고, 조금 후 법무사로부터 연락이 와서 그 사무장과 아는 사이라며 서로 중재를 해줬다. 크게 분란을 일으키고 싶지 않아 원만히 일을 진행해 마무리 지

었다.

보통 잔금일을 잔금 납부기한 마지막 날로 하는 경우가 많고 낙찰자가 법무사의 수수료 금액을 깐깐하게 깎는 경우에 간혹 잔금 납부 하루 전에 소유권이전등기를 못하겠다는 트집을 잡는 경우가 간혹 있는데, 이는 걱정할 필요가 없다. 잔금기일까지 납부를 하지 않더라도 약 한 달의 여유가 더 남아 있으니 다시 경락대출을 알아보고 진행하면 되기 때문이다. 다만 약간의 지연이자는 부담해야 한다. 잔금기일까지 무조건 납부해야 하는 것은 아니니 꼭 기억하도록 하자.

많은 물건을 낙찰받을수록 확률적으로 특이한 경험도 많이 하게 되는 법이고, 이는 나만의 노하우가 될 것이다.

# 다수 유찰된 상가 물건의 낙찰과 상대방과의 협의 방법

## | 근린상가, 토지·건물 지분매각, 상속과 사업 |

**2021타경**

| 소 재 지 | 경상남도 진주시 2층 202호 도로명검색 지도 지도 지도 주소 복사 | | |
|---|---|---|---|
| 새 주 소 | 경상남도 진주시 2층 202호 | | |
| 물건종별 | 근린상가 | 감 정 가 | 21,000,000원 |
| 대 지 권 | 전체: 50.75㎡(15.35평)<br>지분: 21.75㎡(6.58평) | 최 저 가 | (33%) 6,882,000원 |
| 건물면적 | 전체: 22.5㎡(6.81평)<br>지분: 9.64㎡(2.92평) | 보 증 금 | (10%) 688,200원 |
| 매각물건 | 토지및건물 지분 매각 | 소 유 자 | 홍○○ |
| 개시결정 | 2021-11-30 | 채 무 자 | 홍○○ |
| 사 건 명 | 임의경매 | 채 권 자 | |

오늘조회: 1 2주누적: 0 2주평균: 0 조회동향

| 구분 | 매각기일 | 최저매각가격 | 결과 |
|---|---|---|---|
| 1차 | 2022- | 21,000,000원 | 유찰 |
| 2차 | 2022- | 16,800,000원 | 유찰 |
| 3차 | 2022- | 13,440,000원 | 유찰 |
| 4차 | 2022- | 10,752,000원 | 유찰 |
| 5차 | 2022- | 8,602,000원 | 유찰 |
| 6차 | 2023- | 6,882,000원 | 매각 |
| 매각 7,312,000원(34.82%) / 1명 / 미납 | | | |
| 7차 | 2023- | **6,882,000원** | |
| 매각 : 7,130,000원 (33.95%) | | | |
| (입찰1명,매수인: ) | | | |
| 매각결정기일 : 2023. - 매각허가결정 | | | |
| 대금지급기한 : 2023.05.26 | | | |
| 대금납부 2023.05.17 / 배당기일 2023.06.15 | | | |
| 배당종결 2023.06.15 | | | |

출처 : 옥션원

아파트 상가 지분 물건(7분의 3)이며 3개 호실이 물건 번호 3개로 각각 개별매각으로 진행됐다. 인근에 경상국립대학교, 경상국립대학교병원, 진주고속버스터미널, 한국방송통신대학교 등의 시설이 위치한 아파트 상가로 충분한 임대 및 매매 수요가 있다고 판단했다. 등기부를 살펴보니 2013년 남편이 사망하면서 부인과 자녀들(2명)에게 물건이 상속 됐고, 이후 부인이 사업을 영위하다 빚을 갚지 못해 임의경매가 진행된 사건으로 분석됐다. 3개 물건 중에서 물건번호 1번은 대항력 있는 임차인이 있는 것으로 보이나. 임차인이 채무자 겸 소유자이므로 권리 분석상 아무런 문제가 없는데도 나머지 2개 물건과 함께 여러 번 유찰이 되는 것을 보고, 필자가 진행하고 있는 〈경매·공매 추천물건 리포트 서비스〉에서 추천했던 물건이다.

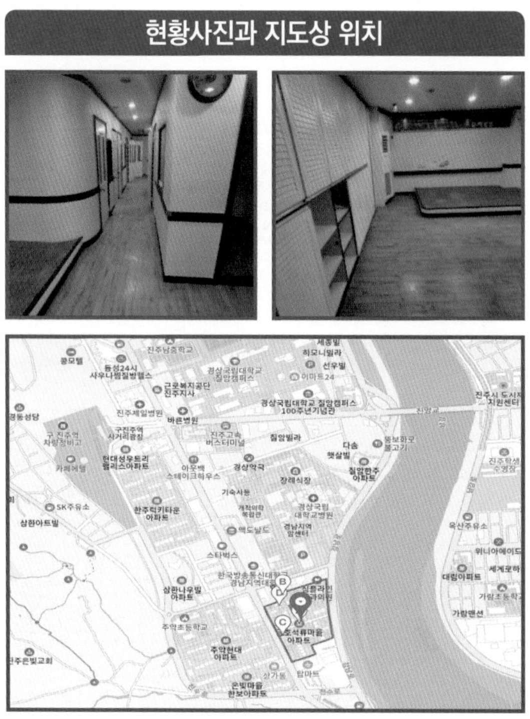

## 1번 물건의 임차인 현황 및 등기부의 권리사항

· **임차인현황** ( 말소기준권리 : 2017.11.30 / 배당요구종기일 : 2022.02.16 )

| 임차인 | 점유부분 | 전입/확정/배당 | 보증금/차임 | 대항력 | 배당예상금액 | 기타 |
|---|---|---|---|---|---|---|
| 홍○○ | 점포 201호 | 사업등록: 2006.02.17<br>확정일자: 미상<br>배당요구: 없음 | 보50,000,000원 | 없음 | 배당금 없음 | 공유자 |

2. **소유지분을 제외한 소유권에 관한 사항 ( 갑구 )**

| 순위번호 | 등기목적 | 접수정보 | 주요등기사항 | 대상소유자 |
|---|---|---|---|---|
| 9 | 가압류 | 2019년12월9일<br>제59089호 | 청구금액 금107,361,905 원<br>채권자 엠지리테일주식회사 | 조■ |
| 10 | 가압류 | 2019년12월9일<br>제59174호 | 청구금액 금584,089,889 원<br>채권자 엠지리테일주식회사 | 홍■ |
| 11 | 가압류 | 2021년5월7일<br>제22199호 | 청구금액 금50,750,141 원<br>채권자 전주축산업협동조합 | 홍■ |
| 12 | 임의경매개시결정 | 2021년12월1일<br>제53537호 | 채권자 주식회사신한은행 | 홍■ |

3. **(근)저당권 및 전세권 등 ( 을구 )**

| 순위번호 | 등기목적 | 접수정보 | 주요등기사항 | 대상소유자 |
|---|---|---|---|---|
| 5 | 근저당권설정 | 2017년11월30일<br>제69199호 | 채권최고액 금60,000,000원<br>근저당권자 주식회사신한은행 | 홍■ |

6차에서 입찰자들이 2번, 3번 물건만 입찰을 하고 1번은 아무도 입찰하지 않아 유찰된 것을 보고, 물건이 너무 아깝다고 생각하던 차에 2번, 3번 물건 낙찰자의 잔금 미납으로 재경매가 진행되는 것을 확인하고, 필자가 직접 입찰해서 낙찰받은 물건(2번, 3번)이다. 잔금을 미납한 사유를 알고 싶어 서류열람을 통해 알게 된 사실이 있다. 6차에 공인중개사가 대리인으로 3건 모두 각각 다른 명의로 입찰을 했고, 모두 같은 금액인 8,700만 원에 각각 낙찰이 됐지만 입찰자 본인의 인감증명서를 제출하지 않아 무효처리가 된 것을 알 수 있었다. 3건 모두 최고가매수신고인이 무효처리 됨을 알 수 있는데, 좋은 가격에 낙찰받고 서류 미비로 무효가 됐으니 마음이 많이 쓰릴 것이다. 전문가를 포함해서 경매 입

찰자 누구든지 이런 실수를 할 수 있다. 그러니 이를 타산지석으로 삼고 항상 경매 입찰 과정을 유의하도록 하자. 첨부서류, 입찰표의 유·무효 경매절차 처리지침은 필자의 블로그에서 확인하면 된다.

**집행관의 무효처리**

1. 공유자우선매수 신고를 할수 있음을 고지하였다.
입찰자 김 대리인 강 은 인감증명서 미제출로 무효처리하였다.

출처 : 경매 서류 열람

**경매 서류 열람**

창원지방법원 진주지원
민사집행사건기록

| 사건번호 | 2021타경 | 담임 | 경매2계 |
|---|---|---|---|
| 사 건 명 | 부동산임의경매 | | |
| 채 권 자 | 주식회사 | | |
| 채 무 자 | 의 파산관재인 | | |
| 소 유 자 | 채무자와 같음 | | |

## 물건번호 1번, 2번, 3번 모두 8,700만 원에 낙찰된 입찰표

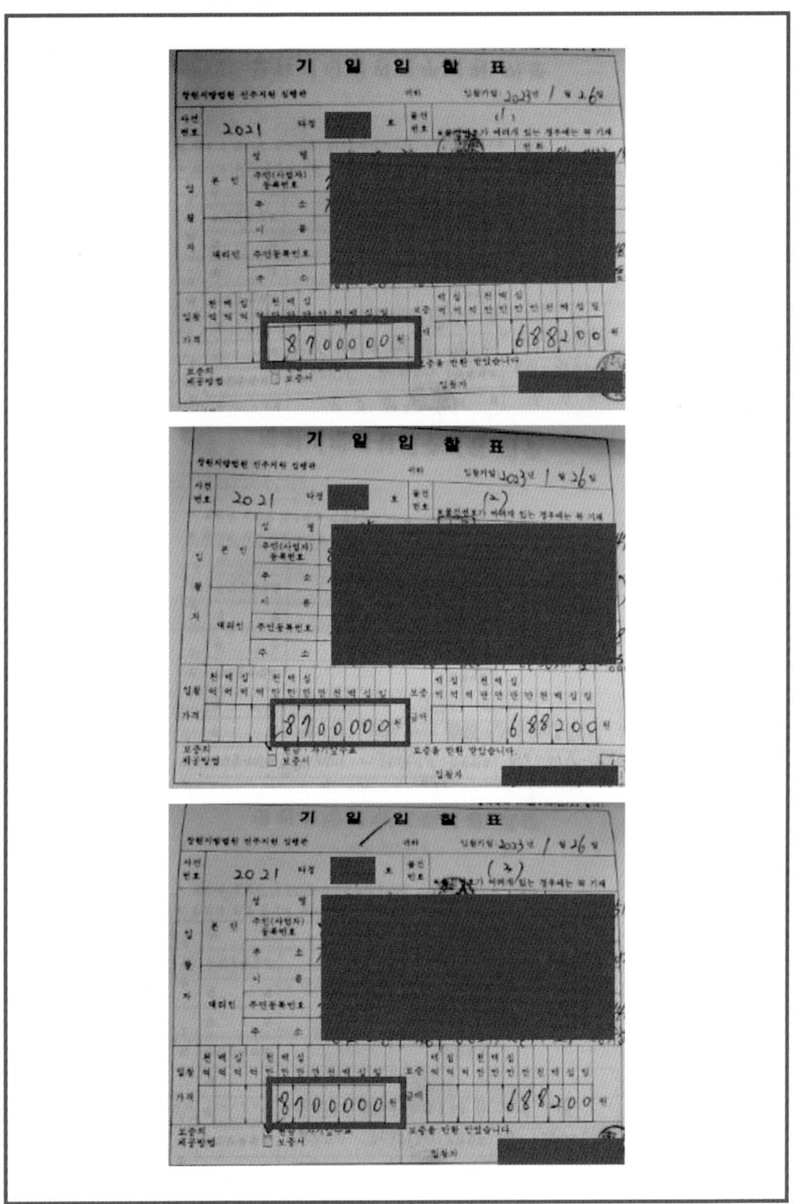

기 일 입 찰 표

입찰기일 2023년 1월 26일

사건번호 2021 타경

물건번호 (1)

입찰가격 87000000원

보증금액 6882000원

기 일 입 찰 표

입찰기일 2023년 1월 26일

사건번호 2021 타경

물건번호 (2)

입찰가격 87000000원

보증금액 6882000원

기 일 입 찰 표

입찰기일 2023년 1월 26일

사건번호 2021 타경

물건번호 (3)

입찰가격 87000000원

보증금액 6882000원

출처 : 경매 서류 열람

서류 열람을 해 알아낸 상대방 측과 연락을 하고, 상대방의 대리인과 다음과 같이 협의를 조율했다. 상대방 지분을 필자가 싸게 사는 방법과 필자의 지분을 상대방이 사는 방법, 그리고 이 2가지 사안이 어렵다면 공동으로 부동산에 매매 중개를 내놓는 방법과 경매로 진행해서 배당으로 각자 지분만큼 받아가는 방법이 있다고 제시했다. 필자의 제시안을 들은 상대방은 필자의 지분을 싸게 넘긴다면 사겠다는 의향을 보였다.

낙찰을 받고 며칠 만에 협의가 되면 필자로서도 매우 만족스러운 결과이기에 적당한 가격을 제시했고, 상대방도 수긍해서 매매하기로 하고 협상을 마무리 지었다. 하지만 다음 날 상대방 측에서 매매가 어렵겠다는 연락이 왔다. 이유는 매수자 명의를 공유자로 할 예정인데 현재 등기부상 공유자에게 가압류 채권 1억 원이 있기 때문에 매수를 할 수 없는 상황이며, 공동으로 부동산에 중개를 내놓기도 어렵다는 내용이었다. 결론은 협의를 취소하고 경매 신청을 해달라는 것이었다.

필자는 지분경매, 지분공매를 많이 하기 때문에 '공유물분할을 위한 형식적 경매' 신청을 해야 하는 물건이 15건이 넘어가고 있는 시점이라서, 상대방에게 그렇다면 소송은 필자가 진행하는 대신 경매 신청은 상대방이 하는 조건을 제시했다. 협의 초기부터 상대방의 대리인은 자신이 경매를 잘 아는 고수라고 하기에 이 정도의 조건은 수용하리라 생각했다. 참고로 판결에 의한 형식적 경매 신청은 공유자 중 누구나 신청이 가능하다. 하지만 상대방은 이를 거절했고 부득이 공유물분할, 부당이득금반환청구 소송을 제기했다. 소송을 조금이나마 빠르게 진행하기 위해서 이미 공유물분할소송을 진행하고 있는 1번 물건의 낙찰자에게 연락을 해서 주소보정명령을 통한 초본을 부탁했다.

**1번 물건 낙찰자에게 보낸 문자 내용**

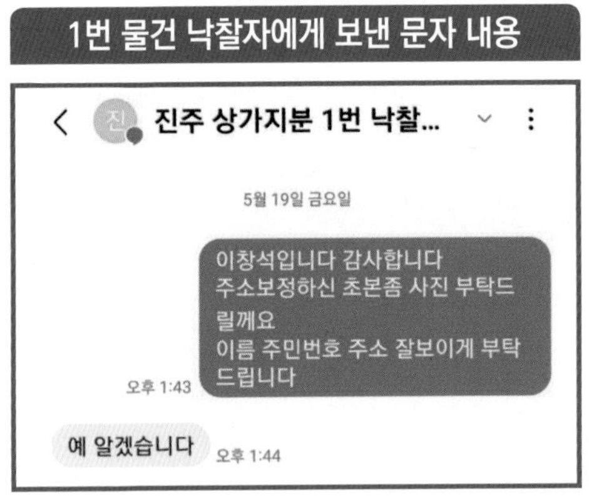


소송을 청구하자 상대방 측에서는 답변서를 제출하며 경매를 통한 현금분할청구는 인정하지만 부당이득반환청구는 인정할 수 없으며, 그 이유로 현재 상가를 점유 및 사용·수익하고 있지 않고, 원고에게 상가를 전부 사용해도 된다는 의사표시를 했으므로 부당이득반환이 성립할 수 없다는 주장이었다. 이에 필자는 준비서면을 제출하면서 채무자들이 상가 열쇠를 가지고 있으며 상가 내에 짐이 있으므로 원고가 사용·수익하는 것은 현실적으로 불가능하므로 부당이득반환청구가 합당하다는 의견을 제시했다. 최종 화해권고결정문을 보면 경매를 통한 현금분할과 부당이득으로 피고에게 150만 원을 받기로 결정이 났다. 결정문에 따라 상대방 측에서 상가 내부의 짐을 비우는 사진을 보내왔고, 결과적으로 필자는 양도소득세를 고려해서 취득 후 2년이 되는 시점에 경매 신청을 할 예정이다.

답변서의 내용만 봐도 확실히 상대방 대리인의 내공을 알 수 있었고 이렇게 상대방이 경매에 대해 확실히 안다면 어떻게든 조율이 되어 결론적으로 서로 윈윈하는 방향으로 마무리가 되는 법이다.

**상대방이 보내온 상가 내부 짐을 모두 뺀 사진**

## 상대방의 답변서

# 답 변 서

사 건 2023가단 공유물분할 [담당재판부 : 민사 4단독]

원 고

피 고

위 사건에 관하여 피고 은 다음과 같이 답변합니다.

### 청구취지에 대한 답변

1. 원고의 청구취지 중 제 1번 '피고들이 원고에게 매월 금 420,000원을 원고에게 지급하라'는 부분을 기각한다.
2. 소송비용은 원고의 부담으로 한다.

라는 판결을 구합니다.

### 청구원인에 대한 답변

1. 원고는 별지목록 기재 부동산을 피고들이 원고를 배제한 채 점유하며 사용수익하고 있다는 전제하에, 피고들이 원고에게 매월 금 420,000원 상당을 지급해야 한다고 주장하고 있으나, 피고들은 2019. 10. 경부터 현재까지 별지목록 기재 부동산을 점유하거나 사용수익하지 않고 있을 뿐만 아니라, 최근 전화통화로 별지목록 기재 부동산을 원고가 전부 사용해도 이의를 제기하지 않겠다는 의사까지 표시한 바 있습니다. 따라서, 이 부분에 대한 원고의 청구는 이유없음이 명백하다 할 것

입니다.

2. 별지목록 기재 부동산을 경매에 부처 그 매각대금에서 경매비용을 제외한 나머지 금액을 각 공유지분의 비율로 분배하라는 원고의 청구에 대하여는 피고도 이의가 없습니다.

3. 아울러, 피고는 현재 서울 소재 대학에 재학중인 학생인데, 학업과 아르바이트 등으로 변론기일에 참석하기가 어려운 상황이므로, <u>변론기일의 지정 없이 판결을 선고하여 주실 것</u>을 귀 재판부에 부탁드립니다.

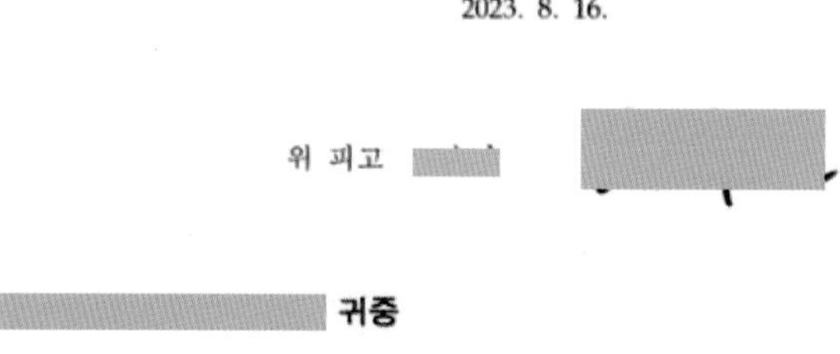

2023. 8. 16.

위 피고

**귀중**

## 원고의 준비서면

# 준비서면

사　건　2023가단[illegible]　공유물분할 등
원　고　[illegible]
피　고　[illegible]

위 사건에 관하여 원고는 다음과 같이 변론을 준비합니다.

- 다　음 -

**1. 피고의 주장 요약**

가. 경매를 통한 현금분할에 동의한다.
나. 원고의 부당이득금반환 청구에는 이의를 제기한다.

**2. 원고의 주장**

가. 경매를 통한 현금분할 주장에 대한 의견

피고측과 전화통화를 통해 협의를 진행하였으며, 원고와 피고 모두 경매를 통한 현금분할 방법에 동의하였습니다.

나. 부당이득금반환에 대한 의견

현재까지 본 부동산 상가 202호, 203호에는 피고측의 상가 이용에 사용한 짐들이 있으며 열쇠와 키를 피고측이 가지고 있으므로 원고가 부동산을 사용·수익 하기에는 현실적으로 불가능합니다.
따라서 원고가 주장하는 부당이득금반환 청구는 합당한 청구이므로 피고들은 원고에게 부당이득금반환을 해야 합니다.

다. 협의에 대한 의견

원고는 피고측에게 아래와 같이 협의를 제의하였지만 무산되었습니다. 다시한번 피고측에게 협의 제안 하오니 검토 후 확인 부탁드립니다.

경매를 통한 현금분할 판결이 선고되면 선고날로부터 6개월 안으로 피고측이 공유물분할에 의한 형식적 경매신청을 하기로 하고, 원고는 청구취지 중 부당이득금반환청구를 취소하기로 한다. 단, 피고측이 기간내에 형식적 경매신청을 하지 않은 경우에는 원고는 원 청구취지인 부당이득금반환 청구를 하기로 한다.

3. 결어

원고와 피고 모두 경매를 통한 현금분할 방법에 동의하였습니다.
원고의 부당이득금반환 청구는 합당하며,
만약 다. 협의에 대한 의견을 다시 한번 피고측에 제의하며 피고측이 협의하지 않는다면 원고의 청구취지대로 판결을 요청합니다.
감사합니다.

**입증방법**

**첨부서류**

**2023.9.4.**

**원고 이 ■■■**

## 화해권고결정문

### 화해권고결정

사　　건　　2023가단[redacted] 공유물분할

원　　고

피　　고

위 사건의 공평한 해결을 위하여 당사자의 이익, 그 밖의 모든 사정을 참작하여 다음과 같이 결정한다.

**결 정 사 항**

1. 원고와 피고들은 별지 목록 '부동산의 표시'란 제1, 2항 기재 각 부동산을 경매에 부칠 것을 합의하고, 2024. 10. 31.까지 공동 또는 단독으로 경매신청을 한다.
2. 원고와 피고들은 위 경매에 의한 매각대금 총액 중 경매비용을 공제한 나머지 금액을 원고가 3/7, 피고들이 각 2/7 비율로 분배하되, 피고들은 위 각 분배금을 정산하는 날 원고에게 위 각 분배금 중 각 750,000원을 원고에게 각 지급한다.
3. 피고들은 공동하여 원고에게 2023. 12. 31.까지 제1항 기재 부동산에 아무런 물건을

남겨두지 아니하고 퇴거한다.

만일 피고들이 위 기일까지도 제1항 기재 부동산 내에 물건을 남겨 둘 경우에는 물건을 비우는 날까지 1일 50,000원의 비율로 계산한 손해배상금을 지급한다.

4. 피고들이 제1항 기재 부동산에서 퇴거한 이후, 원고와 피고들은 위 부동산에 관하여 제1항 기재 경매신청에 따른 매각대금을 수령하기 전까지 각 지분의 비율로 사용·수익한다.
5. 원고는 나머지 청구를 포기한다.
6. 소송비용 및 조정비용은 각자 부담한다.

**청구의 표시**

**청 구 취 지**

별지 기재와 같음

**청 구 원 인**

별지 기재와 같음

2023. 11. 30.

판사

사례 23

# 최신 트렌드 입찰, "낙찰만 되면 된다"

## | 대지, 토지지분 매각, 법정지상권 물건, 강제경매 |

**2023타경**

| 소 재 지 | 전라남도 고흥군 도로명검색 지도 지도 지도 주소 복사 | | |
|---|---|---|---|
| 물건종별 | 대지 | 감 정 가 | 964,080원 |
| 토지면적 | 전체: 241㎡(72.9평)<br>지분: 37.08㎡(11.22평) | 최 저 가 | (100%) 964,080원 |
| 건물면적 | 건물은 매각제외 | 보 증 금 | (10%) 96,500원 |
| 매각물건 | 토지만 매각이며,<br>지분 매각임 | 소 유 자 | |
| 개시결정 | 2023-03-03 | 채 무 자 | |
| 사 건 명 | 강제경매 | 채 권 자 | |

오늘조회: 1 2주누적: 16 2주평균: 1 조회동향

| 구분 | 매각기일 | 최저매각가격 | 결과 |
|---|---|---|---|
| 1차 | 2023- | 964,080원 | |
| 매각 : 20,430,000원 (2119.12%) / 미납 | | | |
| 매각결정기일 : 2023. - 매각허가결정 | | | |
| 차순위신고금액 : 20,430,000원 (2119.12%) | | | |
| 매각결정기일:2023. -차순위매각허가결정 | | | |
| 매각 20,430,000원(2119.12%) / 미납 | | | |
| 2차 | 2024- | 964,080원 | 매각 |
| 매각 14,390,008원(1492.62%) / 5명 / 미납 | | | |
| 3차 | 2024- | 964,080원 | |
| 매각 : 2,537,300원 (263.18%) | | | |
| (입찰2명,매수인: ) | | | |
| 매각결정기일 : 2024. - 매각허가결정 | | | |
| 대금지급기한 : 2024.05.17 | | | |
| 대금납부 2024.05.03 / 배당기일 2024.06.25 | | | |

출처 : 옥션원

지목이 대지이고 토지 매각인 지분 물건(13분의 2)이며 제시외건물이 있는 법정지상권 물건이다. 토지 공유자는 총 2명이며 이 중 채무자가 아닌 공유자 1명이 건물의 단독소유자다. 투자 금액이 아주 소액인 물건으로 건물은 신축 주택이며 법정지상권은 토지와 건물의 소유자가 다르기 때문에 성립하지 않는다.

### 건물 및 토지등기부

• **건물등기부**

| No | 접수 | ※주의 : 건물은 매각제외 | | 채권금액 | 비고 | 소멸여부 |
|---|---|---|---|---|---|---|
| 1(갑1) | 2022.07.20 | 소유권보존 | 류○○ | | | |

• **토지등기부**

| No | 접수 | 권리종류 | 권리자 | 채권금액 | 비고 | 소멸여부 |
|---|---|---|---|---|---|---|
| 1(갑4) | 2019.03.19 | 소유권이전(상속) | 유○○ | | 협의분할에 의한 상속, 유○○ 2/13, 류[illegible]1 1/13 | |

따라서 토지를 낙찰받은 낙찰자는 상대방(건물 소유자이며 토지 공유자)과 협의가 되지 않는다면 건물철거를 요청할 수 있다. 즉, 잔금을 납부한 후, 4종세트 소송(건물철거, 토지인도, 부당이득반환, 공유물분할)+ 퇴거 청구를 할 수 있다. 신축 건물 소유자 입장에서는 건물을 철거해야 하는 위험성을 가지므로 토지 낙찰자와 협의를 할 가능성이 매우 높다. 그러므로 낙찰자는 잔금 납부를 하지 않는 조건으로 입찰보증금 외에 차비 등의 경비를 받는 협의를 하면서 상대방에게 공유자우선매수권에 관한 조언을 해줄 수도 있을 것이다. 아니면 잔금을 납부한 후에 천천히 상대방과의 협의도 가능하다.

**현황사진과 지도상 위치**

자, 그럼 첫 번째 낙찰자의 잔금 미납에 따른 입찰보증금 금액을 확인하자. 낙찰금액은 감정가의 2,119%인 2,043만 원이지만 미납하면 손해를 보는 입찰보증금의 금액은 10만 원 가량인 96,400원이다. 감이 오는가!

이는 몇 년 전부터 유행하는 입찰 방법으로 최근에는 하나의 트렌트가 되어 소개하고자 한다. 토지만 매각인 법정지상권 물건 중에서 입찰금액이 소액이고 법정지상권이 불성립하는 경우에는 앞서 말한 것처럼 상대방 측에서 낙찰자와 협의를 할 가능성이 매우 높다. 낙찰만 받는다면 수익은 예정되어 있다고 봐도 무방한데, 그러므로 중요한 것은 낙찰을 받아야만 한다는 것이다.

이때 낙찰을 받는 방법은 크게 2가지로 첫 번째는 묻지 마 입찰 방법, 두 번째는 정석 입찰 방법이 있다. 첫 번째 방법은 낙찰을 받기 위해 아주 높은 금액으로 입찰을 해서 일단 낙찰이 된 다음 상대방을 만나 잔금을 미납하는 조건으로 협의 금액을 받고 끝내는 방법이다. 두 번째인 정석 입찰 방법은 토지 시세를 조사해서 시세보다 낮은 금액으로 낙찰을 받아 협의나 소송을 진행하는 방법이다.

최근에는 입찰보증금이 작은 금액의 물건의 경우, 두 번째 방법으로는 낙찰이 거의 불가능할 만큼 첫 번째 방법이 만연해지고 있다. 그러나 너무 큰 금액으로 낙찰이 된 경우에는 상대방도 낙찰자가 잔금 납부를 못할 것을 파악하고 협상 자체에 나서지 않는 경우도 있으니 유의해야 한다. 즉, 낙찰은 받았지만 실제 협상에는 실패해서 보증금을 손해(몰수) 보는 사례도 점점 많아지는 것이다. 하지만 손해를 보는 보증금의 금액이 낮기 때문에 이러한 입찰 방식의 추세는 한동안 이어질 것으로 예상한다.

결론적으로, 최신 트렌드 입찰 방법은 감정가격과 시세를 생각하지 않고 일단 낙찰이 되기 위한 높은 입찰(질러서)금액으로 낙찰이 된 다음, 잔금 납부를 하지 않는 조건으로 건물 소유자(상대방 측)와 협의를 하는 방식이다.

실제 낙찰을 꼭 받아야 하는 이해관계인과 정확한 시세 대비 입찰가격으로 낙찰받으려는 투자자 입장에서는 많이 불편한 현실이고 법원에서도 경매 매각 진행이 지연되는 등의 여러 문제가 있으므로, 차후 어떻게 변해 가는지를 지켜보는 것도 하나의 공부가 될 것이다.

시드니 셸던(Sidney Sheldon)의 소설 제목인 '영원한 것은 없다'처럼 행정절차와 경매·공매 투자 환경 또한 계속해서 변해간다. 필자가 알려드린 최신 트렌드 입찰 방법처럼 말이다. 따라서 투자자라면 이러한 변화를 빨리 파악하고, 투자에 접목해서 나만의 투자 방식을 끊임없이 업그레이드 시켜야 할 것이다.

마지막으로 독자분들의 성공적인 투자에 이 책이 조금이나마 도움이 되기를 기원한다.

"Where there is a will, there is a way."
(뜻이 있는 곳에 길이 있다.)

# 나의 부동산소유현황을 확인하는 방법

나의 부동산소유현황을 확인하는 방법은 다음과 같다.

1. 인터넷등기소(iros.go.kr)에 접속해 화면의 '부동산소유현황'을 클릭하고 1,000원을 결제하면 나의 부동산소유현황을 확인할 수 있다. 주민등록번호와 본인인증을 거쳐야만 발급이 가능하므로 본인 이외에는 확인이 어렵다.

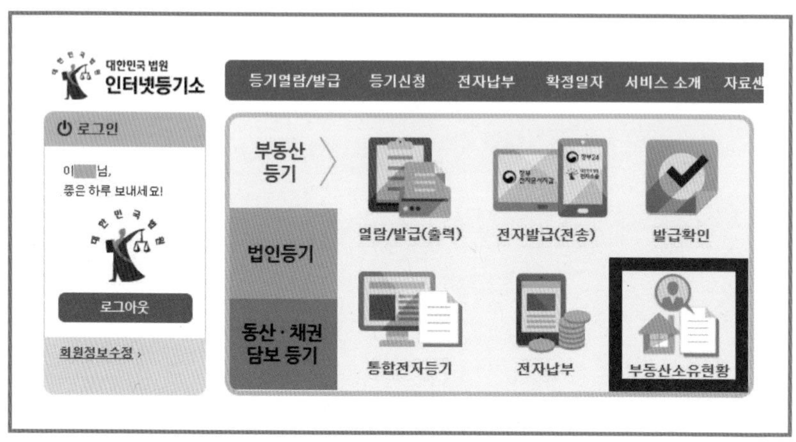

- 부동산소유현황 서비스 안내

1. 부동산소유현황 서비스는 특정 명의인이 현재 소유한 부동산 목록을 제공하는 서비스입니다.
2. 본인 또는 포괄승계인이 신청할 수 있으며, 부동산 등기기록에서 본인 또는 피상속인의 성명(명칭)과 (주민)등록번호가 일치한 경우에만 조회됩니다.
3. 실지명의 확인 가능한 전자서명 인증서(법인의 경우 전자증명서)를 통하여 본인인증이 된 경우 서비스를 이용할 수 있습니다.
4. 피상속인의 배우자 또는 자녀가 인터넷등기소를 이용하여 신청하는 경우, 가족관계등록시스템에서 피상속인의 사망여부와 신청인이 피상속인의 배우자 및 자녀로 확인된 경우에만 서비스를 이용할 수 있습니다.
5. 부동산소유현황의 열람 수수료는 인터넷등기소 이용시 1,000 원(정액), 등기소 방문시 1,200 원(20장 초과시 장당 50원 추가 과금) 입니다.

# 부동산 소유 현황

■ 조회 대상

명의인 이름: 이

(주민)등록번호: -*******

위 명의인으로 조회한 부동산 소유 현황은 다음과 같습니다.

| 번호 | 구분 | 부동산의 표시 | 부동산고유번호 | 관할등기소 |
|---|---|---|---|---|
| 1 | 토지 | 인천광역 | 1996-128661 | 인천지방법원 강화등기소 |
| 2 | 토지 | 경기도 인 | 1996-408149 | 수원지방법원 안산지원 등기과 |
| 3 | 토지 | 강원특별 426㎡ | 1996-033997 | 춘천지방법원 고성등기소 |
| 4 | 토지 | 충청북도 | 2012-000595 | 청주지방법원 영동지원 등기계 |
| 5 | 토지 | 충청남도 | 1996-844335 | 대전지방법원 서산지원 등기과 |
| 6 | 토지 | 경상북도 | 1996-379648 | 대구지방법원 영천등기소 |
| 7 | 건물 | 경상북도 | 1996-386392 | |
| 8 | 토지 | 경상북도 | 1996-178993 | 대구지방법원 울진등기소 |
| 9 | 토지 | 경상북도 | 2013-005499 | 대구지방법원 구미등기소 |
| 10 | 건물 | 부산광역 내제조표 | 1996-081910 | 부산지방법원 등기국 |
| 11 | 토지 | 부산광역 | 1996-093785 | |
| 12 | 토지 | 부산광역 | 1996-152155 | |
| 13 | 토지 | 부산광역 | 1996-229427 | |

| 번호 | 구분 | 부동산의 표시 | 부동산고유번호 | 관할등기소 |
|---|---|---|---|---|
| 59 | 토지 | 제주특별 153㎡ | 2003-005262 | 제주지방법원 서귀포등기소 |
| 60 | 집합건물 | 경상남도 남양산역 제2301호 | 2017-001800 | 울산지방법원 양산등기소 |
| 61 | 토지 | 경기도 가 | 1996-073447 | 의정부지방법원 남양주지원 가평등기소 |

-- 이 하 여 백 --

발행등기소 법원행정처 등기정보중앙관리소

수수료 1,000 원 영수함

1. 본 발행 문서는 조회 명의인의 부동산 권리사항을 확정하는 증명서로서의 **법적인 효력은 없으며**, 「부동산등기법」 제109조의2 제2항과 「등기정보자료의 제공에 관한 규칙」 제16조 제1항에 의하여 제공되는 자료입니다.
2. 발행 당일 신청사건 처리가 완료된 부동산은 해당 문서에 반영되지 않음을 유의하시기 바랍니다.
3. 조회 대상 명의인의 이름과 (주민)등록번호가 일치한 경우에만 조회됩니다.
4. AROS Text 등기기록 등 일부 부동산 등기기록은 조회되지 않을 수 있습니다.
5. 부동산별 세부 권리사항은 인터넷등기소 및 등기소에서 등기사항증명서 열람 및 발급을 통하여 확인하시기 바랍니다.
6. 부동산고유번호는 등기기록 개설 시 1필의 토지 또는 1개의 건물마다 부여된 고유번호로 이를 이용하여 보다 쉽고 빠르게 등기사항증명서 열람 및 발급이 가능합니다.

발행번호 12420200005194071010961081ENV0286509INA46135RA0010

4/4

2. 위택스(wetax.go.kr)에서도 확인이 가능하다. [나의 위택스]에서 [나의 물건지 보기]를 클릭하면 부동산 개수와 물건지 주소를 확인할 수 있다. 인터넷등기소와는 다르게 무료다. 다만, 부동산의 지목과 면적은 나와 있지 않다.

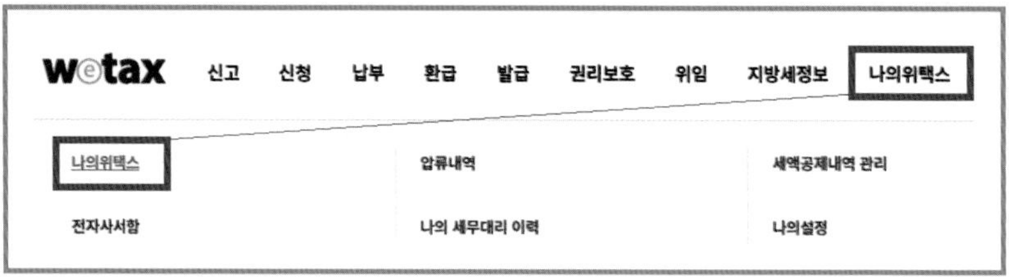

wetax 신고 신청 납부 환급 발급 권리보호 위임 지방세정보 나의위택스

나의위택스 압류내역 세액공제내역 관리

전자사서함 나의 세무대리 이력 나의설정

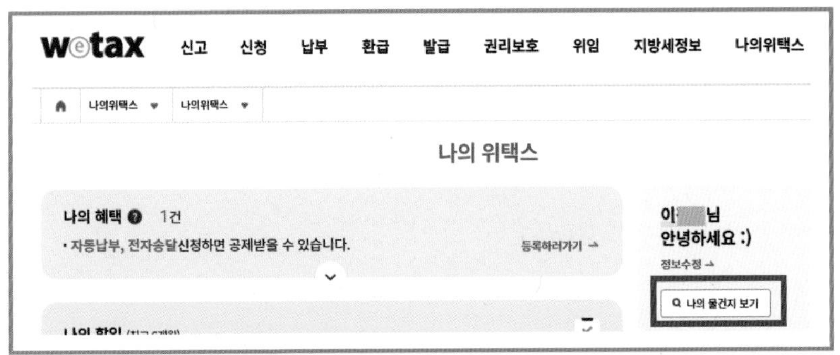

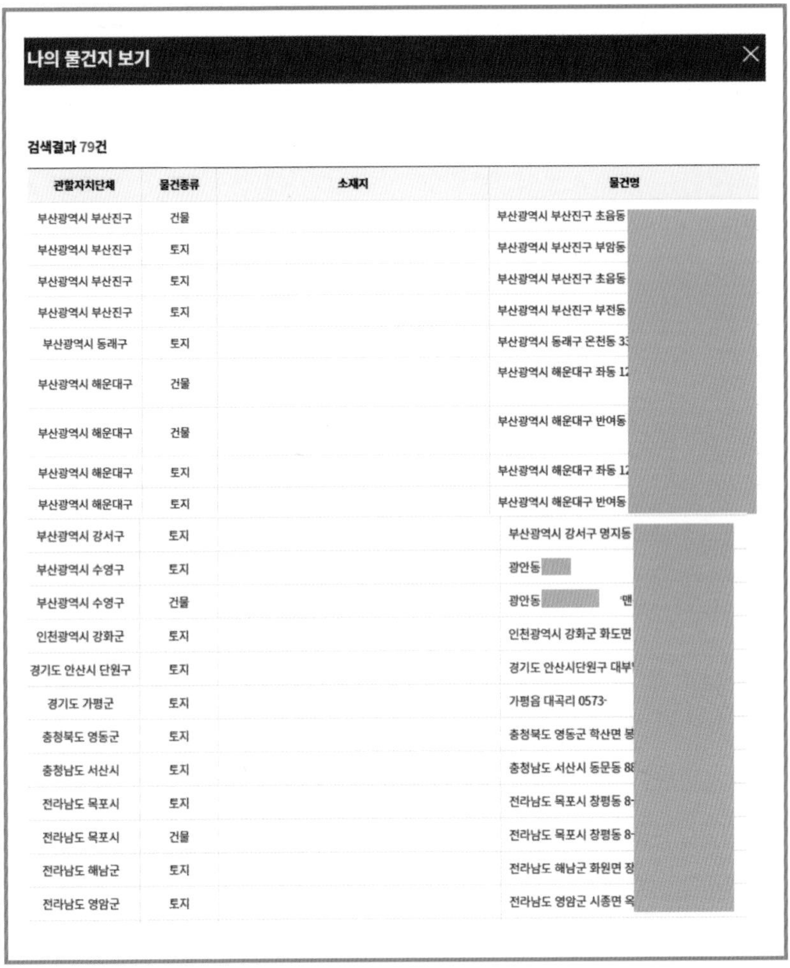

나의 물건지 보기

검색결과 79건

| 관할자치단체 | 물건종류 | 소재지 | 물건명 |
| --- | --- | --- | --- |
| 부산광역시 부산진구 | 건물 | | 부산광역시 부산진구 초읍동 |
| 부산광역시 부산진구 | 토지 | | 부산광역시 부산진구 부암동 |
| 부산광역시 부산진구 | 토지 | | 부산광역시 부산진구 초읍동 |
| 부산광역시 부산진구 | 토지 | | 부산광역시 부산진구 부전동 |
| 부산광역시 동래구 | 토지 | | 부산광역시 동래구 온천동 33 |
| 부산광역시 해운대구 | 건물 | | 부산광역시 해운대구 좌동 12 |
| 부산광역시 해운대구 | 건물 | | 부산광역시 해운대구 반여동 |
| 부산광역시 해운대구 | 토지 | | 부산광역시 해운대구 좌동 12 |
| 부산광역시 해운대구 | 토지 | | 부산광역시 해운대구 반여동 |
| 부산광역시 강서구 | 토지 | | 부산광역시 강서구 명지동 |
| 부산광역시 수영구 | 토지 | | 광안동 |
| 부산광역시 수영구 | 건물 | | 광안동 맨 |
| 인천광역시 강화군 | 토지 | | 인천광역시 강화군 화도면 |
| 경기도 안산시 단원구 | 토지 | | 경기도 안산시단원구 대부 |
| 경기도 가평군 | 토지 | | 가평읍 대곡리 0573- |
| 충청북도 영동군 | 토지 | | 충청북도 영동군 학산면 봉 |
| 충청남도 서산시 | 토지 | | 충청남도 서산시 동문동 88 |
| 전라남도 목포시 | 토지 | | 전라남도 목포시 창평동 8- |
| 전라남도 목포시 | 건물 | | 전라남도 목포시 창평동 8- |
| 전라남도 해남군 | 토지 | | 전라남도 해남군 화원면 장 |
| 전라남도 영암군 | 토지 | | 전라남도 영암군 시종면 옥 |

부록 02

# 독자분들에게 던지는 질문

필자의 실제 낙찰 물건 중 1개를 소개하고, 독자들에게 질문을 드리고자 한다.

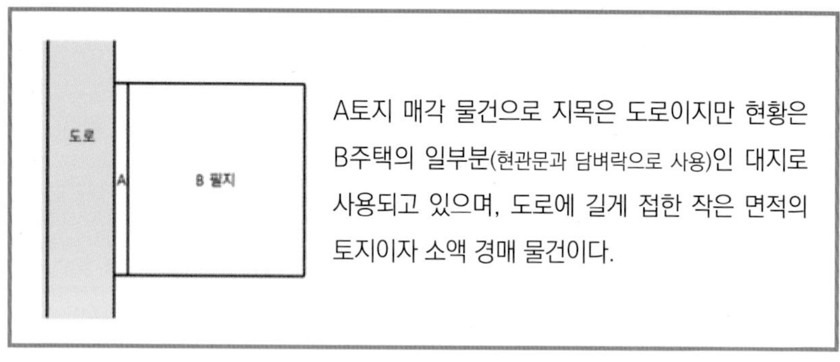


A토지 매각 물건으로 지목은 도로이지만 현황은 B주택의 일부분(현관문과 담벼락으로 사용)인 대지로 사용되고 있으며, 도로에 길게 접한 작은 면적의 토지이자 소액 경매 물건이다.

감정평가금액은 인근 대지의 3분의 1 금액으로 평가되어 있고, 등기부에는 지자체에서 설정한 선순위 가등기가 등재되어 있다. 감정금액의 약 55%인 입찰가격으로 단독낙찰을 받았다. 소유권이전등기는 셀프등기를 실행해서 완료하고, 선순위가등기도 쉽지는 않은 진행으로 직접 말소를 완료했다.

이제 주택의 소유자와 매매 협의를 하는 경우에 과연 금액은 얼마로 해야 할까?

| 협의안 | 고려해야 할 사항 |
| --- | --- |
| ① 낙찰가격과 감정가격의 중간 가격<br>② 감정가격과 대지가격의 중간 가격<br>③ 주택의 대지가격(감정가 3배)<br>④ 주택의 대지가격 이상 | *물건선정과 분석, 입찰, 셀프등기를 진행한 금액과 선순위가등기 말소를 하기 위한 지식과 실행의 금액은 과연 얼마라고 산정하고 협의금액에는 이를 얼마만큼 반영해야 할까? |

지목이 도로이므로 도로가격인 감정평가금액으로 협의가 될 수도 있을 것이고, 지목만 도로이지 실제로는 대지나 마찬가지이므로 대지가격으로 협의가 될 수도 있을 것이다. 아니면 상대방의 신축허가를 하는 경우에 사용승인을 이유로 대지가격의 몇 배 이상으로 협의를 할 수도 있을 것이다. 혹은 상대방이 완고하고 깐깐하다는 이유와 더불어 빠른 수익실현이 우선이므로 낙찰가격에서 조금만 더 받고 협의를 끝낼 수도 있을 것이다. 이 가격에 [고려해야 할 사항]의 금액 또한 산정해야 할 것이다.

정답은 없지만 투자자라면 깊이 고민해야 할 부분임에는 틀림없다.

투자는 실행력이므로 이번 기회를 통해 한번 직접 숙고해서 답을 내본다면 실력 향상에 분명 도움이 될 것이다. '나라면 이러한 이유로 이 가격에 매매 협의를 할 것이다'라는 독자만의 정답을 내보기를 바란다.

## 매각물건명세서상의 선순위가등기와 주택 침범의 주의 내용

### 매각물건명세서

| 사 건 | 2023타경[illegible] 부동산강제경매 | 매각물건번호 | 1 | 작성일자 | 2024.03.04 | 담임법관(사법보좌관) | 김[illegible] |
|---|---|---|---|---|---|---|---|
| 부동산 및 감정평가액 최저매각가격의 표시 | 별지기재와 같음 | 최선순위 설정 | 2022.03. 압류 | | | 배당요구종기 | 2023.06. |

부동산의 점유자와 점유의 권원, 점유할 수 있는 기간, 차임 또는 보증금에 관한 관계인의 진술 및 임차인이 있는 경우 배당요구 여부와 그 일자, 전입신고일자 또는 사업자등록신청일자와 확정일자의 유무와 그 일자

| 점유자의 성명 | 점유부분 | 정보출처 구분 | 점유의 권원 | 임대차기간(점유기간) | 보증금 | 차임 | 전입신고일자·외국인등록(체류지변경신고)일자·사업자등록신청일자 | 확정일자 | 배당요구여부(배당요구일자) |
|---|---|---|---|---|---|---|---|---|---|
| 조사된 임차내역없음 | | | | | | | | | |

※ 최선순위 설정일자보다 대항요건을 먼저 갖춘 주택·상가건물 임차인의 임차보증금은 매수인에게 인수되는 경우가 발생 할 수 있고, 대항력과 우선변제권이 있는 주택·상가건물 임차인이 배당요구를 하였으나 보증금 전액에 관하여 배당을 받지 아니한 경우에는 배당받지 못한 잔액이 매수인에게 인수되게 됨을 주의하시기 바랍니다.

**등기된 부동산에 관한 권리 또는 가처분으로 매각으로 그 효력이 소멸되지 아니하는 것**

갑구 순위번호 2번 소유권일부이전청구권 가등기(1995. 8. 5. 제35014호)는 말소되지 않고 매수인이 인수함. 가등기된 매매예약이 완결되는 경우 매수인이 소유권 일부를 상실할 수 있음.

**매각에 따라 설정된 것으로 보는 지상권의 개요**

**비고란**

감정평가서에 따르면 도로 등(일부 타인점유 단독주택의 부속토지)으로 이용 중임.